Le dedicamos este libro a las muchísimas personas que quieren y cuidan a la criatura más noble y hermosa creada por Dios: el caballo.

Este libro también está dedicado a Anne, Melinda y Hayley Vegso.

Y a quienes tienen una pasión permanente por los caballos, incluyendo: el administrador de la granja Chuck Patton, los entrenadores Ben Cecil, Barry Croft, Phil Gleaves, Duane Knipe y Bill Mott, y a todos los entrenadores, cuidadores y jinetes que hacen su trabajo con tanto cuidado.

Contenido

Agradecimientos ix
Introducción xiii

1. UN LAZO ESPECIAL

El caballo de paso *Lori Bledsoe y Rhonda Reese* 2
Un rescate difícil *Diane M. Ciarloni* 8
Corazón de vaquero *Roger Dean Kiser* 14
Sombra *T.C. Wadsworth* 18
El viejo Twist *Tom Maupin* 21
Un lazo silencioso *Tiernan McKay* 24
Papá siempre le dijo "sí" a los caballos *Teresa Becker* 29
Syd y Roanie *Judy Pioli Askins* 34
Un caballo con corazón *Jerry Simmons-Fletcher* 40
El bebé durmiente *Jennilyn McKinnon* 44
Un regalo de oro *Robin Roberts* 46
La oportunidad de una vida *Denise Bell-Evans* 50
Lanzando el lazo *Michael Johnson* 56

2. LOS CABALLOS COMO MAESTROS

El lenguaje de los caballos *Monty Roberts con Carol Kline* 64
Montando al límite *Jane Douglass Rhodes* 69
El Hermano Mayor te observa *Don Keyes* 74

Que Dios bendiga las pequeñas almas de
los amantes de los caballos *Patricia Carter* 80
Encuentro con un espía peligroso *Woody Woodburn* 83
Defender tu terreno *Starr Lee Cotton Heady* 88
La vieja Magia Negra *Diane M. Ciarloni* 91
Un buen caballo *John Moore* 98
Tome asiento profundo *Gary Cadwallader* 104

3. ESTOS ASOMBROSOS ANIMALES

La guía *Stephanie Stephens* 110
El semental y el mirlo *Gerald W. Young* 115
Cambio de mando *Sandra Tatara* 119
De una mamá a otra *Chris Russell-Grabb* 122
Instintos de una yegua de guerra *Christina Donahue* 127
El susurrador *Joyce Stark* 130
El pilón *Nancy Minor* 134
La boda *Kris DeMond* 139
El deseo de Andy *Vikki Marshall* 143
Extraordinaria elegancia *Thirza Peevey* 147
Un trabajo para Missy *Lynn Allen* 152

4. LOS CABALLOS COMO CURANDEROS

Lo tengo, papá *Pat Parelli* 158
Crisálida *Jennie Ivey* 163
¡Oiga, señora! *Jeanette Larson* 168
Los jueves son especiales *Kimberly Graetz Herbert* 172
Un día de playa *Tracy Van Buskirk* 175
Una damisela con botas de trabajo gastadas *Paula Hunsicker* 179
Cabalgando por el camino a la recuperación
  Lisa B. Friel 183
¡Vuela, Misty, vuela! *Janice Willard* 187
La risa vuela, como Pegaso *Barbara A. Davey* 194

Regalito *Diana Christensen* 198
Tocada por un caballo *Melody Rogers-Kelley* 202
Yendo donde los caballos jamás han estado *Carole Y. Stanforth* 204

5. SOBRE COMPAÑÍA Y COMPROMISO

Un caballo en la casa *Diana Christensen* 208
Lado a lado *Sissy Burggraf* 212
Mi amigo Bob *Diane M. Ciarloni* 218
El pony de la alfombra mágica *Robin Traywick Williams* 224
A Chutney, con amor *Kimberly Gatto* 229
Una nueva vida para Rosie *Marla Oldenburg y Bill Gross* 233
Lecciones de Lou *Edwina Lewis* 240
Flechada, gracias a unas pinturas a dedo *Tiernan McKay* 244
Sus regalos especiales *Debbie Hollandsworth* 248
Un caballo en Harvard *Jennifer Chong* 251
Con mucha fe *Mitzi Santana* 254

6. ¡PARTIDA!

Un trío esperanzador inusual *Theresa Peluso* 260
Montando la Navidad *Jan Jaison Cross* 264
Pobre de carreras *Carol Wade Kelly* 270
Caballos felices *Michael Compton* 276
En la recta final *Craig Wilson* 281
Allez Mandarin *Thomas Peevey* 284
Da Hoss *Ky Mortensen* 289
El regalo de Girly *Dave Surico* 294
El destino de Edgar Brown *Jeff C. Nauman* 300
Un golpecito en el hombro *Basil V. De Vito Jr.* 305
El lado divertido de la vida *Chris Russell-Grabb* 308

7. CABALLOS ... ETCÉTERA

Ellos relinchan, yo pago *Marty Becker* 314
De hombres y caballos magníficos *Boots Reynolds* 318

¿Es usted una verdadera mamá ecuestre? *Barbara Greenstreet*..........324
Los aficionados a los caballos están realmente enfermos
  Cristina Scalise..326
Minnie Pearl y yo *Tom Truitt*...330
Una fría mañana en Georgia *Janie Dempsey Watts*......................335
La batalla de los titanes *Lynn Allen*...339
Mi bisabuela Hazel y la silla de Amazona *Dottie McDonald Linville*....343
Etiqueta al montar *Christine Barakat*...346
El regalo de un sueño *Susan Farr Fahncke*..................................349
Confesiones del padre de una jinete de exhibición *J.L. Lindstrom*......353

¿Más Sopa de pollo?...359
Cómo ayudar...360
¿Quién es Jack Canfield?...362
¿Quién es Mark Victor Hansen?...363
¿Quiénes son los coautores?..364
Colaboradores..367
Permisos..375

Agradecimientos

Empezamos a trabajar en este libro en 2002, el Año del Caballo chino. No podemos ignorar a una cultura con miles de años de experiencia y nos inspiramos en ella. Completar la publicación de un libro, mientras disfrutamos la vida con nuestra familia y cumplimos las demandas de nuestras carreras, requiere el apoyo de mucha gente.

Nuestros cónyuges: Inga, Patty, Teresa, Lana, Anne y Brian. Nada importa sin ustedes. Nuestros hijos, Christopher, Travis, Riley, Oran, Kyle, Elisabeth, Melanie, Mikkel, Lex, Mandy, Oliver, Robert, Melinda y Hayley: lo hacemos todo por ustedes.

El equipo de talentosos trabajadores y *freelancers* que nos apoyan en Chicken Soup for the Soul Enterprises, Self Esteem Seminars, Mark Victor Hansen and Associates, Pet Compex y Health Communications. Ustedes son las personas que mantienen las ruedas en movimiento y nosotros lo sabemos.

Nuestros lectores voluntarios, que se dieron el tiempo de leer y evaluar las historias en el manuscrito preliminar. Sus opiniones nos ayudaron a seleccionar las historias que usted va a leer en este libro y sus comentarios nos ayudaron a mejorar cada historia al máximo: Lynn Allen,

Judy Askins, Nancy Autio, Teresa Becker, Kathy Brennan-Thompson, D'ette Corona, James Davis, Sandy Dolan, Rachel Doyle, Dorothy y Gene Drucker, Randee Feldman, Paola Fernández, Barbara Kerr, Jeanette Larson, Barbara Lomonaco, Heather McNamara, Kerri Meritt, Collen Moulton, Sarah Newman, Linda Patton, Tom Persechino, Diana Pulice, Melody Rogers-Kelly, Crystal Ruzicka, Brianne Scwabauer, Portia Stewart, Laura y Naomi Sullwold, Susan Tobias, Mindy Valcarcel, Danene Van Hecker, Casie Welcker, Jeannie Winstrom.

Recibimos casi 2,000 historias para consideración en este libro. Esto no habría sido posible sin la cooperación de personas que hablaron sobre este proyecto en sus comunidades y grupos. Aunque no tenemos espacio para incluir una lista completa, queremos agradecer a unos pocos: Tom Persechino de la American Quarter Horse Association y la revista *America's Horse*; Ron Fuller; DVM y la Ohio Quarter Horse Association; Carol Holden y Sam Huff; John Mooney, presidente del Maryland-Virginia Racing Circuit; Betsy Parker de *Thoroughbred Times*; Eric Wing y sus compañeros en la National Thoroughbred Racing Association; Kristin Ingwell y Lenny Shulman en la revista *The Blood-Horse*; los integrantes de la American Horse Publishers Group; JoAnn Guidry y la revista *Florida Horse*; la revista *Back Country Horsemen of America*; Portia Stewart de Veterinary Economics; Debie Ginsburg y la California Thoroughbred Owners and Breeders Association; Boots Reynolds y la revista *Western Horseman*.

Muchas personas nos han ayudado en el camino y aunque no los mencionamos a todos, eso no disminuye nuestra gratitud por su apoyo.

Y por último, *pero lo más importante de todo,* agradecemos a todos los que nos enviaron una historia. La respuesta que recibimos fue maravillosa y la competencia, dura. Ustedes compartieron recuerdos, revivieron momentos tristes y honraron a queridos amigos. Apreciamos profundamente que nos hayan permitido ser parte de sus vidas y lamentamos no haber podido incluir todas las historias.

Esperamos que los textos publicados expresen lo que está en su corazón y, de alguna forma, también cuenten la historia de ustedes.

Introducción

Mientras nuestros ancestros se sentaban con las piernas cruzadas junto a fogatas en cuevas, en busca de calor y protección, el sonido del galope de caballos rompía el silencio.

El arte primitivo en cuevas en Lascaux, Francia, e historias clásicas sobre caballos que transportaron a las legiones romanas, los invasores españoles y los indios de Norte América a la guerra contrastan con las imágenes modernas de caballos que vemos en la televisión actual, montados por El Llanero Solitario, Roy Rogers o Ben Cartwright. Las carreras de caballos eran populares en las Olimpíadas Griegas casi 700 años antes de Cristo. Hoy, imágenes de carreras de caballos son vistas en millones de hogares y retransmitidas simultáneamente en gran cantidad de hipódromos de todo el país.

Llorada por los guerreros, inmortalizada por Hollywood y atesorada por miles de niñas, la relación especial entre los humanos y los caballos no es sólo histórica, sino que está vigente hoy. La magia de la relación entre caballos y humanos no está en su fuerza y longevidad, sino en el misterio de cómo dos especies tan distintas pueden atraerse tanto la una a la otra.

Basta con mirar a una niña pequeña que sostiene una manzana en su mano para que este enorme animal se la lleve a la boca. Ella es tan delicada como el caballo es tremendamente grande y fuerte. El eterno instinto de escapar queda de lado cuando un jinete monta el lomo de un caballo. Es una posición que este animal de caza debería encontrar amenazadora, pero no hay miedo. Sólo una confianza mutua compartida.

En una relación maravillosamente simbiótica, los caballos dan a los humanos velocidad, estámina y fuerza, y nosotros les damos a ellos alimento y protección de los predadores.

Hemos compartido un destino común por cientos de años y en ese período el rol de los caballos en nuestras vidas ha pasado de ser utilitario a uno marcado por la emoción y el placer. Hace 100 años, los caballos eran tanto parte de nuestras vidas diarias como ahora lo son los automóviles. Mucho antes de que hubiera aviones y teléfonos celulares, el caballo era esencial para nuestra existencia y capacidad de comunicarnos, ya que no sólo se movía más rápidamente y más lejos que cualquier otro animal, sino que también podía trasladar a un ser humano en su lomo. Para el hombre primitivo, la experiencia de montar era lo más cercano a volar que podía experimentar.

Los caballos demuestran un sentido extraordinario de diversión, frivolidad y alegría. Muchos de nosotros salimos del trabajo sintiéndonos como una piñata humana (golpeados, pero no destruidos), nos ponemos nuestras botas y nos vamos a un establo, ya que pasar tiempo con un caballo eleva nuestros sentidos, expande nuestra conciencia y amplifica esto que llamamos vida.

Los aficionados a los caballos ahorramos en comida para nosotros con tal de darle el mejor alimento a nuestros caballos. No vamos al doctor aunque nos estemos muriendo, pero llamamos a un veterinario si nuestro caballo tiene un simple resfrío. Esta dedicación y compromiso son recompensados por cosas tan simples como un suave resoplido, la tersura tranquila de un cuello que se deja acariciar, un salto impecable, un tiempo récord en la pista de obstáculos o una cinta azul en la competencia equina de la feria rural. Eso es todo lo que un aficionado a los caballos necesita.

A pesar de su enorme fuerza, los caballos pueden tocar con una gentileza extraordinaria. A pesar de su velocidad, pueden quedarse parados durante horas bajo el sol. Aunque son el animal doméstico más grande que existe, dejan que jinetes minúsculos los controlen con la simple presión de una pierna. Es en estas contradicciones asombrosas que nos encontramos perdidos en el misterio del lazo entre las dos especies.

Despedirnos para siempre de uno de estos magníficos animales nos hace reflexionar sobre la relación que tuvimos con ellos. Al mismo tiempo que nos dejan recuerdos hermosos, su pérdida nos produce tanto dolor como el de cualquier otro miembro de nuestra familia. Muchas de las historias que consideramos para este libro trataban sobre estos temas de extrema tristeza y alegría.

Las historias de *Sopa de pollo para el amante de los caballos* fueron seleccionadas para darle una comprensión más rica y profunda del lazo entre los humanos y los caballos. Aquí encontrará historias tan conmovedoras que lo harán llorar mientras otras lo harán reír o le drán deseos de salir corriendo a abrazar a su caballo. Otras historias pondrán de manifiesto la versatilidad, inteligencia, intuición y fuerza de los caballos. Pero al final de cuentas, el misterioso atractivo que ejercen sobre todos nosotros los caballos, y las historias que tienen que ver con ellos, no puede ser explicado. Este misterio no necesita ser resuelto, sino disfrutado.

Sea usted un curtido vaquero o un citadino refinado, una reina de rodeos o una anciana que nunca perdió la cabeza por los caballos, las historias de *Sopa de pollo para el alma del amante de los caballos* harán cabalgar su espíritu. Al avanzar en la lectura, volverá a encontrarse con viejos amigos, recordará experiencias tristes y alegres o sentirá deseos de compartir con alguien un regalo que será apreciado de inmediato.

Feliz lectura y feliz cabalgata.

1
UN LAZO ESPECIAL

*E*n *algún lugar del Espacio del Tiempo*
Debe haber algún pastizal
Donde los riachuelos cantan y los árboles
 crecen
Algún paraíso a donde van los caballos,
Ya que por el amor que guía mi pluma
Sé que los grandes caballos viven de nuevo

Stanley Harrison

El caballo de paso

Un caballo vale más que un tesoro.
Proverbio español

La primera vez que Bart me habló sobre su caballo Dude, supe que el lazo entre ellos era especial. Pero nunca imaginé que Dude me daría un regalo tan maravilloso. Bart creció en una granja familiar centenaria en Tennessee y amaba a todos los animales. Pero Dude, el caballo color castaño que recibió a los nueve años, era su favorito. Años después, cuando el padre de Bart vendió a Dude, Bart lo lloró en secreto.

Incluso antes de que conociera y me casara con Bart, yo también sabía bastante de dolores secretos. Debido al trabajo de mi padre, mi familia se trasladaba cada año. Yo deseaba quedarme en un lugar, donde poder desarrollar amistades duraderas, pero nunca le dije nada a mis padres. No quería herirlos. Aun así, muchas veces me pregunté si el mismo Dios podía estar al tanto de donde estábamos, considerando que nos mudábamos tan seguido.

Una noche de verano en 1987, mientras Bart y yo nos mecíamos en el columpio en nuestra terraza, mi marido repentinamente preguntó: "¿Alguna vez te conté que Dude ganó el campeonato mundial de caballos de paso?"

"¿Caballos de peso?", le pregunté.

"De paso", me corrigió Bart, y con una sonrisa gentil me explicó: "Es un tipo de baile que hacen los caballos. Lleva mucho entrenamiento. Hay que usar cuatro riendas para guiar al caballo. Es muy difícil". Mirando hacia el pastizal, agregó: "Dude era el mejor caballo de paso que ha existido".

"Entonces por qué dejaste que tu papá lo vendiera?", inquirí.

"Yo ni siquiera sabía que estaba pensando hacerlo", respondió Bart. "Cuando yo tenía 17 años, me fui a hacer un trabajo de construcción en la Florida. Supongo que papá pensó que ya no iba a montar más, así que vendió a Dude sin preguntarme. Tener una granja con caballos implica que uno siempre los está comprando y vendiendo y eso es lo que hizo mi papá. Siempre me pregunté si ese caballo me extrañaba tanto como yo lo extrañaba a él. Nunca tuve la voluntad para tratar de encontrarlo. No podía soportar la idea de que algo malo...", Bart se quedó en silencio.

Después de eso, Bart mencionaba a Dude frecuentemente. Me sentía mal por él, pero no sabía qué hacer. Entonces, una tarde, mientras caminaba por un pastizal, se me ocurrió un pensamiento extraño. En mi corazón, una voz dijo: "Lori, encuentra a Dude para Bart".

¡Qué cosa tan absurda!, pensé. Yo no sabía nada de caballos, y mucho menos tenía idea de cómo encontrar y comprar uno. Esa era la especialidad de Bart.

Pero mientras más trataba de olvidarme de aquella idea, más fuerte se volvía. No me atrevía a mencionárselo a nadie, salvo a Dios. Todos los días le pedía que me guiara.

Un sábado en la mañana, tres semanas despues de que por primera vez se me ocurrió esa idea, se me acercó el señor Parker, un nuevo empleado de la compañía de electricidad, mientras yo estaba en el jardín. Empezamos a conversar amistosamente. Cuando mencionó que una vez había comprado un caballo del padre de Bart, lo interrumpí.

"¿Recuerda el nombre del caballo?", pregunté.

"Por supuesto", respondió. "Dude. Pagué 2,500 dólares por él".

Di un salto y me sacudí la tierra de las manos antes de preguntarle con voz entrecortada si sabía qué había ocurrido con el caballo.

"Sí, lo vendí y saqué una buena ganancia".

"¿Dónde está Dude ahora?", le pregunté. "Necesito encontrarlo".

"Eso es imposible. Lo vendí hace años", me explicó. "Quizá ya esté muerto".

"¿Pero usted me... podría... me ayudaría... a encontrarlo?", le rogué. Después de que le expliqué la situación, el Señor Parker se me quedó mirando por varios segundos. Finalmente, aceptó ayudarme a buscar a Dude y me prometió que no le iba a decir nada a Bart.

Todos los viernes, durante casi un año, llamé al señor Parker para saber si había averiguado algo. Todas las semanas, la respuesta fue la misma: "Lo siento. Nada todavía".

Una semana, lo llamé con una petición distinta: si podía hallar a uno de los hijos de Dude.

El se rió. "No lo creo. Dude estaba castrado".

"No importa", le dije. "Aceptaré un hijo castrado".

"Usted *realmente* necesita ayuda", se burló el señor Parker antes de explicarme que los caballos castrados no podían reproducirse. Luego pareció redoblar sus esfuerzos para ayudarme. Varias semanas después, me llamó un lunes.

"!Lo encontré, lo encontré!", me gritó.

Yo quería saltar por el teléfono. "¿Dónde?"

"Está en una granja en Georgia", contestó el señor Parker. "Una familia compró a Dude para su hijo, pero no pueden logran hacer nada con el caballo. Ellos creen que está loco. Que hasta puede ser peligroso. Apuesto a que usted lo podría recuperar fácilmente".

El señor Parker tenía razón. Llamé a la familia en Rising Fawn, Georgia, y pacté comprarles el caballo por 300 dólares. Me costó mantener el secreto hasta el fin de semana. El viernes, recibí a Bart en la puerta cuando llegó del trabajo. "¿Quieres dar un paseo?", le pregunté con mi entonación más persuasiva. "Te tengo una sorpresa".

"Cariño... Estoy cansado", se excusó él.

"Por favor, Bart. He preparado un picnic. Te prometo que valdrá la pena".

Bart se subió al jeep. Yo sentía que mi corazón iba a estallar mientras conducía y trataba de conversar de asuntos familiares.

"¿A dónde vamos?", preguntó Bart media hora después.

"Un poquito más adelante", dije yo.

Bart suspiró. "Cariño, te amo. Pero no me puedes arrastrar hasta el fin del mundo".

Ni siquiera intenté defenderme. Había esperado demasiado por este momento para arruinarlo ahora. Pero para cuando me salí de la carretera principal y entré por una de gravilla, Bart estaba tan irritado que ni siquiera me hablaba. Me fulminó con la mirada cuando tomé un camino de tierra.

"Llegamos", le dije mientras estacionaba frente a una reja.

"¿Llegamos a dónde? ¿Te volviste loca?", explotó Bart.

"Deja de gritar", le dije. "Y silba".

"¿Qué?", exclamó él sin comprender.

"Silba", repetí yo. "Como solías hacer... para llamar a Dude. Sólo silba. Entenderás en un minuto".

"Mira... yo... ¡Esto es una locura!", dijo Bart confundido.

Sólo por complacerme, se bajó del jeep y silbó. No pasó nada.

"Dios mío", pensé. "Por favor no dejes que éste sea un error".

"Hazlo de nuevo", le rogué a mi marido.

Bart silbó una vez más y escuchamos un ruido a la distancia. ¿Qué era aquello? Yo apenas podía respirar. El volvió a silbar y de repente vimos un caballo acercarse al galope. Antes de que yo pudiera hablar, Bart ya había saltado la reja.

"¡Dude!", gritó, corriendo hacia su amigo. Los vi acercarse como en esas imágenes de cámara lenta de las películas. Bart se subió sobre su amigo y le empezó a acariciar el cuello.

Inmediatamente, apareció un adolescente de pelo claro, seguido de sus padres jadeantes.

"¡Señor, tenga cuidado!", gritó el joven, sin dejar de mascar una bola de tabaco. "Ese caballo está loco".

"No", respondió Bart. "No está loco. Es Dude".

Para asombro de todos, a la orden de Bart, Dude alzó la cabeza sin brida y empezó a realizar el baile del que me había hablado. Nadie habló. Cuando Dude terminó de bailar de alegría, Bart se bajó y me dijo que quería llevárselo a casa.

"Lo sé", le respondí con lágrimas en los ojos. "Ya hice todos los arreglos. Podemos regresar mañana con un remolque para llevarlo a casa".

"No", insistió Bart. "Tiene que ser hoy".

Llamé a mis suegros y pronto llegaron con un remolque para transportar caballos. Le pagamos a los dueños y nos fuimos.

Bart pasó la noche en el granero. Yo sabía que él y Dude tenían mucho de qué hablar. Al mirar hacia fuera, donde la luna iluminaba el granero, sonreí, a sabiendas de que mi marido y yo tendríamos una historia maravillosa que contarle a nuestros hijos y nietos.

"Gracias, Dios mío", susurré. Entonces entendí. Le había dedicado más tiempo a buscar a Dude del que jamás había vivido en un solo lugar. Dios había usado mi búsqueda del caballo como una forma de renovar mi fe en el amigo que puede ser más fiel que un hermano.

"Gracias, Dios mío", susurré mientras me quedaba dormida. "Gracias por no perder nunca la pista de Dude... ni la mía".

Lori Bledsoe, tal como se lo contó a Rhonda Reese

Un rescate difícil

Dios estaba siempre presente en la vida de mi madre. Así que a ella le resultaba natural invocar su ayuda cada vez que enfrentaba cualquier cosa difícil, incluso en las tareas más simples, que no requerían de intervención divina.

Recuerdo un día, cuando yo tenía siete u ucho años, en que ella estaba tratando de abrir un frasco de habas verdes con toda la fuerza de su cuerpecito de cinco pies de alto. La tapa no se movía.

Ella se detuvo y suspiró. Entonces alzó el frasco en su mano izquierda y mirando al cielo exclamó: "Señor, me gustaría darle estas habas a mi famlia, pero necesito tu ayuda para quitar la tapa. Gracias, Dios mío".

Dijo la pequeña oración en un tono reverencial y respetuoso, pero al mismo tiempo con la actitud afectuosa y simple del que le habla a un amigo. Y, más importante aún, totalmente confiada en recibir una respuesta.

Mi madre bajó los ojos y puso la mano derecha sobre la tapa, que cedió esta vez tan fácilmente como si hubiera sido aceitada.

Desde niña, siempre me impresionó la fe de mi madre. Yo creía en ella y en Dios, pero por alguna razón no sentía la misma cercanía hacia el Señor que ella. Muchas veces me pregunté cómo podía hablar tanto con alguien a quien nunca había visto. Una vez le pregunté y ella me respondió que lo había visto. En las flores, en los árboles, las estrellas y en muchas otras creaciones, me explicó. Lo que me dijo estaba bien, pero no era lo que yo esperaba.

Mi mamá no leía la Biblia mucho, pero curiosamente se sabía muchos pasajes que mencionaban a caballos. Resulta que yo amaba los caballos y tenía mi propio Tennessee Walker negro, grande, maravilloso. Se llamaba Bob's Merry Legs y era más que un caballo. Era mi amigo, mi confidente y escuchaba todos mis secretos. La mancha blanca de su frente secaba mis lágrimas. Sus orejas se movían atentas de un lado a otro mientras trataba de comprender las palabras que yo le susurraba. Mamá sabía que si había alguna forma de que yo llegara a Dios, era a través de los caballos.

Por eso me leía pasajes del libro de Job en los que el Señor hablaba de la fuerza y de la majestad del caballo. Me dijo que Jesús iba a venir un día e iba a estar montando un gran caballo blanco, mientras los santos cabalgaban detrás de él. Yo podía imaginar la escena. Hacía que mi corazón y mi pulso se aceleraran. Veía en mi mente una grandiosa cabalgata, con cientos de ángeles a caballo, sus túnicas flotando sobre los cuerpos musculosos de los hermosos animales. Luego, cuando miraba a Bob, me lo imaginaba en el cielo y pensaba que Jesús estaría orgulloso de montarlo.

Cada mañana que había colegio, me levantaba y después de tomar desayuno, iba a visitar a Bob antes de tomar el bus amarillo que tardaba hora y media en llegar a la escuela. Una mañana, recogí unos cubos de azúcar en la cocina y salí por la puerta trasera hacia el establo. Luego silbé para llamarlo, como siempre. La rutina de Bob era tan predecible como la mía. Escuchaba mi silbido, asomaba la cabeza por la puerta del establo y luego salía trotando alegremente hacia el potrero para recibir mi saludo junto a la cerca. Esa mañana, sin embargo, algo andaba mal. Bob no apareció. Sentí pánico.

"¿Bob?", grité. Abrí la puerta del potrero y entré al establo. Estaba vacío. Mientras regresaba al potrero, advertí lo que había pasado: una sección de la cerca se había caído y Bob obviamente había salido. Tuve miedo.

Volví corriendo a mi casa y le dije a mi mamá que no iba a ir al colegio, un anuncio bastante pretencioso viniendo de una escolar de apenas diez años.

"¿Qué dijiste jovencita?", preguntó ella.

"Bob no está".

No perdió tiempo repitiendo lo que yo acababa de decirle. Mamá era así. Siempre que había una crisis, reaccionaba de inmediato a la situación.

"Voy a buscar a tu padre", dijo. "Tú espera aquí".

No podía estarme tranquila. Mi mejor amigo andaba por ahí, perdido. Sabía que a mi madre sólo le tomaría unos minutos manejar hasta el campo donde papá atendía el algodón. Me había criado allí, en una granja algodonera de 100 acres atravesada por decenas de caminos de tierra. Bob y yo los conocíamos todos.

A mí me pareció una eternidad, pero no pasaron diez minutos antes de que papá apareciera con mamá en la camioneta. Ella se bajó. El no. Me gritó que me subiera a la camioneta. Lo hice y empezó a manejar.

Recorrimos todos los caminos de tierra, pero no vimos a Bob. Me di cuenta de que mi papá estaba tratando de no demostrarlo, pero se estaba preocupando. Repentinamente, dijo: "Voy a pasar por el camino principal para ir donde el señor Rogers". Algo en su tono hizo que mi piel se erizara. Aún recuerdo la sensación.

Atravesamos el camino principal y nos dirigimos hacia un enorme foso de grava. Papá detuvo la camioneta a una distancia segura del borde y nos acercamos. Allá abajo, muy pequeño, vimos a Bob. Inmediatamente empecé a llorar, con el corazón roto.

Consciente de que mis lágrimas no ayudarían a Bob, me sequé los ojos, controlé un par de hipos, me acerqué más al borde del foso y miré hacia abajo. Noté que Bob mantenía una de sus patas traseras suspendida en el aire, indicio seguro de que se la había lastimado. No tenía sentido preguntar, o tratar de imaginar, cómo había ido a parar al fondo del foso. Lo único que importaba era encontrar una forma de sacarlo.

Vivíamos en una comunidad rural muy pequeña, y no había helicópteros o equipos de rescate de emergencia. Mi padre empezó a caminar por el borde y yo lo seguí. Llegamos hasta un lugar donde la pared del foso se inclinaba gradualmente, formando una especie de camino que conducía al fondo. Bob había dejado la marca de sus cascos sin herrar en la tierra, aún blanda por la lluvia que había caído tres días atrás.

"Tengo que bajar a ayudarlo", dije yo.

"De ningún modo", me respondió papá. "Te vas a lastimar, tu madre me va a matar y no sé cuántas cosas más. Sólo sé que no vas a bajar ahí".

Me sequé la última de mis lágrimas y miré a papá fijamente. "¿Entonces cómo lo vamos a sacar?", pregunté.

"Yo bajaré", contestó papá.

"No te seguirá y tú lo sabes", repliqué yo. "Voy a estar bien. Puedo deslizarme hasta abajo y me agarraré de Bob para subir. El no dejará que me caiga". De pronto, me di cuenta de que lo que estaba diciendo era verdad. Bob era mi mejor amigo, de modo que yo tenía que rescatarlo. Yo era su mejor amiga, así que él iba a asegurarse de que no me pasara nada.

"No tenemos otra elección, papi".

Aunque no le gustaba la idea, mi papá sabía que yo tenía razón.

"No tenemos una cuerda para que tires de él", dijo.

"No la necesitamos. Bob lleva cabestro. Además, sé que me va a seguir aunque no tenga soga ni cabestro".

Mi papá se arrodilló y me hizo un nudo doble en los cordones de mis tenis. Luego se levantó y se separó de mí. Comprendí que ésa era su forma de darme permiso. Me senté en el borde del foso y comencé a deslizarme por la pendiente, pateando las rocas a los lados para abrirme paso.

No sé qué tiempo me tomó realmente llegar hasta Bob, pero sentí que me demoré horas en alcanzar el fondo del foso de grava, con los pantalones hechos jirones.

Cuando me sintió acercarme a él, Bob me miró y empezó a gemir. Yo pensé en mamá, y en lo que ella haría en mi situación.

"Dios mío", oré casi sin aliento. "Yo sé que lo que estoy haciendo es una locura, pero mi amigo necesita ayuda. Sé que a ti te gustan los caballos, o no los habrías incluido en tu Biblia. No sé si podré hacer esto sola, Señor, así que por favor ayúdame. Gracias". No me di cuenta en ese momento, pero creo que soné igual que mi mamá.

Cuando llegué al fondo del foso, me di vuelta hacia mi papá, pero eso me hizo sentir peor, porque me di cuenta de lo mucho que tendríamos que subir ahora. Me acerqué a Bob y le di unas palmaditas en el cuello.

"Caballo tonto, tonto", lo regañé suavemente. "¿Por qué te saliste y por qué te metiste en este lío?" Me miró como si me estuviera pidiendo perdón por toda la molestia que me había causado.

"Está bien", dije. "Sé que te duele la pata, pero no tienes otra elección, como yo tampoco la tuve. Te ayudaré, pero tú tienes que ayudarme también". Tomé el cabestro con una mano y puse la otra en su cuello, para ayudar a equilibrarme. Estábamos listos para empezar a subir cuando me detuve de pronto.

"Señor", dije en tono familiar. "Vamos a necesitar toda la ayuda que nos puedas dar. Yo soy sólo una niña y estoy asustada. Sé que Bob también está asustado. Por favor, Dios, no dejes que nos caigamos. Deja que yo y mi mejor amigo lleguemos a la cima. Muchas gracias, Dios".

No habíamos comenzado aún a subir, cuando me detuve nuevamente. "Señor, si estás pensando en mandar ángeles hoy, sería muy bueno si pudieras mandar algunos para que nos acompañaran en el ascenso. Quizá podríamos apoyarnos en ellos. Gracias de nuevo".

Esta vez sí partimos, dando cada paso cuidadosamente. Bob avanzó pesademente por el camino estrecho, provocando un pequeño alud de piedras bajo sus patas. Yo me pegué a él lo más que pude. Cada vez que él daba un paso, yo decía: "Por favor, Dios, no nos dejes caer". No sé cuántas veces repetí esas palabras, mientras me resbalaba y me raspaba las rodillas. Bob se detenía cada vez que yo me caía. Yo paraba cada vez que él parecía sentir dolor en su pata lastimada.

Finalmente, llegamos a la cima, como dos mejores amigos apoyados uno en el otro. Ese día aprendí lo que significa arriesgarse por un amigo y, lo más importante, aprendí qué tipo de relación podía tener con alguien a quien no había visto nunca.

Mi mamá tenía razón, como de costumbre. Ahora, cada vez que no puedo abrir la tapa de un frasco, simplemente me detengo y digo: "Señor, necesito un poco de ayuda con esto". Nunca falla. La tapa sale tan fácilmente como si estuviera aceitada.

Diane M. Ciarloni

Corazón de vaquero

No basta que un hombre sepa cómo montar. Debe saber cómo caer.

Proverbio mexicano

"¡Silt, Colorado!", gritó el conductor del bus mientras se detenía a un lado de la carretera.

Tomé mi bolso y me bajé. Junto a la carretera estaba un hombre alto, parado cerca de un jeep del ejército.

"¿Eres Roger Kiser?", me preguntó.

"Sí, señor", repliqué.

"Soy Owen Boulton. Soy dueño del rancho Rainbow K", dijo mientras me daba la mano.

Un juez de menores de la Florida me había mandado a Colorado para que trabajara en un rancho. Era un programa que habían establecido para ayudar a adolescentes en problemas.

En una semana de mi llegada a Rainbow K, ya estaba convertido en un vaquero hecho y derecho. Me habían asignado un caballo grande, llamado Brownie, y me habían dado una vestimenta del oeste, además de una enorme cantidad de tareas, que empezaban todos los días cerca de las cuatro de la mañana.

Durante los primeros dos meses, las cosas anduvieron bastante bien. Trabajábamos siete días a la semana, de cuatro de la mañana a siete de la tarde. Recogíamos huevos, sacábamos heno, estampábamos vacas, arreglábamos cercas y muchas otras cosas.

Lo mejor de todo era mi yegua. Además de todas mis otras tareas, yo la alimentaba, la bañaba y la cepillaba.

Cada mañana, cuando yo iba a recoger los huevos al gallinero, Brownie me estaba esperando junto a la puerta. Yo me acercaba y le acariciaba el cuello. Ella echaba la cabeza hacia atrás y emitía un resoplido extraño, como tratando de silbar.

"Apuesto a que podrías silbar alto si tuvieras manos", le decía yo. Ella golpeaba la tierra con sus cascos y daba una vuelta en círculo.

No había muchas cosas en el mundo que yo amaba cuando joven. Pero ese caballo era una cosa por la que yo habría dado la vida.

Una mañana, después de que los trabajadores habíamos tomado el desayuno, me ordenaron ir con otros trabajadores mayores a reparar unas cercas hacia el norte. Cargamos el jeep con las herramientas y materiales necesarios y partimos. Eran casi las siete de la noche cuando regresamos al rancho.

Cuando nos acercábamos al establo, vi cerca de 20 granjeros sentados en un círculo. Me bajé del jeep y fui caminando hacia ellos. Les pregunté qué pasaba.

"Es tu caballo, Brownie. Está muerta", me dijo uno de los hombres.

Lentamente caminé hacia donde Brownie estaba. Me arrodillé y le acaricié el cuello. Me costó muchísimo evitar ponerme a llorar en frente de todos esos hombres.

De pronto, se abrió la puerta del corral y el señor Boulton entró montado en un viejo tractor. Empezó a hacer un gran agujero junto a Brownie.

"¿Qué va a hacer?" pregunté alarmado.
"Siempre enterramos los caballos en el lugar donde mueren", contestó uno de los vaqueros.
Me paré a un lado, mientras él excavaba el agujero, limpiándome las lágrimas de mi cara. Jamás olvidaré la tristeza que sentí.
Cuando el agujero estuvo listo, los hombres se echaron hacia atrás. El señor Boulton avanzó con la pala del tractor hacia Brownie.
"¡POR FAVOR, SEÑOR BOULTON!", le imploré, mientras me plantaba frente al tractor, agitando las manos y los brazos. "Por favor, no mueva a Brownie con la pala, porque la va a cortar y le va a hacer daño".
"Mira, hijo", me respondió. "No tenemos alternativa. Eso es lo que hay que hacer cuando un caballo muere. Ella es demasiado pesada para moverla manualmente".
"Yo la meteré en el agujero. Se lo juro señor Boulton", le grité lo más alto que pude.. Corrí hacia Brownie y empujé su cabeza con toda mi fuerza, pero apenas se movió. Empujé y empujé, pero su cuerpo era demasiado pesado. Nada de lo que hice la acercó siquiera un milímetro hacia el agujero. Finalmente, dejé de empujar y me eché llorando en el suelo, junto a Brownie.
"Por favor, no use esa pala con Brownie", rogué una y otra vez.
Uno por uno, los rancheros empezaron a bajarse de sus caballos. Se colocaron alrededor del gran caballo marrón y empezaron a empujar y tirar a Brownie con todas sus fuerzas. Centímetro a centímetro, el cuerpo del caballo se movió hacia el agujero hasta que comenzó a deslizarse en el interior. Yo le mantuve la cabeza levantada lo mejor que pude para que no se le lastimara. De pronto, me sentí caer en el agujero.
Se hizo un silencio absoluto. Me senté en el fondo del agujero, con la cabeza de Brownie sobre mis muslos,

mientras la tierra y el polvo se iban asentando a nuestro alrededor. Finalmente, me paré despacio y puse su cabeza en el suelo. Luego le enderecé cada una de las patas. Me saqué mi camisa de vaquero y la puse sobre su cara, para que no le entrara tierra a los ojos. Me quedé ahí llorando, mientras cubrían a mi mejor amiga con tierra.

Pasé el resto de la noche en el establo, limpiando la casilla de Brownie. Lloré hasta que ya no me salieron más lágrimas. Creo que estaba demasiado avergonzado para volver a la casa, donde estaba el resto de los rancheros.

Temprano la mañana siguiente, fui a la casa para ducharme y cambiarme antes de ir a recolectar los huevos. Vi que los otros rancheros se estaban vistiendo. En mi cama, había ocho dólares y unos centavos. Alguien había escrito un mensaje. "Cómprate una nueva camisa de vaquero".

Cuando me di vuelta, todos los hombres me sonrieron. Uno de ellos me dijo: "Puede que seas un joven de la ciudad, pero tienes el corazón que se necesita para ser un verdadero vaquero".

Me froté los ojos enrojecidos y sonreí, realmente orgulloso.

Roger Dean Kiser

Sombra

Empezó a nevar y, para escapar del aburrimiento del típico clima invernal de Minnesota, decidimos ir a una subasta de caballos en el pueblo. Miramos con interés mientras los elegantes caballos de reluciente pelaje se paseaban. Algunos tenían brillos en sus ancas o cintas verdes y rojas en las crines porque era poco antes de Navidad. Había caballos de todos los colores, tamaños y formas, y pronto hubo una verdadera locura de ofertas.

Parecía que mucha gente iba a comprar caballos caros para Navidad. Algunos de los animales tenían experiencia en trabajo con ganado y otros tenían experiencia como caballos de exhibición. Otros podían tirar de un trineo. Ansiosos de llevarse los mejores ejemplares, la gente ofrecía cientos e incluso miles de dólares por ellos.

"Esta hermosa yegua alazana tiene cuatro años y 15.3 manos de alto", gritaba el rematador. "En su *pedigree* hay nombres como Sonny Dee Bar, Tender Six y Zanzabar Joe. ¿Alguien ofrece cinco mil, cinco mil uno, cinco mil dos?"

Yo estaba fascinado por el espectáculo. Cada magnífico caballo tenía una historia y un linaje, que el rematador leía. La multitud asentía y exclamaba en respuesta y luego empezaba la guerra de ofertas. Una pareja en un extremo, luego un hombre en el otro y una dama frente a mí hicieron ofertas por el mismo caballo hasta que el rematador gritó: "¡A la una, a las dos, a las tres . . . vendido!". Luego el proceso comenzó nuevamente, demorándose un máximo de entre diez y quince minutos por caballo. Ese día se vendieron 50, quizá 60 caballos.

Eventualmente, llegaron al último, un pony negro y delgado. La multitud se rió. La pony era conducida por un joven de quince años que la montó de un brinco mientras proclamaba: "Está lista para montar". La yegua tenía grandes ojos pardos bajo una larga crin embarrada de paja y excremento seco.

"Necesita que alguien la limpie", dijo el rematador. "Y una buena cantidad de alimentos para engordarla".

Luego, mirando a su alrededor, preguntó: "¿Alguien sabe la historia de este pony?"

Uno de sus ayudantes le susurró algo en el oído y él anunció: "El dueño olvidó a esta pony en el pastizal y ahora quiere deshacerse de ella. No está registrada ni tiene pedigree conocido. ¿Quién ofrece trescientos por ella?".

La gente todavía se estaba riendo.

"¿Qué tal doscientos? ¡Está bien, cien! ¿Alguien está dispuesto a darma cincuenta?"

La multitud seguía riéndose de la pobre pony olvidada, hasta que el rematador le dijo al niño que la sacara de ahí.

Mientras salía, la pony volteó la cabeza como para decir adiós. El niño la puso de vuelta en el establo, y se fue a ayudar a los nuevos dueños con sus caballos. Uno a uno, los otros caballos se fueron con sus nuevas familias y la pequeña yegua negra se quedó sola.

Cada vez que alguien pasaba frente a ella, paraba las orejas y levantaba la cabeza, pensando que, quizás, alguien la quería. Pero sólo se escuchaban más risitas y luego los pasos que se alejaban. Finalmente, la pony bajó la cabeza y se volteó para no tener que ver a los demás caballos desfilando.

Nos partió el corazón ver aquello. Bastó que nos miráramos para tomar una decisión. Randy salió en una dirección y yo en otra. Cuando encontramos al rematador le preguntamos si aceptaba diez dólares.

El hombre nos miró sin comprender.

"¿Diez dólares por qué?", preguntó.

"La pequeña yegua negra", respondimos emocionados.

"¡VENDIDA!", exclamó el rematador, sacudiendo la cabeza con una risa burlona.

Como no teníamos un remolque para transportar caballos, la subimos en la cama de mi camioneta Toyoya y la llevamos a casa.

Durante los últimos dos años de su vida, Sombra se la pasó rodeada de niños del vecindario, que nos rogaban para que los dejáramos montarla, o simplemente parársele al lado y acariciarle el pelo, soñando con las aventuras que les traería el mañana. Nos reíamos cada vez que nos acordábamos de las caras de la gente en la subasta y del viejo pony sucio en nuestra camioneta. Pero la alegría y las risas que recibimos al compartir la vida con Sombra resonaba mucho más que toda la risa en la subasta aquella noche.

T.C. Wadsworth

El viejo Twist

El majestuoso ojo se asomó por la apertura en la puerta del establo. Era una mirada que reflejaba años de éxito y experiencia como caballo campeón. También indicaba gentileza y sabiduría. Eran los ojos de un caballo viejo llamado Twist. Tenía más de 30 años y había pasado los últimos relegado a la función de compañero confiable de su dueño. Pero dentro del exterior envejecido y desgastado, este caballo aún tenía el corazón de un ganador. Ese espíritu no había desaparecido incluso cuando caballos más jóvenes aparecieron en el establo y absorbieron más tiempo del dueño de Twist. Yo no podía imaginarme el efecto que ese espíritu iba a tener en mi hija.

Unos años antes, mi hija Stacy había tenido una mala experiencia con un caballo. Ella sólo tenía ocho años en esa época y sufrió una caída terrible. Aunque no se rompió ningún hueso, su confianza, su amor por los caballos y su deseo de aprender a montar quedaron hechos trizas. Por mucho que su madre y yo lo intentamos, no tuvimos éxito en cicatrizar la herida que se produjo ese día. Pero cuando me paré junto a Stacy, y la vi mirar a los ojos del viejo caballo en el establo, supe que éste iba a ser el comienzo de una amistad especial.

Afortunadamente, el accidente no había disminuido el amor de Stacy por los animales en general y eso era todo lo que Twist necesitaba para establecer un lazo especial. Stacy ahora tenía trece años, una edad crítica para las señoritas. A esa edad, no es fácil crear lazos fuertes, pero es esencial tenerlos. ¿Podría Twist ser capaz de hacer que Stacy quisiera volver a montar después de cinco años? Era como si Twist se diera cuenta del gran desafío por delante y de la importancia de triunfar. Aquí el resultado no era un trofeo, un premio, o una cinta, sino el corazón de una niña. Qué recompensa tan especial sería eso.

En los días y semanas siguientes, mi hija empezó a venir diariamente al establo conmigo y mi esposa. Nosotros tuvimos cuidado en no intervenir. No queríamos alterar la magia del viejo caballo. Aunque Stacy decía que estaba ahí para visitar a los gatos del establo, ella siempre buscaba a Twist. Ella tomó la iniciativa en pasar tiempo con él, alimentarlo, cepillarlo y peinarlo, mientras le hablaba de su vida.

Aunque la edad había debilitado los músculos del viejo caballo, no había reducido su habilidad para adoptar la pose de un campeón mientras se debaja cepillar en silencio.

Luego un día, mientras mi esposa estaba preparando uno de nuestros caballos para ir a montar, el dueño de Twist notó que el caballo estaba ansioso por ser incluido. Así que el dueño le preguntó a Stacy si quería llevar a Twist a montar. En respuesta, ella miró de nuevo al caballo a los ojos. No puedo decir que él le guiñó un ojo, pero fue en ese momento que esos dos espíritus se reunieron y completaron el lazo que se había estado formando durante dos meses. Sin dejar de mirarlo, Stacy no dijo nada. Sólo asintió.

Momentos después, me quedé mirando mientras Stacy lo montaba. Ella había recobrado la confianza y Twist había ganado la medalla del corazón de una niña. Nunca lo había visto tener su cabeza tan en alto ni caminar con tanta elegancia como en ese minuto.

Esa fue la primera de muchas veces que montaron juntos. Twist cuidaba bien de su amiga y poco a poco reemplazó su miedo por confianza. Yo casi lloré el día que vi a Stacy y Twist regresando a la granja. Su largo cabello estaba suelto y flotaba en la brisa, como si fuera la cola del viejo animal. El había ganado. Había derrotado el miedo, los años de malos recuerdos y los había reemplazado por momentos de felicidad que están grabados para siempre no sólo en el corazón de mi hija, sino también en el mío. Sé que siempre estaré agradecido por lo que Twist hizo por mi familia. Siempre recordaré el momento en que miré a los ojos de ese campeón y lo que vi fue el amor de una niña.

Tom Maupin

Un lazo silencioso

Nunca te des las gracias. Siempre agradece a los caballos por la felicidad y alegría que experimentamos a través de ellos.

Hans H. E. Isenbart

Aparentemente, mi entrenador encontró a Tic Tac en algún lugar en Texas, en el que los niños pagaban por montarlo. Siempre me costó creer que un brioso alazán como aquel tuviera orígenes tan humildes. Claro que no era realmente tan brioso, pero yo tenía diez años en esa época, estaba lleno de esperanzas sobre mi carrera y no puede haber un jinete exitoso sin un gran caballo. Tic Tac iba a ser ese caballo para mí.

La primera vez que lo monté, se paró en dos patas tan alto que escuché la canción del *Llanero Solitario* en mi cabeza. Quizá lo deberíamos haber llamado Silver. Pero ése no habría sido un nombre apropiado para él. Desde un costado del corral, mi madre me miró suspendido en el aire aterrorizada. Yo, en cambio, estaba feliz con la evidente energía y el espíritu de Tic Tac.

Mi entrenadora de entonces tenía una habilidad

tremenda para inspirarme confianza. Cada vez que la veía montar, la miraba con asombro, llena de ganas de ser como ella. Ella me hizo creer que yo podía montar cualquier cosa, en cualquier momento, en cualquier lugar. Con el tiempo, esta excesiva confianza frecuentemente ha dado resultados desastrosos, como huesos rotos e innumerables heridas, pero también me ha dado la confianza para volver a montar.

En intercambio por mi trabajo en los establos, yo podía montar muchos caballos. Aprendí a amar el trabajo, el olor a heno y a establo, como todas las niñas que adoran los caballos. Aunque me gustaba montar otros caballos, Tic Tac fue siempre mi favorito. Me molestaba mucho cuando otra gente lo montaba para aprender y secretamente yo esperaba que él se alzara nuevamente en dos patas, y los asustara para que la próxima vez montaran otro caballo. Pero él nunca lo hizo y los otros se enamoraron de él. Igual que yo.

Nunca supimos cuál era el cumpleaños de Tic Tac, así que yo le permití compartir el mío. Todos los 9 de noviembre, yo le traía un gran bolso con regalos. Después de un buen galope en los pastizales, me sentaba con él a beber Dr. Pepper mientras él comía hierba, manzanas y zanahorias. Nunca hablé con él, a la manera en que muchas personas conversan con sus caballos. Yo apenas le decía alguna que otra palabra, porque nunca sentí que fuera necesario.

Tic Tac me enseñó muchas lecciones que me han ayudado en mis más de 20 años montando. Un día después de un tormenta en Texas, me acerqué con él a un pequeño montón de ramas en el suelo. Repentinamente, para mi sorpresa, él frenó. Tic Tac jamás se detenía ante un obstáculo. Un poco decepcionada de él, hundí mis talones en su costado y lo hice saltar. El dudó, pero me obedeció. Sólo que la tierra en el lugar de aterrizaje estaba demasiado empantanada como para soportar sus patas, y ambos rodamos por el barro. Mientras estaba sentada en el lodo mirando a Tic Tac, que ya se había incorporado, advertí un pequeño chorro de sangre en su cara. Inmediatamente me sentí culpable por haberlo hecho saltar, cuando él sabía que no era lo mejor. En silencio, me prometí jamás volver a cuestionar sus instintos. Aprendí la lección: cuando uno se ha ganado la confianza de un caballo, hay que respetarla.

El 9 de marzo de 1998, fui como todos los días al establo. Era temprano y los caballos aún estaban afuera. Como los caballos castrados siempre estaban en el pastizal de atrás, me dirigí en aquella dirección y busqué el cabestro de Tic Tac en la cerca, pero no estaba ahí. A simple vista, no pude localizarlo en ninguna parte. Me sentí triste, porque supuse que alguien lo estaba montado. Volví a la casa donde un amigo me contó con tristeza que a Tic Tac lo habían llevado al veterinario.

Tiene que ser un cólico, pensé. Había tenido muchos durante los últimos dos años, pero nunca fue nada tan grave como para llevarlo a la clínica veterinaria en Katy, Texas.

Apenas me acuerdo de las horas siguientes. Recuerdo que mi madre apareció en la granja cerca de una hora después. Alguien la debe haber llamado para que viniera a acompañarme. Me senté junto al camino, esperando que apareciera el *trailer*, pero en el fondo sabía que cuando lo hiciera, iba a estar vacío.

Mientras esperaba, por lo menos veinte de mis compañeros se sentaron conmigo a acompañarme. No me acuerdo ni de lo que me dijeron, ni de quiénes eran. Sus palabras y sus caras se hicieron borrosas, mientras yo recordaba cada segundo que había pasado con Tic Tac durante los últimos dos años.

Después de horas de espera, sonó el teléfono y finalmente alguien me lo pasó. Le ordené a mi mano no tomar el teléfono y a mis piernas que se echaran a correr, pero me ignoraron. Lentamente, coloqué el teléfono junto a mi oído y comencé a caminar hacia el establo. Al otro lado de la línea, alguien me dijo lo que yo ya sabía: que Tic Tac se había ido.

Para cuando pude hablar, estaba en el establo de Tic Tac y pude ver la huella de su cuerpo en el heno, donde él había estado acostado, probablemente tratando de moverse para aliviar su dolor de estómago. Me desmayé en el suelo, tratando de apagar el dolor que ahora cubría todo mi cuerpo, como una segunda piel.

En ese momento, pensé que jamás iba a dejar el establo, porque era la única conexión que me quedaba con él. Caminé hasta donde estaba el cubo de avena de Tic Tac y hundí en él mis manos, con la esperanza de sentir el suave hocico que una vez sangró por mi ignorancia. Pasé los dedos por la canal del agua, implorando escuchar el dulce sonido que hacía al tomar.

Finalmente, mi madre me levantó del suelo y me llevó a casa. Todo estaba extrañamente silencioso y tranquilo. Todo mi mundo parecía distinto. Mis hermanos y amigos no sabían cómo actuar. Por una parte, sabían que yo estaba terriblemente triste y se sentían mal por mí. Por otra, probablemente pensaban que yo estaba loco, porque era sólo un caballo.

Desde entonces, he montado gran cantidad de caballos y he tenido más éxito en el circuito de competencias de lo que jamás podría haber tenido con Tic Tac. No obstante, ese vínculo especial jamás ha sido, y jamás será, duplicado. Esto se me hace patente cada vez que me sorprendo conversando con un caballo.

El 9 de marzo de cada año, desde 1988 hasta 1995, no fui capaz de secar mis lágrimas y enfrentar al mundo. No podía ir al colegio, ni ir a trabajar. Ni siquiera podía ir al establo. Mis padres entendían y jamás trataron de obligarme. Me dejaban estar en mi habitación, con una foto de Tic Tac. Algunas veces, yo recordaba los maravillosos momentos que tuvimos juntos. En otras ocasiones, revivía ese terrible día, y esa terrible pérdida.

Un par de años atrás, decidí no seguir esclavizado al 9 de marzo. En vez de llorar, pasé ese día en celebración silenciosa de mi increíble relación con ese caballo color castaño. No lamento todos los años que pasé llorando por él. Después de todo, nunca había experimentado un sentimiento tan terrible de pérdida y abandono, empeorado por el hecho de que no pude despedirme. Pero la verdad es que jamás le dije una palabra a Tic Tac, porque nunca tuve que hacerlo.

Tiernan McKay

Papá siempre le dijo "sí" a los caballos

El ha galopado en los sueños de niñas, enriquecido la vida de mujeres y servido a hombres en guerra y discordias

Tony Robinson

Los únicos "no" que le escuché a mi papá eran cuando me decía "no hay problema". Desde que yo era una niña, hasta que él murió, me llamó siempre Bebé Teresa. La mayoría de la gente piensa que él me malcrió y yo no puedo más que sonreír y estar de acuerdo.

El sueño de todas las niñas es tener un caballo. Mi papá estuvo de acuerdo.

Cuando yo tenía sólo tres años, recibí mi primer caballo. Era un hermoso Palomino de mecedera hecho de plástico. Con su marco de metal y sus resortes gigantes, era mi orgullo y alegría, y podía maniobrarlo como un jockey a un pura sangre en la recta final. Yo adoraba mi caballo de plástico, pero pronto no fue suficiente.

Yo quería un caballo que no estuviera sujeto a lo terrenal, que estuviera suspendido en el aire. Mi papá estuvo de acuerdo. Tomó el caballo de mecedera y lo colgó con unas sogas de una viga del techo de nuestro sótano. Sin saber que no estaba bien sujeto todavía, yo salté sobre el lomo del caballo, igual que lo hacen los vaqueros en las viejas películas del oeste. Pero a diferencia de ellos, yo no desaparecí en el horizonte, sino que terminé en la sala de emergencia de un hospital, en los brazos de mi padre. Cuando me subí a la silla de plástico de Palomino, las cuerdas cedieron y yo aterricé de cabeza en el suelo. Cuando desperté en el hospital, tenía una concusión, dos ojos morados y un ego muy golpeado.

Al volver a casa, el caballo había desaparecido misteriosamente. Años después supe que lo habían mandado a la casa de un amigo.

Cuando tenía 10 años, recibí un caballo de verdad, de los que comían heno y manzanas. El sólo tenía cuatro años, era de raza árabe y se llamaba Sandarrow. Un aviso en el periódico local proclamaba que era gentil y tranquilo. Fue el primer caballo que fuimos a ver para comprar. Desde el momento que lo vi, lo quise. Mi papá estuvo de acuerdo.

Sandarrow era de un color amarillo claro, casi blanco, y tenía un cuello corto y fuerte. Musculoso, animado por un brío sin bridas, estaba lejos de ser gentil y tranquilo. Era más un caballo de rodeo que uno adecuado para una niña. No había nada que asustara ni controlara por mucho rato a Sandwarrow. ¿Cabestros? Él los rompía. ¿Cercas con alambres de púa? Las derribaba con facilidad. Cuando lo llevé a la feria local del condado, subió por la puerta del establo, que medía dos metros, como si fuera un mono con herraduras, y luego se paseó por el corredor, con una sonrisa tonta de caballo. A todo galope salió de la feria, atravesó el pueblo y los campos cercanos, desafiando a mi papá para que lo atrapara.

Eso fue a comienzos de la década de los 60, antes de que hubiera ropa protectora, cascos de seguridad y otras precauciones que hoy damos por garantizadas. Sandarrow prefería galopar sin jinete. Para lograrlo, trataba de hacerme caer restregándose contra las cercas, metiéndose bajo las ramas más bajas, saltando como un Bronco o simplemente lanzándose a toda carrera, como un chofer de Fórmula Uno.

Un día, cuando yo tenía once años, decidí montar antes de ir a un ensayo de danza, así que me subí a Sandarrow sin molestarme en ponerme zapatos o ensillarlo. Galopó colina abajo, esquivando a toda velocidad los árboles como un bólido equino, hacia el jardín donde estaba trabajando mi papá. Creo que durante todo el trayecto, jamás siquiera toqué su lomo. Cuando llegamos a la reja del jardín, Sandarrow empezó a saltar. Yo podía ver la cara de terror de mi papá mientras yo rebotaba hacia arriba y hacia abajo en su lomo, como si estuviera en un trampolín. Finalmente, el caballo dio un giro brusco y yo salí volando y aterricé de espaldas.

Sin una gota de aliento y atontada por una conmosión cerebral, no me podía mover. Sandarrow me pisó el pie derecho y me rompió los huesos. Luego, mi papá dice que pateó fuertemente, y los cascos pasaron a unos centímetros de mi cabeza.

Aterrorizado, mi papá me tomó en brazos y me llevó a la casa, que estaba cerca. Mi papá era un hombre de baja estatura y yo era casi del tamaño de él, pero recuerdo lo fuerte que se sentía, lo rápido que se movía y la manera tranquilizadora en que me miraba a los ojos llenos de lágrimas. "Vas a estar bien, Bebé Teresa, papá está aquí", me decía. El quiso deshacerse de Sandarrow después de ese incidente, pero yo le rogué que lo dejara. El estuvo de acuerdo.

Durante el resto del verano, seguí montándolo. Pero ahora con una bota de vaquero en un pie y un yeso en el otro.

Antes de que mi padre se diera cuenta, yo había dejado de ser su niñita y estaba tras otro tipo de caballo para tenerlo en el albergue estudiantil en la Universidad de Idaho. En realidad, lo que me interesaba ahora eran los caballos de fuerza. Quería tener un auto y quería comprar un Chevy Corvette que mi novio me estaba ofreciendo, porque él se iba al extranjero, en una asignación militar. Me imaginaba con mis amigos en ese auto, acelerando por las carreteras de todo el país. Mi papá no estuvo de acuerdo.

El sí me compró un auto. Pero fue un Chevy Vega que gastaba tanto aceite que debía parar en cada gasolinera. Aun así, mi papá cuidó de aquel auto casi tanto como de mí y lo mantuvo funcionando cerca de diez años.

Mi papá era muy activo y tuvo una salud excelente hasta los 81 años. Ese año, la Madre Naturaleza lo abandonó y empezó a declinar. Primero perdió la visión del ojo derecho, luego tuvo un ataque al corazón del cual se recuperó. Pero luego sufrió cáncer al pulmón. Tras el diagnóstico, vivió sólo un mes. Pero durante ese tiempo, sacábamos los viejos álbumes de fotos y mirábamos las imágenes del caballo de mecedera, de mis ojos morados, de Sandarrow y del carrito azul de Bebé Teresa.

Después de que mi padre murió, fui sola a su cuarto a absorver la esencia de ese pequeño hombre que para mí era un gigante. Olí sus Levi's con sus tirantes todavía pegados. Toqué su reloj y sus lentes que estaban sobre la cómoda. En el ropero, encontré una bolsa que contenía todos mis dientes de leche. Aparentemente, el hada madrina de los dientes y mi papá eran buenos amigos.

Finalmente, me senté en el borde de la cama donde él había dormido durante más de 60 años y miré la mesita de noche. Había un reloj despertador Beetle Bailey, una lámpara art deco de los años 20 y un diorama antiguo desteñido no mayor que unas cartas.

Me acerqué. Era el diorama de Minnie Mouse que mi padre me había comprado en Disneylandia, cuando yo tenía apenas seis años. Sin que yo supiera, mi papá lo había decorado, con un mechón de mi pelo sobre la cabeza de Minnie y una foto mía en el cielo detrás de ella. Mi mamá luego me dijo que durante más de 40 años, todas las noches, él tocaba el diorama y decía: "Buenas noches, bebé Teresa".

Empecé a llorar mientras le pedí a Dios que cuidara a este hombre que jamás le dijo que no a una niña que quería un caballo. El estuvo de acuerdo.

Teresa Becker

Syd y Roanie

El viento del paraíso es el que sopla entre las orejas de un caballo
Proverbio árabe

Syd Parkin tiene 59 años y todavía lamenta medir un metro sesenta. No porque sea demasiado bajo, sino porque es demasiado alto para ser un jinete. Un año después de sobrevivir un aneurisma que puso su vida en peligro, Syd subió a la cima de una montaña, donde él y su caballo Roanie tuvieron una experiencia que los unió de manera especial. El le atribuye a Roanie el haberle enseñado a apreciar todos los pequeños milagros y bendiciones que cada día tiene para ofrecer. Syd lo ponía de esta forma: "Incluso en el peor de los días, si uno realmente busca, puede encontrar algo bueno. Por ejemplo, yo casi morí, pero obtuve dos cosas maravillosas: Roanie y una segunda oportunidad en la vida".

Fueron compañeros durante cinco años y pasaron tiempo juntos todos los días. Luego, una tarde, mientras estaban cabalgando por un estrecho camino, unos adolescentes en caballos arrendados se les acercaron por atrás.

Asustaron a Roanie mientras cruzaban un camino de cemento y en un segundo las vidas de Syd y Roanie cambiaron para siempre. Roanie se resbaló, cayó al suelo y se quebró la pelvis. Syd y varios veterinarios hicieron todo lo posible para rehabilitar a su fiel companero. Pero a pesar de todos sus esfuerzos durante diez meses, Syd tuvo que enfrentar la dolorosa realidad de que Roanie jamás se iba a recuperar. Le recomendaron que pusiera a Roanie a dormir. Syd me confesó: "No soy capaz de hacerlo todavía. No sé si es lo correcto". Le dije que confiara en su propio juicio: "Tú sabrás cuándo es el momento adecuado". Syd me respondió que le gustaría que Roanie le diera una señal, para que él supiera qué hacer.

Pedí que me dejaran a solas por un momento con Roanie. Su instinto animal de supervivencia estaba claramente en un nivel muy bajo. Suavemente, le dije: "¿Cómo estás, Roanie? No muy bien, ¿cierto? Sé que has estado dando una buena pelea. Te ves muy cansado. Tu padre te quiere mucho. Creo que quizás estás sobreviviendo porque sabes que para él es muy difícil dejarte partir. Roanie, él necesita una señal de que está bien hacerlo. Te prometo que yo lo cuidaré. Si puedes, hazle saber que está bien dejarte partir".

Traté de evitar llorar, pero no lo logré. Al mirar sus ojos profundos y grandes, tuve la impresión de que Roanie había entendido cada palabra que yo había dicho.

Regresé donde Syd y pregunté si había algo más que yo podía hacer. El respondió: "No, llamaré al veterinanio mañana, para hacer una cita". Llorando, agregó: "No puedo estar aquí cuando él muera. Simplemente no soy capaz de verlo caer". Le prometí a Syd que yo iba a estar ahí, e iba a mirar a Roanie a los ojos, para que muriera mirando una cara amistosa y conocida. Syd me dijo que bueno, pero era obvio que lo que dije no era un gran consuelo. "Si yo fuera un hombre de verdad, un vaquero de verdad, entonces podría hacerlo". Le dije que no fuera tan duro con él mismo, que eso no significaba que fuera menos hombre. "Por el contrario, eso significa que eres un hombre amable y sensible, que ama demasiado a este caballo como para ser testigo de algo tan doloroso".

Me agradeció mi oferta y dijo que la iba a aceptar. Durante toda la noche, me pregunté si iba a poder mantener mi palabra. Me es difícil explicar lo que sentí, excepto diciendo que aunque estar ahí iba a ser imposible, aun más imposible era no estar ahí.

Al día siguiente llamé a Syd y me dijo que el veterinario iba a venir a poner a Roanie a dormir. "Pero está bien. Esta mañana, Roanie me dio una señal. Ahora sé que es lo correcto". La cita era para las once de la mañana siguiente. Llegué a las diez y media y vi que Syd había pasado toda la noche en el establo de Roanie. Le leyó una carta de tres páginas que le había escrito. Ninguno de los dos había dormido mucho. Syd estaba haciendo todo lo posible para mantenerse entero y tuvo suficiente fuerza para poner unos conos anaranjados en el estacionamiento, para reservar el sitio más cerca del establo de Roanie para el veterinario y para el camión que se iba a llevar a Roanie.

El camión llegó primero. Era limpio y blanco y tenía una camilla de metal. Tuve que desviar la mirada, imaginándome el tesoro que pronto iba a estar en esa camilla. En el establo, había un silencio y una calma inusuales. Creo que los otros caballos sabían lo que estaba pasando. Syd le pidió disculpas al veterinario: "Nunca he hecho esto antes, así que me va a tener que decir qué debo hacer. ¿Lo traigo cerca del camión?" El veterinario asintió.

Puse mi mano en el hombro de Syd, tratando de darle fuerza y apoyo mientras caminábamos lentamente hacia el establo de Roanie. "Respira", dije, como recordatorio para Syd y para mí mismo. El caballo estaba comiendo un banquete de sus alimentos favoritos que Syd había preparado para él. Lentamente, Syd desató el cabestro del corral. Roanie alzó dulcemente la cabeza para cooperar, como había hecho mil veces antes. Jamás he estado tan impresionado con el valor y la fortaleza de un hombre que cuando vi a Syd retirar tiernamente el cabestro de la cara de Roanie por última vez. Cada una de sus acciones y de sus palabras ponía en evidencia el doloroso peso de "ésta es la última vez".

Syd se paró junto a su amigo, acariciándolo amorosamente. "Eres un buen chico, Roanie. Te quiero". Luego puso su cara contra el cuello del caballo e inhaló varias veces, absorbiendo cada molécula de lo que él llamaba el mejor olor en el planeta. "Una sola vez más", dijo con lágrimas en la cara. Mientras viva, nunca voy a olvidar la manera en que olía el cuello de aquel caballo. Luego, lo miró a los ojos y le dijo: "Adiós, compañero, te quiero. Gracias por ser mi mejor amigo".

Cuando Syd condujo al caballo fuera del establo yo volví a ponerle la mano en el hombro y le dije: "Vas a volver a sentir ese olor. Vendrá a visitarte en forma de espíritu y lo sentirás a tu alrededor". Syd asintió. En las semanas previas, habíamos discutido la idea de que nuestro espíritu o la energía de la vida jamás muere, sólo deja nuestro cuerpo, pero perdura. Le conté cómo el espíritu de mi madre se me aparece en forma de colibríes, cómo he sentido la presencia de mi tía Nancy en mariposas y cómo Roanie encontraría una forma parecida de visitarlo.

Pero en este terrible momento de mortalidad terrenal, Syd tuvo que hacer lo imposible. Condujo a su amigo al camión. Fue el trayecto más largo y difícil que jamás haya tenido que hacer. El veterinario le dio a Roanie un sedante muy fuerte y Roanie empezó a marearse. Syd se despidió de él por última vez. Por temor a que Roanie se fuera a caer en su presencia, le pedí a Syd que se fuera. No sé cómo, pero encontró la fortaleza para hacerlo y se fue hacia el puente, donde yo me iba a reunir con él una vez que todo hubiera terminado. Pero ahora era el momento de cumplir mi promesa.

El sedante estaba cumpliendo su objetivo. El veterinario administró la inyección fatal. Yo hice mi parte y le sostuve la mirada a Roanie. Mientras caía al suelo lentamente, con la respiración agitada, yo me dejé caer con él, para que mis ojos no se apartaran un instante de los suyos.

"Está bien, muchacho. Te queremos tanto, tanto", le dije, acariciándole la cara. Se quedó tan quieto que parecía no respirar, pero cuándo le pregunté al veterinario si ya se había ido, él comprobó su pulso y me contestó: "No, todavía no". Sin dejar de acariciarle la cara, roto el corazón, traté de darle el mayor ánimo posible. "Escucha, Roanie, cuando llegues al cielo, quiero que vayas trotando directamente hasta Trigger y lo muerdas en el trasero. Dile que él no fue el único caballo estrella. Tu fuiste tan querido como él". ¿Qué más podía decirle a mi noble amigo?

"Roanie, tu padre está parado en el puente", le dije. "Te ama muchísimo. Si puedes, por favor deja que él te sienta. Deja que sienta tu espíritu mientras tú pasas a otra vida. Adiós, muchacho. Te quiero". Le pregunté al veterinario y él solemnemente me dijo que sí, que Roanie ya se había ido. Besé a Roanie por última vez, me paré, controlé mis emociones, y luego corté un mechón de su crin, como Syd me había pedido, y otro de su cola. Finalmente le quité el cabestro y la soga y le di una última caricia. "Gracias", le dije.

Monté guardia mientras montaban a Roanie al camión. En cuanto desaparecieron, me acerqué al puente que Syd, Roanie, mi yegua Annie y yo habíamos atravesado tantas veces. Al acercarme a Syd, recé para encontrar las palabras que le dieran un poco de consuelo. Simplemente nos abrazamos y yo empecé a llorar. Syd me dijo: "Está bien". Yo lo miré. "De veras, estoy bien. Todo el tiempo que estuve esperando, el viento estaba soplando fuerte en mi espalda. De pronto, sentí un soplo de aire caliente en mi cara. Era Roanie. Lo sentí pasar a través mío. Me estaba diciendo que estaba bien".

Syd y yo terminamos de atravesar el puente, contando historias de Roanie, y así comenzamos nuestro camino de duelo y recuperación. Tengo el agrado de decir que desde entonces, Syd encontró otro caballo, Bodie. Mi yegua Annie y yo tuvimos el honor de acompañarlos la primera vez que montaron juntos. Fuimos al mismo lugar donde Syd tuvo la experiencia que le cambió la vida con Roanie. Mientras nos detuvimos a admirar el hermoso valle abajo, a la dorada luz del atardecer, un colibrí repentinamente se apareció, se paró justo frente a nosotros y se quedó ahí, por cerca de diez segundos. Ambos sonreímos. "Syd, creo que nos acaban de visitar", le dije. Syd respondió simplemente: "Sí, fue sólo uno de esos pequeños milagros que puedes ver todos los días si los buscas".

Judy Pioli Askins

Un caballo con corazón

T. J. tenía más de 16 manos de alto, el color de la arena en la playa, crines suaves y una cola que parecía de marfil. Su corazón estaba increiblemente lleno de amor y lealtad. Sus ojos amables y su respiración suave siempre me hacían sentir bien. El me entendía. En todas las ocasiones que busqué aliento en su fino cuello y en sus fuertes hombros, jamás me decepcionó. Siempre alivió todas mis cargas.

Incluso cuando tenía sólo tres años, era maravilloso montarlo. Ya fuera que estuviéramos galopando sin silla por los campos de trigo en el medio de la noche, o preparándonos concienzudamente en la arena, él siempre parecía estar disfrutando. Sus orejas se movían con anticipación cada vez que íbamos a montar, como cuando entré al establo ese día de abril.

"¿Estás listo para ir a jugar, amigo?", le pregunté, aunque sabía la respuesta. El brillo en sus ojos profundos lo decía todo. Parecía decir: "Te he estado esperando todo el día".

Saqué mis cepillos y empecé a alisar su pelaje y a masajear sus puntos favoritos. Alargó el cuello hacia adelante en un gesto de puro placer cuando le puse más presión al movimiento circular del cepillo. "Ay, sí . . . ahí mismo . . . se siente tan bien!", parecía decirme. Después de sacarle todo el polvo, envolví sus patas con franela azul marino para protegerlas y coloqué mi cómoda silla de montar en su ancho lomo. Me puse las botas de montar y me metí el cabello en el casco. Yo estaba igual de entusiasmada que él, porque hoy era el primer día sin lluvia en más de una semana. Lo ayudé a deslizar su noble cabeza en la brida y apreté las hebillas. Luego salimos caminando del granero hacia el lugar más seco en la granja.

Mientras él hacía su ejercicio de calentamiento, yo miraba el sol que comenzaba a salir de atrás de las nubes y luego volvía a ocultarse, como temeroso de su propio reflejo en los charcos. Entonces, con una pequeña presión de mis piernas, lo hice trotar. Estaba muy orgullosa de lo fácilmente que me respondía ese día, haciendo lo que yo le pedía. Hicimos algunos círculos y figuras ocho. Practicamos sus transiciones, que salieron con naturalidad. T. J. había hecho un progreso tremendo del potro torpe que era a los dos años al caballo perfectamente balanceado que era hoy. Lo sentí suficientemente fuerte como para hacer un medio galope, lo que ninguno de los dos pudimos resistir. El galope a campo traviesa fue maravillosamente fluido. Una vez más, hicimos unos cuantos círculos y figuras ocho mientras galopábamos, esta vez con simples cambios de conducción en la parte intermedia. Para salirme un poco de la práctica de rutina, decidí hacer un par de saltos con él. Los habíamos hecho antes y él sabía cómo hacerlos. Cruzamos el pastizal, manteniendo una línea recta hasta la esquina. Cuando casi habíamos llegado a la esquina, simplemente traspasé mi peso, para pedirle que cambiara de dirección. Sentí que T. J. movió su cuerpo conmigo mientras realizaba la maniobra, pero algo no estaba bien. ¿Dónde estaba su pata izquierda trasera? No la podía sentir en el lugar donde debería estar.

Cuando T. J. usó su pata trasera izquierda para cambiar de dirección hacia la derecha, se resbaló en el lodo de un charco. Conmigo todavía sobre su lomo, rodamos en una aparatosa caída. T. J. comenzó a deslizarse rápidamente sobre un costado hacia un grueso poste de la cerca. Como yo estaba atrapada entre su costado y el suelo, miré en agonía mientras esperaba quedar aplastada entre mi caballo y el poste de la cerca. En lo que pareció una agónica cámara lenta, miré a mi caballo. Pensé en lo terrible que sería jamás poder volver a galopar por los trigales con él. Pensé en lo mucho que lo amaba.

En un fragmento de segundo, T. J. tensó cada músculo de su cuerpo y pasó sobre mí de modo de quedar él en posición de golpearse contra la cerca, con las patas por delante. Su enorme cuerpo se estrelló contra la cerca con suficiente fuerza como para destrozarla. Tan pronto como chocó contra la cerca, me deslicé hasta él. Lo único que podía escuchar era nuestra respiración desesperada mientras tratábamos de comprender lo que había pasado. Lentamente, conseguí que mis débiles piernas me sostuvieran de pie, mientras lo acariciaba y trataba de ver cuánto daño había sufrido.

"Tranquilo, amigo, estás bien", le dije, tratando de calmarlo, aunque en realidad él estaba mucho más tranquilo que yo. T. J. se quedó quieto mientras yo sacaba las tablas astilladas de entre sus patas. Luego quité el poste partido de en medio e intenté hacer que se parara. Lenta y trabajosamente, sacó las patas delanteras, las extendió delante de su pecho e irguió el cuello para buscar equilibrio mientras trataba de levantarse. Luego de una rápida inspección para comprobar que sus cuatro patas estaban intactas, rodeé su cuello con mis brazos en un caluroso abrazo. Durante varios minutos, llorando, lo acaricié y lo besé.

Nos quedamos ahí un rato, absorviendo lo sucedido. Luego caminamos tranquilamente al establo, donde yo iba a poder observarlo mejor. En el incidente, T. J. sufrió unos cuantos rasguños en sus patas y en su costado, pero ninguna herida grave que requiriera la atención del veterinario.

Yo sólo quedé con unos cuantos moretones y un poco de dolor, pero estaba agradecida de eso, a sabiendas de lo que podría haber ocurrido ese día. Todavía no entiendo cómo T. J. pudo saltar en el aire sobre mí, sin tocarme. No necesito entender. Lo que sé es que ese día él decidió sacrificarse para protegerme. Tanto me amaba. Su corazón estaba lleno de amor y lealtad. Me mostró su amor cada día. Me mostró la enormidad de su devoción en esa tarde húmeda de abril y yo jamás lo olvidaré.

Jerry Simmons-Fletcher

El bebé durmiente

"¡Kori, Kori! ¿Alguien ha visto a Kori?", gritó mi hermana Suzi, entrando a la cocina. Kori era mi sobrina de catorce meses, que recientemente había aprendido a caminar, subir y bajar escaleras y abrir puertas.

"¿Revisaste arriba?", dije casualmente, sin dejar de mirar mis dibujos animados favoritos en la televisión.

"¡Por supuesto, revisé en todas partes!", dijo ella alterada.

Mi madre y mi hermana menor entraron a la cocina.

"No está en los cuartos", dijo mi madre preocupada.

"Quizá se quedó dormida en alguna parte", dije.

Mi madre empezó a ladrar órdenes. "Jennilyn, tú revisa los clósets. Yo iré al patio y a los columpios. Suzi, tú anda donde los vecinos. Trudy, tú anda al establo a ver si está con el abuelo".

Todos emprendimos una búsqueda frenética. Gritos de "no está aquí" se escucharon frecuentemente por toda la casa.

Pronto, Suzi regresó de la casa de los vecinos. "No la han visto", dijo respirando con dificultad.

El abuelo entró agitado por la puerta trasera. "No está en la granja. Revisé los establos y alrededor de la laguna".

"¡La laguna!", exclamó mi hermana, la cara llena de terror.

"No está en la laguna. El agua está totalmente transparente hoy. Te aseguro que no está ahí", dijo el abuelo, abrazando a Suzi. "La vamos a encontrar".
Conteniendo las lágrimas, Suzi dijo: "Voy a revisar el ático de nuevo".
"Y todos los demás vamos a revisar el campo", ordenó mi padre.
Miré mi reloj. Había pasado casi una hora. El sol estaba alto en el cielo y la brisa veraniega mecía las hierbas en el campo. *Ese parece un buen lugar donde podría perderse un bebé*, pensé, mientras aplastaba los altos tallos de hierba bajo mis pies. Podía ver a Trudy buscando en el otro extremo del campo. Detrás de ella, pastaban nuestros tres caballos.
Repentinamente, Trudy se puso a gritar mientras corría hacia mí: "¡La encontré, la encontré!".
Entré a la casa, gritando la buena noticia. "¡Trudy la encontró! ¡Trudy la encontró!"
"¿Dónde? ¿Está bien?", dijo mi hermana, bajando las escaleras corriendo.
"Está en el campo".
Mientras salíamos a toda carrera, Trudy entró.
"Los caballos la están protegiendo. Está bien. Trae a papá", dijo. "Los caballos no me dejan pasar".
Emocionados, todos salimos corriendo al campo. Los caballos estaban todavía ahí, haciendo guardia. Cuando nos acercamos, pudimos ver que los caballos formaban un círculo estrecho. Lady Star relinchó al sentirnos.
En el centro del círculo, Kori estaba durmiendo tranquilamente, en una cama de hierba.

Jennilyn McKinnon

Un regalo de oro

Un pony es el sueño de un niño. Un caballo es el tesoro de un adulto.

Rebecca Carroll

Algunos momentos son mágicos. En ellos, casi puedo escuchar y sentir la presencia de mi hija Emily mientras tomo mis clases de montar en las noches de verano. Mientras me preparo para montar mi primer caballo, siento algo que atesoraré durante mucho tiempo. Estos momentos mágicos me dan alegría y calma interior porque la próxima semana se van a cumplir tres años desde que perdí a mi hija en un accidente automovilístico.

Emily tenía nueve años cuando se enamoró de una vieja yegua. Pude ver la tierna relación que floreció entre una niña y su primer caballo. El amor de Emily por ese caballo consumía su vida y después de que ella tomó unas cuantas lecciones de montar, supe que estaba fascinada. Me convertí de inmediato en una "mamá ecuestre".

Pasé muchas frías mañanas de invierno y muchos calurosos días de verano mirando a Emily tomar lecciones y preparándose para las presentaciones. Mi niña pasó de estar un tanto frustrada y asustada a verse confiada y tranquila. En el proceso, yo aprendí suficientes términos ecuestres para poder hablar con ella. Pero lo más difícil de todo fue aprender a actuar tranquila cuando mi niñita se caía del caballo. Estábamos muy ocupadas, preparándonos para nuestras presentaciones. Siempre había trabajo que hacer: limpiar el establo, lavar y peinar al caballo y encontrar el calzado adecuado que combinara con la ropa de montar de Emily. Había que hacer viajes semanales a la tintorería así como llenar planillas de participación y firmar cheques, muchos cheques. Mi trabajo como "mamá ecuestre" era duro, pero muy satisfactorio. No tenía idea entonces de que esos recuerdos tendrían que durarme toda la vida.

Después de mucha anticipación y noches sin dormir, llegaban los momentos esperados. Los días de presentación eran divertidos, emocionantes y agotadores para nosotras dos. Durante el espectáculo, hay una comunión entre dos, pero tras bambalinas, para que todo resulte perfecto, frecuentemente son tres los que trabajan juntos: el caballo, el jinete, y la "mamá ecuestre". Entre mis tareas estaba pintar las herraduras, lustrar las botas y hacer una trenza francesa en el pelo de Emily. Siempre recordaré haberle dicho a mi pequeña jinete: "Siéntate y sonríe".

Los años pasaron rápidamente y Emily creció. Para poder mantenerse en competencia, tuvo que pasar a un caballo más grande y elegante. Después de buscar durante meses por el compañero perfecto, Parker llegó a nuestra vida. Era un caballo amable y sin resentimientos, tranquilo y fuerte, y pronto se convirtió en nuestro gran amigo. Los tres nos convertimos en parte integral de la "familia" en la granja. Tuvimos muchos ratos felices juntos, reímos, lloramos y experimentamos muchos momentos fabulosos.

Cuando Emily cumplió 17 años, anunció que ya no iba a seguir compitiendo con su caballo. Quería pasar más tiempo con su equipo de básquetbol en la escuela, y no con su caballo gris moteado.

Me dolió mucho esta noticia. "¿Y qué va a pasar con Parker? ¿Con tus amigos en el establo? ¿Con tu entrenador?" Yo no podía creer que éste era el fin, y creo que lo que de verdad estaba pensando era: "¿Y qué va a pasar conmigo?"

Tuve que conformarme con visitar el establo con zanahorias para algunos de mis viejos amigos equinos y mirar a los otros niños que practicaban. Pero extrañaba esos momentos en la mañana, cuando oía a los caballos relinchar, emocionados con lo que iba a ocurrir, y los veía remontar la rampa de los *trailers*.

Han pasado muchos años y tengo recuerdos muy dulces. Por alguna razón, mientras paso tiempo con los caballos me siento cerca de Emily. Algunas veces, las memorias son agridulces y me pongo a llorar. Otras veces, puedo sonreír y reír. Ahora que tengo 50 años, me doy cuenta de que esos recuerdos me están ayudando a prepararme para mi primera exhibición de caballos. Ahora me toca lograr la postura perfecta sobre el caballo para cada vuelta.

Mi caballo pinto Murphy es un animal hermoso y talentoso. Se mueve con enorme gracia y presencia. Definitivamente, es el tipo de ser que te inspira confianza. Creo que él sabe que yo lo considero un amigo muy querido que me está ayudando a sanar mi corazón roto.

Mientras se pone el sol, una suave brisa me toca la cara. Orgullosa en la silla, con la mirada en alto, las manos ligeras y los talones bajos, yo lo guío y Murphy parece hacer sus transiciones sin ningún esfuerzo. Estoy haciendo algo que vi a mi hija hacer gran cantidad de veces. Pero esta vez estoy montando mi caballo, recorriendo la arena con gran facilidad, como si lo hubiera hecho un millón de veces. Hacemos algunas figuras ocho alrededor de unos postes en el centro de la arena con la rienda suelta y un movimiento grácil, rítmico. Para una novata, no es una tarea fácil eso de saltar obstáculos con cierta armonía y mantener el paso parejo. Requiere gran cantidad de concentración y habilidad. Pero, con una cadencia sostenida, mi caballo y yo realizamos la tarea fácilmente. Murphy y yo nos acercamos al poste central en una línea recta (casi siempre) y podemos cambiar direcciones sutilmente, sin ninguna vacilación, al superar cada obstáculo.

Bueno, esta vez soy yo quien está "arriba" y la dulzura de los mensajes silenciosos de Emily me atraviesan. Siento como si ella estuviera inclinada sobre mi hombro y no sólo mi caballo y yo, sino los tres, nos deslizáramos alrededor de la arena, y escucho que sus comentarios me abrazan como pañuelos de seda alrededor de mi alma.

Es posible que estos momentos signifiquen más para mí que cualquier tarjeta de votación de un juez. Estoy segura de que mi maravilloso caballo sabe que es parte de una celebración bendita. Prepararme para la competencia me da un sentido de misión. Pero el suave sonido de la voz de Emily en mi mente, mientras atardece y la brisa me toca la cara, es más precioso que un mundo de premios. Es un regalo de oro que brillará por siempre en mi corazón.

"Relájate, mamá. Sólo siente el movimiento y escucha con tu cuerpo. Mantén el paso parejo, ya que él sabe hacer su trabajo. Sé suave con tus manos y él te va a cuidar".

"Ah, mamá, y levanta la cara y sonríe".

Robin Roberts

La oportunidad de una vida

Piensa, cuando hablamos de caballos, que los ves estampando sus cascos en la tierra receptora. Porque son tus pensamientos los que ahora deben adornar a nuestros reyes.

William Shakespeare

Un día de junio, insoportablemente caluroso, un hombre llegó a mi casa, en una pequeña granja en Missouri, preguntando si yo tenía leche de cabra. La necesitaba para la potranca de su sobrino adolescente, que estaba muy enferma. El hombre me dijo que dos veterinarios la habían examinado y habían concluido que costaría varios miles de dólares salvarla. Su sobrino no tenía tanto dinero, y planeaba matarla con un disparo. Su tío le dijo al jovencito: "Dame veinticuatro horas para tratar de salvarla". Le di toda la leche de cabra que tenía y le ofrecí cualquier ayuda que pudiera darle. El hombre dijo: "Bueno, esta potranca podría terminar aquí". Pensé que estaba bromeando. Me equivoqué.

Al día siguiente, un camión llegó a mi casa, con una potranca peliroja de tres semanas tirada en la cama del

UN LAZO ESPECIAL 51

vehículo, atendida por la hija del hombre. El individuo sacó amorosamente la potranca del camión y la puso sobre la hierba. Armaron un pequeño corral a su alrededor, bajo un árbol, justo en mi patio, para que yo la pudiera vigilar día y noche.

Tengo esclerosis múltiple, que ha ido empeorando con el tiempo, y no andaba en busca de una nueva responsabilidad. De hecho, justo antes de que él llegara, mi marido Dave y yo habíamos decidido vender la mitad de nuestros caballos, junto con todas nuestras cabras y la mayoría de nuestras aves. Quería disminuir mi carga de trabajo. Aun así, acepté con alegría cuando este hombre me pidió ayuda para salvar a la potranca. Enfatizó que no tenía dinero para pagar más facturas de los veterinarios. Enseguida añadió: "Nadie espera que viva más de uno o dos días". Decidí tomar aquello como un reto para demostrarle a todos que estaban equivocados.

Después de que el hombre se fue, revisé cada centímetro del cuerpo frágil y minúsculo de esta criatura. Estaba en un estado lamentable, con úlceras en su boca y en todo un lado de su cuerpo. Tenía las articulaciones terriblemente inflamadas y desfiguradas por una infección llamada septicemia neonatal. Parecía un esqueleto, apenas cubierto con un poco de piel y pelo. Tenía una fiebre muy alta, debido a la letal bacteria que estaba circulando por su sangre. No podía pararse ni levantar la cabeza. Sus ojos cafés estaban hundidos debido a la deshidratación, pero había un brillo en ellos que capturó mi corazón. Me enamoré de ella desde que la vi.

No era mía, pero ahora era mi responsabilidad. En las primeras horas, junté un equipo médico básico y le traté las heridas. Necesitaba nutrición desesperadamente. Buscando en la internet, descubrí que la leche de cabra es el mejor reemplazo para la leche de la madre de un caballo. Así que ordeñé a todas mis cabras, puse la leche en una botella, le puse una tetilla de goma y traté de alimentarla lo mejor que pude. Bebió un poco, pero no mucho. Finalmente, desesperada, a las cuatro de la mañana, traje a mi cabra Megan donde estaba la potranca. Sujeté la teta de Megan frente a la boca de la potranca y ella la aceptó de inmediato. No tenía suficiente fuerza para levantar su cabeza, pero con mi ayuda, pudo alimentarse directamente de Megan. Bebió hasta que quedó satisfecha. Había sorteado mi primer obstáculo.

Al día siguiente, mis esfuerzos para alimentar a la potranca cada media hora estaban dando frutos. Parecía estar mejorando. Al tercer día, ya podía sentarse. Tuve que recordarme varias veces que no era mía, pero sin resultados. Sentí que la potranca era más mía que del adolescente a quien ni siquiera le importaba si vivía o moría. Su voluntad de aferrarse a la vida era fuerte y merecía ser bautizada. Decicí llamarla el Milagro de Megan, en honor a Megan, la cabra que le había dado leche, compañía y la oportunidad de vivir. Milagro se convirtió en su apodo.

Megan cuidaba a Milagro como si fuera su propia hija. Era increíble y tremendamente conmovedor mirar a una vieja cabra amamantando a una potranca. Megan se acostaba en el pasto junto a Milagro y las dos pasaban el tiempo completamente felices. Los otros animales en la granja también trataban de ayudarla. Los gansos y una de mis gallinas la adoptaron y se quedaron junto a ella la mayor parte del tiempo. Nuestro perro, Pookey, se acercaba a Milagro cuando estaba acostada en el piso y le susurraba al oído. Esto parecía hacerla sonreir.

Cuando pasaron los días, el lazo entre Milagro y yo se hizo más fuerte. Ella relinchaba cada vez que me escuchaba acercarme, como si el solo sonido de mis pasos encendiera una chispa en ella. Secretamente, me alegraba al darme cuenta que yo era la única persona por la que ella relinchaba. Yo era su mamá y ella era mi hija especial. Me llevó tiempo darme cuenta de que Milagro no iba a enriquecer sólo mi vida, sino también la vida de muchas personas en todo el mundo.

Yo visito varias páginas de mensajes de internet que reúnen a aficionados y dueños de caballos y donde intercambian ideas y experiencias sobre problemas de sus caballos. La primera vez que pedí consejo sobre Milagro, no me imaginé que la información sobre ella se iba a expandir tan rápidamente. Me empezaron a llegar muchos *e-mails* de gente que ofrecía sugerencias y palabras de aliento y que querían ver fotos de ella. Empecé un diario en mi *website*, donde la gente podía leer las últimas noticias sobre Milagro y su lucha por sobrevivir. Casi todos los días, publicaba fotos nuevas de ella.

Personas de todo el mundo se estaban enamorando de esta pequeña alma valiente. La comunidad *online* de aficionados a los caballos observó con gran interés los altibajos que Milagro y yo teníamos día a día. Miles compartieron mi alegría cuando Milagro empezó a subir de peso y se sentó sola por primera vez. La gente estaba feliz de ver que las úlceras en su boca y su cuerpo sanaron. Y cuando la fiebre subió otra vez y sus extremidades de nuevo empezaron a inflamarse, no lloré sola.

Hubo días en que ambas estábamos exhaustas, pero seguimos adelante. Yo le decía a Milagro, tiradas sobre la hierba: "Tienes que seguir tratando. Hay muchas personas que te están mandando su amor y están rezando por ti". Milagro ponía su cabeza en mi regazo para que yo le acariciara y le besara el hocico. Sus hermosos ojos parecían decir: "No me estoy rindiendo todavía, mamá, estoy tratando".

Tan pronto la valiente lucha de Milagro por sobrevivir se dio a conocer por la internet, la gente empezó a escribirme *e-mails* diciendo que estaban haciendo actos generosos en su nombre. Algunos ayudaron a animales y otros ayudaron a gente necesitada. Más y más vidas fueron tocadas indirectamente por Milagro y su valentía. Me sentí tan orgullosa de poder compartir esta pequeña chispa y ver cómo crecía espontáneamente. Todos éramos parte de un milagro que se estaba expandiendo.

La salud de Milagro tuvo muchos altibajos durante el verano. En general, no mejoró tanto como yo esperaba. Sabía que necesitaba ver a un veterinario, así que contacté al hombre que me la había traído y le pedí que le dijera a su sobrino que me la cediera oficialmente. Eso hizo. Por fin, Milagro era legalmente mía.

El veterinario nos dijo que la mayoría de los potros con su enfermedad mueren. Sólo hay esperanzas de recuperación si se detecta muy temprano. Las bacterias estaban fuera de control, destrozando las articulaciones y la visión de Milagro. El veterinario dijo que eventualmente también atacarían sus órganos vitales. Era sólo un asunto de tiempo antes de que hubiera que ponerla a dormir.

Desde entonces, mi meta fue simple. Quería ayudar a que Milagro disfrutara tanto como fuera posible antes de morir. Contra todos los pronósticos, pronto empezó a tratar de pararse. La primera vez que lo logró, con su cuerpo convulsionado y sus patas medio dobladas, reí y lloré de emoción. Luego dio varios pasos: ¡otro hito! Empezó a caminar más. Varias veces al día, la ayudaba a caminar y a balancearse, mientras avanzaba por el patio.

Milagro parecía determinada a ver lo que el mundo tenía que ofrecerle. Cuando conoció a otros caballos en la granja, bajo estricta supervisión, se emocionó muchísimo, hasta temblar de gusto. Estábamos en presencia de otro milagro en la vida de esta potranca. Y, entretanto, mi salud se mantenía estable, lo que también era un milagro.

Repentinamente, cuando tenía dos meses y medio de edad, Milagro pareció cansarse de batallar. Había saboreado la hierba verde, disfrutado días sin dolor y hecho muchos amigos entre los animales y la gente que la venían a visitar. Milagro sabía lo que significaba el afecto incondicional y su simple existencia había expandido el amor y la esperanza a todo el mundo. Ahora Dios parecía estar diciéndole que ya casi era hora de volver a sus brazos. Milagro ya no tenía ganas de pararse y parecía contenta de pasar horas y días con su cabeza en mi regazo. Creo que sabía que yo estaba triste, porque constantemente levantaba su cabeza, y me pedía besos y abrazos. Pero de alguna forma, sus ojos me decían que estaba bien que la dejara ir.

Un miércoles en la mañana, tomé la difícil decisión de llamar al veterinario y pedirle que viniera el sábado a poner a dormir a Milagro. Luego fui a hablar con ella, y le conté que me sentía egoísta y que no estaba preparada para que Dios se la llevara, pero cuando estaba sentada ahí, un pájaro se posó sobre la cerca, a sólo un metro de distancia. Me di vuelta para mirarlo mejor, y pensé que iba a salir volando, pero se quedó ahí, mirándonos. Luego oí el sonido de alas haciéndose más y más fuerte. Vi un grupo de gansos volando a nuestro alrededor. No emitían sonido alguno, excepto el de sus alas. Lloré y dije en voz alta: "Está bien, Dios, te puedes llevar a tu ángel. Pero por favor asegúrate de que ella también tenga alas fuertes y hermosas".

El sábado en la mañana, en el consultorio del veterinario, Milagro puso su cabeza en mi regazo, como lo había hecho tantas veces. Cerró sus ojos y suspiró tranquilamente. El sedante empezó a hacer efecto y se quedó dormida en mis brazos. El aire abandonó mis pulmones. En el momento en que respiró por última vez, supe que había despertado en el cielo.

Tres días después de que habíamos enterrado a Milagro bajo la sombra de unos árboles, fui a visitar su tumba. En la tierra, justo sobre su cuerpo, había una hermosa pluma, perfecta. Dios mantuvo su promesa. Milagro tenía alas.

Denise Bell-Evans

Lanzando el lazo

Hay momentos en que puedes confiar en un caballo, otros en que no puedes y otros en que tienes que hacerlo.

Anónimo

Los granjeros viejos suelen decir que a cada persona le toca un caballo especial durante su vida. Yo tuve el mío. Era una yegua color chocolate con una estrella en forma irregular en la frente. Se llamaba Susie y mucho tiempo atrás ella fue mi mejor amiga y compañera. Me enseñó la lección más valiosa de todas: una lección que me cambió la vida.

Yo amé a Susie a primera vista. Estaba parada en una granja, junto a un grupo de briosos toros Brahma. Tenía una cicatriz muy fea desde la rodilla derecha hasta el casco. Su dueño dijo que no sabía qué había causado la herida, pero pensaba que ella jamás iba a poder correr mucho. Yo sabía que él estaba equivocado. Yo tenía 16 años y ella apenas dos. Sabía que era sólo un asunto de tiempo para que nos hiciéramos famosos juntos.

Su dueño permitió que la comprara en cuotas. Después de cortar muchos céspedes, hacer de *umpire* en muchos juegos de Pequeñas Ligas y trabajar muchas horas como salvavidas en la piscina local, logré ganar suficiente dinero para lograr que Susie fuera mía. En realidad, decir que Susie era mía no es del todo exacto. Yo nunca fui dueño de Susie. Simplemente nos juntamos. Como tantas cosas importantes en la vida, tal vez estábamos destinados el uno para el otro.

Mi padre y mis tíos nos enseñaron unas cuantas cosas. Lo más importante, consiguieron que unos cuantos vaqueros viejos que sabían su oficio nos enseñaran a entrenar con un lazo. Susie y yo practicamos muchas horas y después de un par de años, estábamos listos para competir en pequeños rodeos.

Ella siempre se mostraba tranquila en la talanquera y tenía tremenda velocidad. Salía al ruedo como un caza bombarderos, y ponía todo su empeño para ponerme exactamente en el lugar donde yo debía estar. Yo podía lanzar la cuerda sin ningún esfuerzo. En cuanto me sentía tirar el lazo, se detenía de golpe, como si hubiera chocado contra una pared de ladrillos. Yo trabajaba con el lazo realmente bien y, si todo funcionaba como debía ser, éramos difíciles de vencer.

Por ejemplo, si a Susie y a mí nos tocaba un ternero verdaderamente lento que corría con la cabeza en alto como una gallina, ¡qué bien lucíamos los dos! Simplemente le lanzaba el lazo, lo tiraba al suelo y, mientras no pateara demasiado, le amarraba las patas con la misma celeridad con que cobrábamos el premio. Sí, todo era fácil mientras las cosas funcionaban bien.

El problema era que las cosas no siempre salían perfectamente.

Yo enfrentaba esta imperfección de la vida haciendo sobre todo dos cosas: me quejaba mucho y culpaba a todo el mundo, excepto a Susie y a mí mismo. No podía culpar a Susie porque ella era excelente y siempre hacía su parte.

En mi opinión, sobre todo, mis padres y mis profesores eran los culpables de todos los problemas. Cuando yo era niño, mi padre y mi madre eran realmente cariñosos. Mi mamá hacía mi cama, sacaba la basura y se hacía cargo de todos y de todo. Los profesores también eran muy buenos, cuando yo estaba en primero, segundo y tercero de primaria. Lo único que hacíamos era pintar libros de colorear, almorzar y dormir la siesta. La vida de niño era buena.

Pero cuando me hice adolescente, parecía que todo había cambiado de un día para otro. Mi mamá empezó a despertarme en la mañana y a decir cosas como: "Tienes que levantarte, hacer tu cama, darle agua a los caballos, sacar la basura, cortar la hierba y ayudarme en la casa". Francamente, yo estaba asombrado. Traté de explicarle que yo no hacía esas cosas, pero cada vez que mi papá volvía a casa, se ponía de su lado.

Lo peor de todo, sin embargo, eran mis profesores. Un día estábamos durmiendo la siesta y cocinando pasteles de chocolate, y al siguiente nos ponían a estudiar oraciones complejas y a solucionar largos problemas de aritmética.

Sí, la vida se había hecho difícil.

Ahí fue que todo empezó a ir cuesta abajo. Mis profesores y mis padres siempre me estaban presionando, para que yo trabajara y aprendiera cosas nuevas todos los días, pero yo no lo hacía. Por supuesto, nada de esto era mi culpa. Yo pensaba, ¿cómo se supone que vaya a aprender algo con estos profesores tan malos? Luego los profesores ponían calificaciones terribles en mis pruebas y mis padres volvían a gritarme.

Desafortunadamente, las cosas empeoraron. Mis malas calificaciones en la secundaria se convirtieron en peores calificaciones en la universidad. No pasé ni una sola asignatura, pero no era culpa mía. De nuevo, sólo tenía malos profesores. Un consejero diagnosticó mi problema. Me hizo una prueba que demostró que yo tenía un coeficiente de inteligencia por debajo del promedio. ¡Qué alivio! Ahora tenía la excusa perfecta para no esforzarme.

Las cosas siguieron cuesta abajo y, ya que mis padres, profesores y entrenadores no dejaban de presionarme, hice un plan que sólo un joven de 20 años podía idear. Como yo era bueno con el lazo y tenía el mejor caballo del mundo, pensé que Susie y yo podíamos ganarnos la vida por ahí. Lo único que necesitábamos era un poco de buena suerte.

Mi padre trató de explicarme que si yo no estaba ganando en los rodeos pequeños, era poco probable que ganara en los grandes. Incluso trató de hacerme ver cómo mi falta de habilidad se haría aun más obvia cuando Susie y yo tuviéramos que enfrentarnos a un ganado más pesado. Y empezó a mencionar otras dificultades de la vida entre un rodeo y otro. Pero él no sabía nada. Era un viejo. Después de todo, por Dios, tenía cuarenta años.

Así que monté a Susie en un pequeño *trailer* y nos fuimos. Eramos dos jóvenes en busca de enlazar nuestro sueño. Iba por la carretera cantando viejas canciones de vaqueros y todo lo que podía ver en mi espejo retrovisor era un polvoriento pueblecito de Texas al que ya no me sentía atado.

Las cosas empezaron muy bien. Ganamos unos cuantos rodeos por aquí y por allá. Pero no hay nada como la vida y los caminos abiertos para enseñarle a un joven lo que es realmente importante. Aprendí muchas cosas en ese camino.

Aprendí que mi padre siempre nos había dado un techo seguro. Mientras crecí en su casa, jamás pensé en lo especial que era un techo que no goteara hasta que me faltó. Me di cuenta de que a nadie en Estados Unidos le importaba si yo comía o no. Nadie me iba a cocinar gratis, pero recordé que mi madre siempre había hecho eso precisamente. También aprendí que el ganado que enfrentaba ahora era mucho más pesado que antes y que los vaqueros eran mejores de lo que yo me había imaginado y que mi pequeño pueblo en Texas no era tan polvoriento después de todo.

Una noche fría en Colorado, Susie y yo estábamos en un rodeo. No habíamos comido en dos días y desesperadamente necesitábamos ganar, para tener dinero para comer. Yo sabía que íbamos a salir adelante porque Susie me haría lucir bien y porque yo era bueno con el lazo.

En cuanto la monté, la sentí tan tranquila como siempre. Salió disparada como un cohete, tan pronto apareció el ternero. Aunque tenía que estar tan hambrienta como yo, me lo entregó todo. Me puso en la posición perfecta, como siempre lo hacía. Me incliné un poco, sabiendo que en cuanto lanzara el lazo íbamos a poder comer algo.

Y fallé. Fallé sin justificación alguna.

Fue una mala experiencia, pero las cosas se iban a poner aun peores. Esa noche tuve que esperar junto a un tarro de basura a que una familia botara los restos de su comida, para poder alimentar a mi compañera. Mientras la miraba comer de la basura, traté de pensar en alguien a quien echarle la culpa, pero no había nadie más que yo mismo. Yo le había hecho esto a mi amiga.

Mientras más tiempo me quedé ahí, más dolorosa se volvió la experiencia. De pronto, entendí que mis padres y profesores sólo habían estado tratando de ayudarme. Habían hecho todo lo posible para prevenir que yo terminara en un lugar así, pero yo nunca escuché. Me di cuenta de que si no podía cuidar a mi caballo, era casi imposible que pudiera cuidar a un hijo o una esposa. Mi yegua siempre había hecho su parte. Yo nunca había hecho la mía.

El gran teólogo inglés C.S. Lewis una vez dijo: "Cada conversión empieza con una bendita derrota". Esa noche tuve mi derrota. Decidí empezar a actuar de manera diferente.

Hay otras personas que han tenido experiencias

similares. Hace mucho tiempo, un médico llamado Lucas escribió sobre alguien que debe hacer sido muy parecido a mí. Su padre trató de ayudarlo, pero igual que yo, él no escuchó. Gastó todo su dinero y terminó igual que yo: pobre, hambriento y arrepentido.

Yo, ciertamente, no soy un predicador, pero eso no significa que un vaquero no pueda aprender de la Biblia. El hombre sobre el que escribió Lucas estaba desperdiciando su vida hasta que se dio cuenta de que necesitaba a su familia, a sus amigos y profesores: a todas las personas que lo habían ayudado. La Biblia dice que este joven "volvió en sí" y que el hijo pródigo supo entonces que era el momento de regresar a casa y vivir una vida distinta.

Yo también volví a casa. Desde entonces, he pecado muchas veces, pero no académicamente. Incluso con mi coeficiente de intelgencia por debajo del promedio, jamás volví a sacar una mala nota en la escuela. No les cuento esta historia para alardear, sino para regalarles eso que Emily Dickinson llamó "esa cosa con alas": la esperanza.

Lo único que se necesita es usar los tesoros que cada uno ha recibido, esforzarse y seguir el viejo consejo de los vaqueros: "Cuando un caballo te tira al suelo, levántate y vuelve a intentarlo". En pocas palabras, haz tu parte. Aprendí esa lección de un caballo muy especial. Se llamaba Susie y ninguno era mejor para enlazar terneros.

Ahora, tengo un caballo de faena en mi granja y de vez en cuando, al atardecer, paseamos por los pastizales. Contemplo las hermosas colinas verdes a mi alrededor y a veces la pradera se mece suavemente, como si estuviera viva. Entonces, sólo por un instante, puedo oler a Susie. Puedo sentirla bajo mi cuerpo, esforzándose al máximo, dándomelo todo.

También recuerdo que a cada persona le toca un caballo especial en su vida. Afortunadamente, yo tuve el mío.

Michael Johnson

2

LOS CABALLOS COMO MAESTROS

El caballo educado es un caballo pensante y parece que entiende que de vez en cuando algo ocurre que él debe reconocer como un error, y dejar atrás.

Dennis Murphy, en Caballo Práctico

El lenguaje de los caballos

Un caballo jamás debe ser reprendido cuando uno está de mal humor o enojado, sino siempre en completa tranquilidad.

François Robichon de la Guérnière

Cuando yo era niño, estaba seguro de que los caballos tenían un lenguaje y de que si yo era capaz de hablar ese idioma, podría entrenarlos en una forma nueva y totalmente diferente. Así que cuando estaba por cumplir ocho años, me puse como meta en la vida aprender a comunicarme fluidamente con los caballos.

En esa época vivíamos en una granja de caballos en Salinas, California, y yo pasaba cada minuto tratando de comunicarme con los caballos, domesticados o no.

El verano que cumplí trece años, fui a trabajar tres semanas a Nevada. Me habían contratado para ayudar a capturar potros salvajes. Era mi primera oportunidad de trabajar con caballos totalmente salvajes. Estaba decidido a usar mi tiempo lo mejor posible, así que me levantaba cada día y montaba un largo trecho hacia el desierto, donde usaba binoculares para estudiar los hábitos de las manadas de caballos que ahí vivían. Estaba totalmente embrujado con esos caballos. Me sentaba y los observaba durante horas y horas, estudiando a esos hermosos animales mientras galopaban, comían y jugaban en los amplios espacios del desierto. Lo que más me asombraba era cómo los caballos salvajes se comunicaban entre sí. Rara vez usaban sonidos. En cambio, usaban un complejo lenguaje de movimiento. La posición de sus cuerpos, y la velocidad y la dirección de su viaje eran elementos clave en su lenguaje. Y mediante cambios en la rigidez o la relajación de sus ojos, orejas, cuello, cabeza y la posición de su lomo, un caballo podía comunicar cualquier cosa.

Mientras los miraba, pensaba: *¿Podía ser capaz de convencer a un caballo salvaje de que me dejara acercarme y tocarlo, sin que él huyera?*

Para poder detectarlo fácilmente, escogí un caballo con marcas inusuales y traté de alejarlo de los otros. Durante días, traté de acercarme a él de mil manera posibles, pero él siempre me sentía y se alejaba. Un día, tuve suerte y logré acercármele por detrás de un pequeño cañón. Finalmente, tenía toda su atención. Entonces, usando sólo mi cuerpo para transmitir las señales que había visto usar a los caballos, convencí al desconfiado garañón de que se quedara quieto. Me estudió silenciosamente mientras yo me acercaba cada vez más. El estaba atento, pero no asustado. Casi sin respirar, di el paso que lo puso a mi alcance. Evité sus ojos mientras alargaba la mano hacia él y la colocaba suavemente sobre su cuello. Duró sólo unos segundos, pero eso era suficiente. Lo vi alejarse a todo galope, con el pecho a punto de explotar de la alegría. ¡Me había comunicado con un caballo!

Mi deseo de aprender a comunicarme con los caballos se convirtió en una pasión interna, que yo escondía celosamente del resto del mundo. Como no quería hablar de lo que era más importante para mí, normalmente pasaba el tiempo solo, excepto por los caballos. Lo único que me importaba era cumplir el sueño de mi vida. Todos los veranos, regresaba a Nevada por tres semanas, y continuaba mi investigación en el desierto. Cuatro años después, cuando tenía 17 años, progresé tanto que no sólo pude tocar a un caballo salvaje. Le puse una silla y lo monté sin causarle dolor ni intimidarlo para lograrlo. Con gran orgullo, monté el caballo salvaje de vuelta al rancho.

Los rancheros que me vieron llegar sobre el lomo del animal me llamaron mentiroso cuando les conté lo que había hecho. Insistieron que el caballo que yo estaba montando debía haber sido un caballo domesticado que se había escapado y se había juntado con los salvajes. Herido, me di cuenta de la futilidad de mis sueños. Sin nadie que creyera en mí, era mi espíritu el que ahora estaba roto.

Eventualmente, decidí superar la humillación y el ridículo y continuar con mis métodos de entrenamiento, pero juré que jamás le iba a contar a nadie lo que estaba haciendo.

Así que me convertí en entrenador de caballos. Usé mis experiencias con todos los caballos con los que trabajaba para aprender más y más sobre el idioma de los caballos. Era una educación lenta, pero satisfactoria.

Una vez, cuando tenía 25 años, una familia me contrató para lidiar con una yegua problemática. Era un ejemplar hermoso, inteligente y de gran talento. Pero durante su entrenamiento, el dueño anterior la había manejado mal sin darse cuenta y ella había desarrollado un grave problema. No se estaba quieta. Salía galopando como un cohete y se negaba a que la pararan, con lo que arrasaba contra rejas y otros obstáculos mientras hacía giros muy peligrosos. Era diabólicamente traicionera. Poco después, la yegua casi mató a la hija del dueño. La familia estaba yéndose de vacaciones y me pidieron que vendiera el caballo por la cantidad que fuera. Habían escuchado que yo era bueno con caballos difíciles y sabían que, para venderla, iban a tener que hacer que ella se hiciera más dócil. Nadie más quería intentarlo.

Esta yegua era el caballo más peligroso que jamás había visto y usé todo mis conocimientos para ayudarla. Me obligué a moverme alrededor de ella lentamente y a mantener nuestra comunicación a un nivel básico para ganarme su confianza. A partir de esa confianza, seguí comunicándome con ella, hasta que su resistencia desapareció. Desde entonces, progresamos rápida y enormemente. Había parecido imposible, pero en unos cuantos días, ella quedó transformada.

Mientras los dueños todavía estaban de vacaciones, exhibí la yegua en una competencia y ella ganó el primer premio. Traje el premio, una silla muy cara, a la casa de los dueños. Les escribí una nota, diciendo que había mejorado lo suficiente para ganar el premio y que, bajo estas circunstancias, yo creía que debían reconsiderar sus planes de venderla. Dejé la nota y la silla en el comedor, para que ellos las vieran cuando regresaran.

Ellos quedaron fascinados con el cambio de la yegua y les causó gran alegría poder quedarse con ella. La yegua se convirtió en una campeona de primera. Y sus dueños encontraron en ella una voluntad renovada y una dulzura de carácter que hizo su presencia en el seno de la familia algo aún más precioso que los premios que ganaba.

Durante los siguientes 30 años, utilizando las simples herramientas de la bondad, el respeto y la comunicación, muchas veces logré convertir a caballos difíciles en excelentes animales y experimenté la satisfacción de devolverlos a sus queridas familias.

Hoy, el trabajo que comencé en el desierto de Nevada hace tantos años, está lleno de reconocimiento y satisfacción. He logrado metas mucho más allá de lo que me propuse a los ocho años, pero todavía observo a los caballos en silencio, inspirado por otros que han seguido mis pasos y están aprendiendo el lenguaje de los caballos.

Monty Roberts con Carol Kline

Montando al límite

Las competencias de equitación deberían ser el mejor clásico de caballos.

Charles de Kunffy

Durante el verano de 1961, la mayoría de la gente en los establos Rock Creek viajamos desde Louisville para participar en espectáculos de caballos por todo Kentucky. Yo tenía sólo doce años pero mis padres y mis entrenador Jim tenían muchas esperanzas en mí.

El año antes, ellos habían comprado a Bubbling Fancy después de que ganó un campeonato de ponies en Lexington. Papá preparó una pared para montar los trofeos que él sabía que nosotros íbamos a ganar. Jim tenía planes de alistarnos para el campeonato del mundo.

Pero durante dos años, ellos tuvieron que conformarse con mirar mientras yo me esforzaba por controlar a este brioso alazán de raza. Jim simplemente se rascaba la barbilla y decía: "Sí, ése es un gran caballo". Yo era una niña delgada y baja, con nervios de acero cuando se trataba de los caballos y nervios de punta a la hora de montar frente a gran cantidad de gente.

Yo tenía mis propias ambiciones. Además de superar mi temor a montar en exhibiciones, quería tener una conexión con Fancy igual a la que tenía con Sugar, mi otro caballo. Cuando Sugar y yo galopábamos por las praderas, éramos un solo cuerpo, un solo corazón, fundidos contra el viento. Fancy y yo teníamos algunos buenos momentos, que Jim celebraba con uno de sus gritos originales, pero básicamente estábamos desconectados, tratando con esfuerzo de lograr un buen desempeño.

Jim me obligó a enfrentar mi miedo, y nos hizo participar en una competencia a la semana. Cuando llegamos a Harrodsburg, en Kentucky, hacia finales de julio, no quedaban muchas competencias antes de los Campeonatos Mundiales, en agosto.

En Harrodsburg, los establos estaban llenos de movimiento: entrenadores desmontando caballos de los *trailers*, preparadores cargando pacas de heno o colocando arneses sobre animales nerviosos, campeones del ruedo relinchando de emoción. Por todas partes olor a *pop corn y hot dogs* frescos, compitiendo con el olor a caballos, cuero y heno.

Mi mamá y yo entramos a un improvisado camerino, donde ella me ayudó a vestirme. Toda mi ropa –mi chaqueta, mis pantalones de montar, mis botas y mi sombrero– perfectamente combinaba. Eran de color marrón oscuro, que hacía resaltar mi cabello largo y el pelaje de Fancy. El contraste era como trigo contra la tierra oscura.

Mientras tanto, un preparador cepilló a Fancy hasta sacarle brillo. Le puso su brida y su silla de competencia. Otro preparador se arrodilló a su lado para ajustarle unas bandas de cuero blancas sobre sus cascos delanteros, para protegerlos de un contacto con las patas traseras durante los trotes más rápidos y emocionantes.

Luego condujeron a Fancy, encabritada y relinchando, fuera de su establo. Jim se inclinó, enlazó sus manos a manera de estribo y me ayudó a montar.

Calentamos en el ruedo de práctica, y ensayamos tres de nuestros cinco pasos —paseo, trote y paso lento— dejando los otros dos para la verdadera exhibición. Fancy estaba ansiosa, emocionada. Cuando Jim azotó su látigo en el aire, salimos como un cohete hacia adelante, impulsados por el resorte poderoso de sus patas.

Jim lanzó uno de sus gritos de aliento.

Pero la tensión se adueñó de mi cuerpo en cuanto vi a High Parader cerca. Era un pequeño pony que estaba ganando muchas competencias ese verano. High Parader no era un animal hermoso, pero rara vez cometía un error. Esta era la primera vez que nuestros caminos se cruzaban. Por el altavoz, se escuchó: "Ponies de cinco pasos, ahora es su turno". Siguiendo las instrucciones de Jim, hice que Fancy se mantuviera atrás. Todos los otros animales se adelantaron en un grupo compacto por el camino que llevaba al ruedo y el asistente se acercó para cerrar las puertas. Al llegar el momento, pasamos sobre la rampa a todo trote y entramos al ruedo, escoltados por la cola de Fancy bailando en el viento. La táctica funcionó: la gente dejó escapar exclamaciones de admiración, el juez se dio vuelta para ver mejor lo que le había llamado la atención. Sonreí, pero mi ansiedad crecía con la atención.

Con la intención de apurar el paso, empujé a Fancy hasta el límite, ese punto en que ansiaba cambiar el trote por el galope. Escogí mi lugar entre los doce caballos en el ruedo, en un claro junto a la baranda exterior, donde el juez podría ver la postura hermosa de Fancy contra la cerca de madera blanca.

Cuatro veces High Parader y su jinete trataron de pasarnos frente al juez, para que sólo pudiera verlos a ellos. En todas esas ocasiones, tuve que actuar rápidamente para controlar a Fancy, pero no tan bruscamente que arruinara su ritmo. Luego recogí las riendas para obligarla a moverse hacia otro lugar en el ruedo. Era una maniobra riesgosa, porque implicaba forzar su ritmo hasta esa frontera delicada en que cualquier cambio brusco aumentaba el riesgo de cambiar a otro tipo de paso y perder puntos.

Los competidores avanzamos en bloque en una dirección y luego nos dimos vuelta, para repetir las maniobras en la dirección opuesta.

En cuanto cambiamos de dirección, ocurrió lo imprevisto. Fancy empezó a galopar. La controlé rápidamente con el freno, hasta que volvio a trotar. Como estábamos en la parte de atrás, no estaba segura de si el juez nos había visto. Me esforcé por mantener la concentración.

Finalmente, llegamos al punto culminante de la competencia, en que debíamos realizar la más emocionante y última serie de pasos.

"Adelante", exclamó el anunciador. La gente empezó a ovacionar en las gradas.

High Parader se acercó a nosotros por detrás. Le di a Fancy una pequeña señal con la rienda y ella aceleró. Y entonces ocurrió. Llegamos al dulce momento que yo tanto había esperado: en el que éramos una sola criatura, unida por el movimiento. Dejé que liberara su energía, que explotara en un pasitrote rápido y majestuoso que hizo que la gente se pusiera de pie. Esta vez yo estaba consciente hasta de su más ligero cambio, y antes de que pudiera echarse a galopar, le indicaba con un sutil movimiento de la mano el lado hacia donde debía marcar el paso. Como lo hice en el momento preciso, ella se estabilizó en un movimiento fluido, brillante. No obstante, tenía la impresión de estar a un paso de perder el control. Cualquier error no sólo podía interrumpir su ritmo, sino que podía mandarme estrepitosamente al suelo, entre las patas de los demás caballos. Pero Jim me había enseñado que el límite, si podíamos mantenernos en él, era donde las cosas se veían más maravillosas, así que decidí correr el riesgo. Me causaba temor, pero también una tremenda alegría, este momento en que nada más existía, salvo el borrón de movimiento en el que nos habíamos convertido Fancy y yo.

Repentinamente, la competencia había terminado y los jinetes se fueron a un costado, a esperar la premiación. Nos quedamos en la sombra, y Fancy respiraba agitadamente bajo mi cuerpo. Habíamos roto el trote por menos de diez pasos, pero igual lo habíamos hecho. ¿Habíamos perdido mucho por eso? ¿High Parader se había equivocado también? No, pensé que no. Siempre daba una demostración aburrida pero muy confiable, porque jamás lo llevaban hasta ese límite mágico, pero riesgoso.

Por el altavoz anunciaron el quinto lugar, el tercero, el segundo . . . *Por favor, por favor, que el segundo sea High Parader, pensé.*

"Segundo lugar, número 186, Bubbling Fancy, Jane Douglass".

De vuelta al establo, mi mamá y mi papá se acercaron corriendo mientras yo desmontaba.

"El segundo lugar es un gran logro, mi amor", dijo mi papá, abrazándome. "Debes estar muy orgullosa".

Yo no estaba segura.

Entonces me acordé de la pequeña zanahoria que había guardado para Fancy. Toqué su cuello sudado y le di la zanahoria. Ella me sorprendió con un gesto agradecido.

Entonces me di cuenta.

"Fancy, ¡lo logramos!"

No tenía la menor idea de nuestras posibilidades en el Campeonato Mundial que se celebraría en tres semanas, pero sí sabía algo: había olvidado mi miedo al público bullicioso porque Fancy y yo habíamos encontrado nuestra conexión.

Jane Douglass Rhodes

El Hermano Mayor te observa

Un vaquero es un hombre con agallas y un caballo.

Will James

El año después de que murió mi padre, lo que yo más quería en el mundo era un trofeo. Tenía doce años y había noches en que la obsesión de poner un trofeo en mi cuarto me despertaba en medio de la madrugada. Todos mis amigos tenían trofeos, de *football*, de carreras, de torneos de ajedrez u otros logros. Un amigo incluso tenía uno en forma de cornamenta, porque había matado a un venado. Cualquiera de ellos me hubiera hecho feliz. Creía que un trofeo me devolvería algo que había perdido con la muerte de mi padre. El problema era que yo no tenía ninguna habilidad o talento que me pudiera hacer ganar uno.

Mi hermano mayor, Alan, también tenía muchos trofeos. Algunos los había ganado en las Ligas Menores de béisbol, pero la mayoría provenían de competencias de caballos. Antes de que mi padre muriera, nos había comprado un caballo a cada uno. El mío era un pony pinto que yo llamé Coronel, porque tenía una estrella blanca en el hombro. El caballo de Alan, un Quarter Horse de catorce manos de alto, se llamaba Otis. Alan participaba en carreras alrededor de barriles y otros obstáculos y cuando picaba a Otis con las espuelas en los costados, y le gritaba que acelerara, tenían una velocidad increíble. Coronel siempre quería seguirlo y yo podía sentir que ganaba rapidez y energía en su galope, pero yo tenía miedo a caerme, así que lo mantenía bajo control y nos quedábamos regazados, limitándonos a mirar a Alan montar.

Después de que mi padre murió, mi mamá rara vez salía al establo donde montábamos los caballos. En realidad, rara vez iba a cualquier parte. Redujo sus horas en el trabajo y dejó de jugar bridge. La mayor parte del tiempo se quedaba en su cuarto, mirando televisión, comiendo chocolate y fumando un cigarro tras otro. Alan hacía muchas diligencias para ella, cocinaba para todos nosotros y pagaba nuestras cuentas con dinero que ganaba como mesonero en un restaurante.

Ese fue también el año en que empecé a fumar. En la escuela me juntaba con los alumnos más malos, de esos que encendían fuego en los tarros de basura de los baños. Me gustaba la sensación de acercarme a las cosas de las que me habían advertido que me mantuviera alejado. Es cierto que me daba miedo dejar que Coronel galopara demasiado rápido, pero no tenía temor a faltar a clases e ir a jugar videos en el centro comercial. Me gustaba el hecho de que, después de que discutí con un profesor de historia, las niñas repentinamente se fijaban en mí. Me gustaba la nueva música *heavy metal* que escuchaba y la forma en que aprendí a escupir contra el techo. No me molestaba que mis calificaciones hubieran caído abismalmente. Disfrutaba juntarme con otros chicos que, igual que yo, no tenían trofeos y no les importaba en lo más mínimo.

A mi hermano no le gustaba mi comportamiento y

cuando mis peores notas llegaron por correo, me llevó a caballo a un pastizal para interrogarme. A todas sus preguntas (¿Qué crees que estás haciendo? ¿A quién crees que estás engañando? ¿Vas a botar todo tu futuro a la basura?) mi respuesta era: "No lo sé". Era la verdad. No lo sabía. Estaba a la deriva, flotando cada vez más lejos de todo lo que me habían enseñado.

Alan empezó a recogerme en el colegio, lo que no me daba oportunidad de irme a pasear con los fumadores y los guapetones, y me llevaba al establo, donde íbamos a montar hasta el anochecer. Me seguía gustando montar a caballo y estar con Coronel todavía me hacía sentir bien, pero odiaba que Alan me empujara. Después de una semana de haber estado obligado a pasar todas las tardes con él, me llené de valor y le dije a Alan que me negaba a que me siguiera tratando de esta forma. El me escuchó todas las quejas y dejó que exteriorizara mi rabia. Cuando terminé mi perorata, lo único que me dijo fue: "Te inscribí en la competencia de caballos. Es en dos semanas".

Me quedé con la boca abierta, incapaz de creer lo que acababa de escuchar. Al mismo tiempo estaba encantado, pero no se lo demostré. Sólo pregunté: "¿Por qué?"

Mientras limpiaba las herraduras de Otis, sin mirarme a la cara, él dijo: "Bueno, quieres un trofeo. ¿No?"

Apenas me acuerdo de la semana siguiente. Aunque detestaba admitir que Alan tuviera tanta influencia en mis emociones, su desafío me obligó a cambiar completamente mis prioridades y lealtades. De pronto, sólo podía pensar en estrategias para mejorar mi tiempo de carrera alrededor de los barriles. Me alejé de los fumadores y guapetones. Cuando Alan me recogía en el colegio, le pedía que condujera más rápido al establo. Al final de la semana, Coronel y yo habíamos encontrado un nuevo ritmo y galopábamos con energía y rápido, igual que siempre habíamos visto hacer a Alan. La noche anterior a la competencia de novatos, podía ver en mi mente el trofeo, el peso prometido de su dignidad. Podía verme reflejado en su dulce superficie dorada.

Alan me había inscrito en cuatro eventos y en los primeros tres, fracasé. Me temblaban las piernas y cometí error tras error, dejando atrás barriles por los que debí haber pasado, por conducir a Coronel a la izquierda cuando claramente tenía que haberlo hecho a la derecha. Estaba a punto de echarme a llorar, y furioso. Furioso con Alan, por someterme a mis limitaciones, y con mi madre, por haber salido de vuelta al mundo sólo para verme fracasar. Estaba furioso con mi padre por haberse muerto y conmigo mismo, por ser tan lamentable.

El último evento era la carrera de estacas y, para sorpresa de todos, no lo hice mal. Mi tiempo no fue el mejor, pero parecía suficientemente bueno para asegurarme el séptimo lugar: el último que recibía un trofeo. Coronel y yo nos quedamos mirando a los otros competidores. Cuando le llegó el turno al último, yo todavía estaba en séptimo lugar. Mi madre fumaba cigarrillo tras cigarrillo y Alan decidió ir al baño. Le pregunté cómo podía ir a orinar en un momento como ése. El se encogió de hombros y me contestó, con una sonrisa: "Cuando uno tiene que ir, tiene que ir".

El último jinete empezó mal, fallando un obstáculo alrededor del cual tenía que haber pasado antes de terminar la carrera. Sentí que el trofeo era mío. Pero luego el jinete empezó a mejorar y la segunda parte de su presentación fue rápida e impecable. Mi corazón se detuvo.

El había terminado dos décimas de segundo antes que yo. Eso significaba que había pasado al séptimo lugar y se había llevado mi trofeo.

Pero, como dije, el protagonista de esta historia es mi hermano.

Cuando me encontró, después de que terminó el último

jinete, dijo que no había escuchado a los jueces anunciar el tiempo del que me había sacado del séptimo lugar. Dijo que yo había escuchado mal, que no me acordaba de mi propio tiempo. Enojado, pensando que no estaba tomando en serio mi situación, me paré y me fui. ¿Cómo iba a haber escuchado mal mi propio tiempo, cómo podía tener la impresión de haber sido aún más lento?

Cuando hicieron el anuncio durante la ceremonia de premiación, yo estaba sentado bajo un árbol, tratando de pensar en formas de volver a hacerme amigo de los fumadores y de los guapetones de mi clase, de los chicos a quienes no les importaban los trofeos. No le estaba presentando demasiada atención al anunciador, así que cuando dijo mi nombre y el de Coronel, no caí en cuenta. Era la voz de un sueño, la voz de un fantasma. Dijo que yo había obtenido el séptimo lugar y que debía ir a buscar mi trofeo. "Donald Keyes, ¿estás por ahí?" Me parecía que nada de aquello era real. Por un segundo, pensé que esa voz era la de mi padre.

Todavía recuerdo haber salido corriendo hacia el corral, como si mi vida dependiera de ello. Puedo escuchar mis botas resonar contra la dura tierra del ruedo, puedo escuchar las risas amables de la gente mientras aplaudían. Y puedo ver a mi madre y a Alan aplaudiendo, mi madre con los ojos húmedos y mi hermano haciéndome una señal de triunfo y sonriendo.

También recuerdo todavía haberme preguntado cómo podía haberme equivocado, como había dicho Alan, escuchar el tiempo equivocado y olvidar mi propio puntaje. Recuerdo que decidí ignorar esos errores, y dejarlos atrás, junto con parte del dolor de haber perdido a mi padre, parte de la rabia que sentía hacia él por habernos abandonado y parte de la rabia que sentía conmigo mismo, por estar tan enojado con él. Es extraño cómo funcionan nuestras mentes, cómo la esperanza puede reemplazar a un padre, igual que puede hacerlo un hermano mayor. Es extraño cómo nuestras heridas más profundas cicatrizan ante nuestros ojos, pero nunca nos damos cuenta hasta que las cicatrices han desaparecido.

Siempre he sabido que no gané ese trofeo, igual que he sabido que la razón por la que el juez me lo dio es Alan. No sé a dónde fue mientras montaba el último jinete, pero sospecho que fue donde estaban los jueces y los convenció de que darle un trofeo a su hermano menor era una de las cosas más importantes que podían hacer en la vida. Quizá les habló sobre mi situación –un padre joven que había muerto repentinamente, una madre que jamás se iba a recuperar, los malos amigos, las horas y horas de práctica– o quizá les dio 20 dólares, quizá 100. Me imagino que él hizo lo que tenía que hacer, sin importar el costo. Imagino que cuando él lea esto (no hemos hablado del tema en veinte años) va a negarlo todo con su típica testarudez y su fraternal generosidad. Va a decir que siempre he tenido talento para inventar historias y que ésa es la razón por la que me convertí en escritor y profesor universitario.

Y yo le voy a decir que no, que la razón por la que me convertí en escritor, en profesor y en un hombre de bien es porque él tuvo fe en mí. Le voy a decir que él supo lo que yo necesitaba antes que yo, y que me cuidó cuando yo estaba en problemas. Le diré que me enseñó a montar y a vivir de nuevo. Y le diré: Gracias. Una y otra vez, hermano. Gracias.

Don Keyes

Que Dios bendiga las pequeñas almas de los amantes de los caballos

Cuando uno observa a un caballo de cerca, siente como si un ser humano estuviera sentado dentro, riéndose de uno.

Elias Canetti

Nuestra hija Lindsay, de nueve años, estaba muy entusiasmada de poder participar con su potro en la primera competencia en el colegio. Después de tomar clases y montar durante varios años, Lindsay tenía experiencia en estos concursos, pero ésta era la primera vez que iba a participar con un caballo propio. Y como Snickers sólo tenía tres años, éste prometía ser un día importante para los dos.

Siempre tratamos de inculcarle a Lindsay el concepto de que lo importante de la competencia no era ganar cintas. Pero era un concepto difícil de transmitirle a una niña, porque, después de todo, ¿qué niña no quiere volver a casa con una cinta que demuestre lo bien que lo hizo?

Para reforzar nuestro mensaje, le pedimos a Lindsay que se fijara una meta, consistente de dos logros específicos que ella quería obtener con Snickers en el ruedo ese día. De esa forma, si lograba esos objetivos, entonces habría triunfado, sin importar qué lugar obtuviera en el concurso. Después de mucho pensarlo, ella tuvo dos ideas muy claras: mantener a Snickers moviéndose y no dejar que tomara atajos. Perfecto.

Justo antes de empezar la competencia, Lindsay estaba muy emocionada. Snickers se veía magnífico, cepillado a la perfección, su pelo trenzado en forma hermosa. Lindsay estaba igual de bien vestida, desde sus botas negras relucientes hasta la punta de su casco. Bastaba mirarla para darse cuenta de que estaba tremendamente orgullosa.

Nos tomó unos segundos recordarle cuál era su meta y que simplemente tratara de hacer lo mejor que podía. Como ésta era la primera competencia de Snickers, le dije a Lindsay que no esperara mucho de él, y que lo importante era que esta experiencia fuera positiva. Me dio una gran sonrisa, hizo un gesto triunfal con la mano y salió hacia la pista.

Resultó que lo hicieron extremadamente bien. Snickers se comportó como un veterano, totalmente tranquilo. Lindsay lo mantuvo moviéndose y no dejó que tomara ningún atajo. Aunque no obtuvieron un premio, ella había logrado su meta, y yo estaba tremendamente feliz por ellos.

Cuando corrí a darle mis felicitaciones, vi que Lindsay estaba reclinada en su silla, con los brazos alrededor del cuello de Snickers, abrazándolo y acariciándolo. Cuando levantó su vista hacia mí, no pude evitar ver que sus ojos estaban llenos de lágrimas.

"Mi amor, ¿qué pasa?", le pregunté. "¡Ustedes dos estuvieron increíbles!"

"¡Ay, mamá!", dijo ella con voz temblorosa. "¡Snickers hizo un trabajo tan bueno y yo estoy tan orgullosa de él!".

Entonces, justo antes de ponerse a llorar de veras, pudo agregar: "Yo entiendo eso de las cintas y todo lo demás, pero me temo que Snickers es demasiado joven como para no sentirse mal por no haber ganado un premio".

Patricia Carter

Encuentro con un espía peligroso

Un caballo galopa con sus pulmones, persevera con su corazón y gana con su carácter.

Frederico Tesio

Confieso que no me gusta montar caballos. Preferiría correr con los toros de Pamplona que montar un caballo. Preferiría saltar en *bungee*. O lanzarme por las cataratas del Niágara en un barril. Tengo, por así decirlo, un problema con los caballos. Padezco, para usar el término políticamente correcto, de un "prejuicio equino".

Así que usted se imaginará mi reacción cuando Bárbara Orr, una mujer normalmente muy agradable de Ojai, California, me preguntó si quería tratar de montar un caballo salvaje y de mal genio llamado Tornado.

Bueno, en realidad Bárbara me preguntó si yo quería montar un caballo de raza noble y bien entrenado llamado Espía. ¿Pero, realmente, hay alguna diferencia? Ninguno de los dos viene con cinturón de seguridad.

"DE NINGUNA MANERA", le dije, explicándole que jamás había montado un caballo en mi vida y que no tenía ninguna intención de romper mi récord . . . o mi pierna. Corrección. Déjenme ser más específico. Nunca había montado un caballo de verdad, pero sí había montado caballos de madera. Dos veces, de hecho.

La primera vez, cuando tenía tres años, monté uno de esos caballos que cuelgan de unos resortes del techo. Era un juguete peligroso: tampoco tenía cinturón de seguridad. Me caí de frente –a causa de un estribo mal ajustado, creo– y me quebré dos dientes. En serio.

Dicen que cuando uno se cae del caballo hay que volver a montar de inmediato y eso precisamente hice. De veras. Bueno, a los cuatro años. Esta vez me subí en un carrusel a un caballo salvaje llamado Ciclón. O así debía haberse llamado, por lo menos.

Lo que me contaron después de que recobré el conocimiento, en la sala de emergencias de un hospital, fue que el carrusel dio vueltas una, dos, tres veces y entonces mi papá se dio cuenta de que yo ya no estaba sobre Ciclón. No exagero, me tiró al suelo, convirtiéndome en la única persona en la historia que requirió doce puntos de sutura en la frente por culpa de un caballo de carrusel desbocado.

Como ven, mi suerte con los equinos es peor que la de los que pierden todo el dinero del alquiler en el hipódromo. Personalmente, siempre pensé desde entonces que tener buen sentido con los caballos significa ser lo suficientemente inteligente como para no montarse en uno de ellos.

Tratando de evitar otra dolorosa caída con Espía, le confesé mi mala fortuna ecuestre a Bárbara. Después que dejó de reírse, y de secarse las lágrimas de los ojos, dijo que me iba a dar una lección gratis.

Yo sé que no hay que examinarle los dientes a un caballo regalado, pero me bastó una mirada a las poderosas mandíbulas de Espía para exclamar: *"¿ESTÁS LOCA? ¿NO*

TE IMAGINAS LO QUE UN CABALLO DE VERDAD ME HARÍA?"
"Gallina", me dijo Orr.
"Lo admito. Eso mismo soy", le respondí.
"Ratón", siguió retándome ella.
Todo tiene un límite. Yo puedo ser un cachorrito asustado, incluso un gallina, pero no un ratón. Así que hice de tripas corazón y monté a Espía. Entonces cometí mi segundo error. Miré hacia abajo. ¡Vertigo! Ahí fue que me di cuenta de que los caballos de verdad son verdaderamente altos.

Espía, para ser preciso, mide 16.1 manos de altura, es decir 16 manos (cada mano equivale a cuatro pulgadas) más una pulgada adicional. O, si la matemática no me falla, unos once pies a la altura de los hombros.

Bárbara también me dijo que Espía, un hermoso pura sangre gris, pesaba 1,250 libras, aunque eso sí tengo que cuestionarlo. Quiero decir, ¿cómo podía habérselas arreglado Bárbara para subir a Espía en la balanza del baño?

En cualquier caso, como si lo que me había dicho ya no hubiera bastado para asustarme, agregó: "Ah, y un animal de 1,200 libras con una mente propia puede causar problemas".

¡Como si yo no hubiera sabido ya que hasta un caballo de carrusel de 20 libras, sin mente propia, puede causar problemas!

Bárbara me mostró cómo hacer para que Espía se diera vuelta. Además de tirar las riendas suavemente (hacia la izquierda cuando uno quiere ir a la izquierda y hacia la derecha para ir a la derecha, algo suficientemente simple hasta para un periodista deportivo) uno simultáneamente presiona con la pierna derecha para ir a la izquierda y con la pierna izquierda para ir a la derecha.

Siempre me confundía y presionaba con mi pierna

derecha mientras tiraba la rienda hacia la derecha. El pobre Espía no tenía idea de lo que yo quería hacer porque lo que estaba haciendo era decirle que doblara a la derecha y a la izquierda al mismo tiempo.

"No lo patees, apriétalo como si fuera un tubo de pasta dental", me advirtió ella. Era una mala analogía. Obviamente, ella no había visto el desastre que yo dejo en el lavamanos después de cepillarme los dientes.

De algún modo, finalmente me di cuenta de cómo hacer para que Espía doblara hacia donde yo quería ir. Y cuando no lo lograba, simplemente pretendía que yo había querido ir a donde Espía me llevaba.

Emitir un sonido de "ñluck, ñluck" hace que un caballo camine. Para hacerlo ir más rápido, hay que emitir un sonido como de beso y apretarle las costillas con los talones.

Tan pronto hice esto último, me acordé de cuando tenía tres años, porque casi salí disparado de la silla. Espía salió galopando como si hubiera visto una serpiente cascabel. Bárbara lo calificó apenas de "paso largo", pero para mí corría tan rápido que hubiera podido ganar el Kentucky Derby. Iba a por lo menos a ocho millas por hora, lo juro.

A estas alturas, creo que Bárbara estaba impresionada con mi habilidad natural para montar porque dijo, literalmente: "Jamás he visto a nadie montar un caballo como lo haces tú".

Mi mayor problema era que cada vez que yo me reía por lo bien que lo estaba pasando, Espía lo confundía con el sonido que se hace para detener a los caballos y se paraba de inmediato.

En total, monté una hora y quince minutos. Me habría bajado antes, pero lo estaba pasando demasiado bien. Además, había olvidado cómo hacer que Espía se detuviera. Afortunadamente, el caballo oyó a Bárbara riéndose de mí y se detuvo.

A pesar de todos mis comentarios sarcásticos, la verdad es que me divertí tanto como es posible hacerlo sin quitarse la ropa. Hacia el final, logré que Espía hiciera figuras ocho, figuras siete y hasta algunas tres. Lo hice andar rápido, lento e incluso hacia atrás. No quiero alardear pero después de verme cabalgar, los pájaros empezaron a silbar la canción de *Bonanza*.

Bárbara hizo un milagro, sí, pero yo también recibí algunas duras lecciones ese día. La primera, que un tipo de la ciudad, como yo, no debe montar una hora y quince minutos la primera vez porque después no va a poder caminar durante tres días.

La segunda, que uno siempre debe sacarse la billetera del bolsillo trasero antes de montar un caballo. Tantos saltos doblaron mis tarjetas de crédito de tal manera que ahora no funcionan, incluso las que no están pasadas del límite.

Es verdad, estaba un poco adolorido, pero al menos no tuvieron que ponerme puntos. Volví a casa con todos mis dientes, lo que explica que mi esposa sabelotodo no me haya creído cuando entré rengueando por la puerta y le dije con orgullo que había montado un caballo de verdad.

Sus palabras exactas fueron: "No te creo".

Después de que dejó de reírse, me dijo: "Si eso es verdad, ¿cómo es que tienes todos tus dientes sanos? ¿Dónde están tus puntos nuevos?"

A propósito, Bárbara me dijo después (con demasiado regocijo para mi gusto, debo agregar) que Espía compite con el nombre de Risible. Creo que eso es lo que llaman una ironía dolorosa.

Woody Woodburn

Defender tu terreno

Era una de esas mañanas heladas en que uno puede ver su propia respiración, en forma de refulgentes nubecillas blancas, incluso al mediodía. La escarcha brillaba en los alambres de las cercas y en los bigotes de los caballos. Yo debo haber tenido ocho o nueve años, y recuerdo que me sentía grande porque iba a ayudar a mi papá con los caballos ese día. El me estaba diciendo que me quedara parado frente al tramo de cerca que había sido derribado y que obligara a devolverse a los caballos si venían hacia mí. Era preciso que la manada siguiera a lo largo de la cerca y evitar que pasara al pastizal de al lado. El sol estaba a punto de ponerse y papá siempre decía que no se podía desperdiciar la luz del día.

Recuerdo haberlos visto acercarse, la manada entera galopando hacia mí, sus cabezas y colas en alto, tan despreocupadamente como si estuvieran jugando a dejar sus huellas en la nieve. Sabía que mi papá contaba con que yo los detuviera, pero venían muy rápido y no me dio la impresión de que se fueran a detener simplemente porque yo estuviera parado allí. Recuerdo haberlos visto pasar a mi lado a toda carrera, hacia el otro pastizal, y que me sentí cada vez más pequeño e impotente. No me había movido de mi lugar, pero me sentía invisible. Entonces llegó mi papá, con una expresión de frustración en su cara que había visto antes. Yo me sentía culpable y avergonzado. Por mi culpa, habíamos perdido muchas horas y mucho esfuerzo. Ahora íbamos a tener que ir a buscar los caballos, traerlos de vuelta y tratar nuevamente de guiarlos, siguiendo la cerca, hacia el establo. Tenía una dolorosa conciencia del frío en mis dedos y del hecho de que, a causa de mi fracaso, todos tendríamos que estar expuestos al frío mucho más tiempo. Hubiera querido que el helado viento me llevara o hacerme aun más pequeño que como me sentí cuando la manada de caballos pasó alegremente a mi lado.

Sabía que mi papá estaba enojado y sentí las lágrimas amontonarse en mis ojos en cuanto se acercó a la cerca. Clavé la mirada en la tierra. Lo había decepcionado y no me atrevía a llorar. Me miró y, con los dientes apretados y tratando de controlar la voz, me dijo: "Tienes que defender tu terreno. Si crees que intentan pasar sobre ti, tienes que defender tu terreno y hacerles saber que tú estás ahí". Yo sabía que si estuviera hablando con mis hermanos mayores, y ellos hubieran dejado pasar los caballos, les habría gritado. Saber eso sólo me hizo sentir más vergüenza. No sabía cómo iba a volverme más grande, pero sabía que no podíamos darnos el lujo de perder más tiempo si yo repetía mi mala actuación.

Para cuando logramos hacer regresar a los caballos al lado correcto de la cerca, a través de la abertura que yo no había sabido defender, ellos seguían desbocados. De pronto, la manada se dio vuelta hacia mí. Esta era mi prueba. Mi papá me miró con sus ojos azules como diciendo: "Deténlos". Tenía que mantenerlos de ese lado de la cerca. En cuanto se acercaron a mí, relinchando y corcoveando, pude sentir el sudor debajo de mi ropa y la escarcha que se formaba en mi cuello. Empecé a sentir miedo y mis hombros se endurecieron. Los miré avanzar. Midnight lideraba al grupo, su pelaje oscuro en reluciente contraste con la nieve. Silver Bell, mi pequeño pony alazán, no estaba muy lejos atrás, con la cabeza erguida y los ojos bailando. Papá se detuvo a mirar desde lejos, expectante. Le sostuve la mirada y sentí el eco de sus palabras en mi interior: "Tienes que defender tu terreno". ¡Defender mi terreno! Eché mis hombros hacia atrás y pensé: *Soy lo suficientemente grande para defender mi terreno.* Me afinqué bien, abrí los brazos y grité: "¡Já, já!".

Midnight se dio vuelta y sentí su respiración cuando sus patas me tiraron nieve y barro encima, pero yo defendí mi territorio, y no dejé que ese sentimiento de impotente pequeñez se apoderara de mí como había ocurrido la última vez. En cuanto él giró, vi que el resto de los caballos lo siguieron, hacia el lado correcto, y empecé a saltar y a gritar. Sentía un estremecimiento de orgullo de la cabeza a los pies. ¡Había defendido mi territorio! Ellos me habían visto y habían reconocido que yo era lo suficientemente grande para mantenerme firme.

Mi papá me hizo una seña vaga con la mano mientras seguíamos a los caballos a lo largo de la cerca. No comentó con nadie lo que había pasado esa mañana, ni siquiera conmigo. Pero la expresión en su cara me demostraba que estaba orgulloso de mí y me bastaba con eso. Con eso, y con saber que los caballos habían visto algo diferente en mí la segunda vez que los enfrenté.

Starr Lee Cotton Heady

La vieja Magia Negra

Sólo mirar a ese pony me hizo sentir algo que jamás he podido explicar. El era más que fuerza, velocidad y belleza de movimiento enormes. Me hacía soñar.

Walt Morey

Yo tenía un hermoso caballo Tennessee Walker, llamado Bob. El era todo lo que yo necesitaba y, a decir verdad, no lo necesitaba mucho. Pero, unos pocos días después de mi cumpleaños 14, un amigo me habló sobre una yegua negra. "Es realmente bonita", dijo. "Pero es salvaje. Ha estado viviendo en cerca de 40 acres con aproximadamente una docena de mulas. El dueño de la tierra me dijo que ha estado ahí por lo menos tres o cuatro años, lo que explica por qué es tan salvaje. También me dijo que su dueño no ha pagado los gastos de su manutención en más de 18 meses".

Mientras escuchaba, sabía que mi amigo tenía una buena razón para contarme la historia, pero que no me la había dicho todavía. Conocía muy bien a Robert. Tenía 17 años y una marcada inclinación por lo dramático.

"Bueno, el señor Burns, el dueño del lugar, me dijo que es nuestra si la podemos atrapar. En realidad, yo estaba pensando en ti porque nosotros ya tenemos más caballos de los que podemos alimentar o necesitamos".

"¿Qué quieres decir con "es nuestra"?", le pregunté.

Agitó la cabeza. "Significa exactamente lo que dije. Que puede ser nuestra. Gratis. Sin pagar nada. Lo único que tenemos que hacer es atraparla".

"¿Y qué tan salvaje es?", le pregunté.

Robert primero sonrió, luego se rió. "Muy salvaje. ¿La quieres ir a ver?"

El viaje fue corto, y encontramos al señor Burns caminando de vuelta al establo con un par de baldes vacíos. Una yegua negra estaba parada en medio de las mulas que estaban reunidas junto a un montón de heno y grano, en el extremo del campo más cercano a la casa.

Yo me quedé sentada en la camioneta de Robert, con la ventanilla cerrada, examinando la yegua. Podía llegar a ser hermosa, con un poco de cariño y atención. Pero en ese momento, su cola y su larga crin estaban sucias y descuidadas. Tampoco la favorecía su copete, una protuberancia de pelo rígida clavada en su frente, que la hacía parecerse a un unicornio alocado. Sus pezuñas habían crecido a un punto inhumano e, incluso desde lejos, pude ver que uno de sus ojos estaba infectado.

"Tal vez fue un cardo", dije yo.

"¿Qué?", replicó Robert.

"El ojo infectado. El derecho. Tal vez se lo lastimó con un cardo", le expliqué.

"¿Cómo propones que la atrapemos?", proseguí. "No podemos simplemente acercarnos y ponerle un cabestro, especialmente si se queda junto a las mulas. ¿Sabes lo duro que patean esos animales? Y nos van a atropellar si no consiguen patearnos".

Robert se rió. "Sí, lo sé, pero tengo una idea. El señor Burns ya los está alimentando en una esquina. Montamos hacia allá con nuestros caballos y los dejamos atados a la cerca, cerca de las mulas y de la yegua, para que puedan reconocer nuestro olor. Volvemos la noche antes y tiramos una segunda hilera de alambre de púas, que las deje confinadas en la esquina".

Miré hacia el cielo. Yo sabía lo que iba a decir a continuación, pero lo dejé que continuara y que asumiera el rol dramático que le gustaba. No me costaba nada y lo hacía sentirse bien. El explicó todo el plan, que terminaba atrapando a las mulas y a la yegua en una esquina, liberando a las mulas de a poco, y manteniendo a la yegua atrapada.

¿Y realmente crees que esto va a funcionar?", le pregunté alarmada.

"Mira", me dijo en un tono irritado. "Esta es una yegua gratis. Gratis. No es una jovencita, pero todavía es suficientemente joven para tener uno o dos bebés y tú has dicho muchísimas veces que eso es lo que quieres".

Sí, pensé, definitivamente quería a esa yegua y también quería reproducirla. Sonreí y asentí. Salimos de la camioneta y saludamos al señor Burns. Le explicamos nuestro plan. El se mostró escéptico y nos hizo prometer que le íbamos a contar todo a nuestros padres y que les íbamos a hacer prometer que no lo demandarían si nos pasaba algo. Estuvimos de acuerdo.

Repentinamente, la idea de ser dueña de la yegua cobró realidad. Me la imaginé en nuestro establo. Mentalmente la bauticé Magia Negra porque, obviamente, era negra y, no tan obviamente, porque iba a ser simplemente un acto de magia cuando la capturáramos. Incluso pensé en un semental color chocolate llamado Soldado. El señor Diggs, otro vecino, era su propietario. Sería perfecto para aparearlo con Magia Negra. Ya sentía que la yegua era mía y ni siquiera habíamos dado el primer paso para atraparla.

Empezamos a ejecutar el plan la noche siguiente. Pusimos alambre alrededor de las ramas de árboles que servían de postes, hablamos con el señor Burns y volvimos a casa. Al día siguiente, montamos nuestros caballos otra vez y llegamos justo en el momento en que el señor Burns se estaba preparando para alimentar a los animales. Empezamos a trabajar y seguimos trabajando hasta el anochecer, cuando el señor Burns prendió sus cinco reflectores externos.

Seguimos trabajando hasta que todas las mulas estaban fuera y sólo la yegua quedó dentro. Ella estaba nerviosa y molesta, moviéndose constantemente, agitando sus orejas y respirando agitadamente. También estaba agotada. ¿Y ahora qué?

"Si la dejamos ahora", dijo Robert, "las mulas van a volver y la van a agitar. Me temo que va a tratar de salir y se va a causar daño".

"Bueno", le dije. "Entonces, ¿qué hacemos con ella?"

Fue el señor Burns el que resolvió el problema. "Aquel corral que ven allá es antiguo, pero muy resistente. La mantendría alejada de las mulas y no creo que pudiera salir o herirse", dijo.

"¿Pero cómo la llevamos hacia allá?", le pregunté.

"Haciendo lo mismo que han estado haciendo", dijo. "Tengo alambre en el establo. Atenlo desde ambos extremos de la esquina hasta la puerta del corral. Eso va a formar una especie de pasillo y la podrán arrear hacia allá".

Treinta minutos después, habíamos construido las "paredes" de alambre del pasillo. La yegua, que estaba cubierta de sudor y muy agitada, se dio vuelta y miró hacia la apertura. Estaba confundida. Mantuvimos nuestras voces calmadas, y la arreamos por el corredor que llevaba hacia el corral. Fue un proceso difícil, pero finalmente funcionó. Magia Negra estaba en el corral.

El día siguiente fue el comienzo de semanas y semanas de arduo trabajo. Hicimos todo lo posible para calmar a la yegua. Voces tranquilizadoras. Golosinas especiales. Horas de sentarnos calmada y silenciosamente fuera de la puerta de su corral. Más horas de estar sentados sin movernos dentro del corral. Nada de eso funcionó. Rechazó las golosinas. Salía corriendo en cuanto nos acercábamos un sólo paso. Había estado tres semanas en el corral y sus ojos estaban completamente blancos. Aun peor, estaba perdiendo peso en forma alarmante. Ni siquiera cuando no había nadie cerca suyo estaba interesada en comer heno.

Le pregunté al señor Burns cómo se había vuelto tan salvaje.

"No sé", respondió. "Creo que Dios creó algunos animales para ser salvajes y otros para ser parte de la vida de una persona. Los animales salvajes tienen un espíritu diferente. He visto a personas que tratan de convertir a animales salvajes en domésticos y el resultado es lamentable. Odio decirte esto, pero creo que esta yegua pertenece al primer grupo".

Creo que sabía que el señor Burns tenía razón, pero no estaba preparada para rendirme. Ella tenía un nombre. Ya no era sólo una yegua negra. Era Magia Negra. Y ya tenía una cita para aparearse con Soldado y yo podía imaginarme a su hijo, un potro de piernas largas, corriendo como el viento por todo el pastizal. Lo único que tenía que hacer era trabajar más duro para lograrlo.

Lo hice, pero Magia Negra se rehusó a responder. Hubo algunos momentos, muy fugaces, en que noté una expresión distinta en sus ojos. Era la única indicación que yo tenía de que a ella le gustaría ser parte de mi vida pero, a diferencia mía, ella había aceptado que eso no iba a ocurrir.

Ahora que soy mucho mayor, recuerdo esto y sonrío. Pienso en Magia Negra y en mí como un par de amantes destinados al desastre. Había atracción, pero era fatal. Magia Negra simplemente lo reconoció antes que yo. Yo sabía lo que tenía que hacer. El pelaje de Magia Negra se había vuelto opaco. Sus ojos eran tristes y sin brillo. Ella era una yegua distinta a la que yo había atrapado con tanto esfuerzo dos meses antes. Era hora de dejarla libre y yo sabía que no se trataba simplemente de liberar a un caballo negro. También se trataba de liberar mis sueños y esperanzas. Aunque no me di cuenta entonces, descubrí que a veces la mejor forma de demostrar amor es dejar a alguien (o algo) libre. También aprendí que a veces es mejor no capturar algo.

Abrí la puerta del corral y esperé hasta que Magia Negra se dio vuelta hacia la apertura. Ella la miró. Luego me observó sin moverse y esperó. Yo sólo asentí. No sé cómo, pero estoy segura de que ella sabía lo que yo le estaba diciendo. No corrió. Simplemente trotó por el pasillo abierto hacia el pastizal, donde las mulas la habían estado esperando durante dos meses. Se paró una vez y me miró.

Una niña no puede tener conciencia de lo que está aprendiendo, porque las ecuaciones de la vida tienen un orden complejo. Y ciertamente nadie sabe nunca qué forma tendrán sus profesores, ya que Dios manda todo tipo de maestros. En este caso, fue una yegua negra con pelaje descuidado y sucio, y pezuñas demasiado grandes. Aprendí sobre libertad y sacrificio, sobre querer algo lo suficiente para dejarlo libre, una lección que he mantenido en mi corazón cada vez que he tenido que poner a dormir a un animal querido. Aprendí que a veces las personas y los animales entran a nuestra vida sólo por un tiempo corto, pasan los portales de nuestro corazón sólo durante suficiente tiempo para dejarnos una lección importante o las semillas de una idea que nos cambia el destino.

Magia Negra fue una maestra. Nunca la fui a ver de nuevo. Por alguna razón, me parecía que ir a visitarla destruiría algo especial. Era como si un trozo de aquel alambre que usamos para atraparla nos mantuviera unidas y, aunque había aprendido el valor de la libertad, no quería cortar ese alambre para siempre.

Nunca tuve una yegua y nunca tuve un potro. Pero eso no me importó, porque no había espacio en mi corazón para ellos pues éste seguía ocupado por la yegua negra y su potro imaginario. Y todavía, tantos años después, sigo sintiendo el embrujo de Magia Negra.

Diane M. Ciarloni

Un buen caballo

Un hombre en un caballo es más grande, tanto física como espiritualmente, que un hombre a pie.

John Steinbeck

Yo fui el hijo único de un respetado vaquero de Montana. El era un hombre a la antigua, rápido en usar sus puños cuando se necesitaba, el último de los jinetes de caballos salvajes. Era un buen peón, jugaba póker y vendía caballos. Se sentía más cómodo con otros hombres que con mujeres o niños.

De mi madre, heredé un físico delgado y una naturaleza artística. De mi padre, heredé expectativas.

A causa del oficio de mi padre, caballos de todos tipos, colores y tamaños pasaban por nuestros corrales. Si no eran demasiado malos (si no pateaban, mordían o se encabritaban), se esperaba que yo los montara.

Los buenos caballos se vendían rápidamente y a buen precio. Los malos se quedaban más tiempo.

Mi padre también criaba caballos. Con el tiempo, llegó a tener una excelente manada de caballos tejanos y pura

sangre de excelente raza. Pero todo comenzó con mustangos: yeguas ruanas y sementales ordinarios.
El era también un oportunista. Cuando algo se ponía de moda en el mundo equino, él seguía la corriente y criaba lo que el público quisiera.
"Ojalá trajeras caballos buenos a este lugar", mi madre le reclamaba frecuentemente.
Pero las puyas de mi mamá no lograban perforar su gruesa piel irlandesa. Un caballo "bueno" era cualquier caballo que le hacía ganar dinero.
Cuando yo tenía diez años, me tocó domesticar mi primer caballo. Era un ruano oscuro, producto del cruce de una yegua Shetland y un semental pinto Appaloosa. Se suponía que era el caballo que me iba a convertir en vaquero.
Pero fue mi pesadilla.
Ribbon Tail no tenía cerebro, aunque poseía una voluntad de hierro. No respondía ni a amor ni a disciplina, ni a entrenamiento ni a tortura. Era una terca maldición para un niño que tenía sueños contradictorios de poesía, pintura y de agradar a su padre.
Por más que traté, no pude domesticar al ruano. Odiaba despertar en las mañanas. Todos los días, me levantaba con dolor de estómago y con el corazón apesadumbrado. Desde niño me habían dicho: "Un buen vaquero triunfa con cualquier caballo que monte". Me habían enseñado que lo importante era el vaquero, no el caballo. De modo que el fracasado no era Ribbon Tail. Era yo.
Mi condena con ese caballo duró dos años. Fue un tiempo duro. Me humilló en todas partes, todo el tiempo, en cualquier lugar donde se reunieran hombres y caballos.
Y peor aún, yo humillé a mi padre.
Finalmente, mi padre trató de que otros montaran a Ribbon Tail, muchachos de mi edad e incluso mayores, más agresivos y temerarios que yo. Pero ellos también

fracasaron. Nadie fue capaz de hacer que Ribbon Tail saliera del corral.

Cuando mi madre terminó por convencer a mi padre de que vendiera a Ribbon Tail, yo me sentí aliviado, pero no feliz. A esas alturas, me había hecho insensible. Mi amor por los caballos prácticamente había desaparecido y yo me consideraba un fracaso, un paria de las planicies.

Por eso me sorprendió cuando, un año después, mi padre volvió de una subasta con un nuevo caballo para mí. Era un potro de un año que le había gustado a mi papá por su postura y su color blanco.

Cuando mamá preguntó por su linaje, papá se encogió de hombros.

"No sé. No tenía papeles. Probablemente lo descartaron de una manada Quarter Horse", dijo.

Le puse Gusto al caballo, y él cambió mi vida.

Empecé a montar a Gusto cuando él tenía dos años. Tenía una mirada dulce y le gustaba la gente. La primera vez que me subí a él, lo hice sin una silla y lo controlé sin riendas. Respondía con tanta naturalidad y su paso era tan suave que solía jactarme con mis amigos vaqueros de que podía liar un cigarrillo a galope sobre él.

Gusto era bueno para trabajar con las vacas y los terneros en el largo camino a nuestros pastizales. Pero lo que mejor hacía era curar a la gente. Él cicatrizó las heridas en mi alma que Ribbon Tail había dejado abiertas y sangrantes.

Mi padre no decía nada. No era del tipo que prodiga halagos. Pero su orgullo era evidente en la manera en que hinchaba el pecho cuando cualquiera mencionaba a Gusto.

Gusto jamás iba a ser un caballo grande. Medía menos de 15 manos de alto y su lomo era un tanto curvo. Pero tenía buenas caderas y un corazón más grande que el de cualquier otro caballo. Empezaba la faena diaria con un paso vigoroso, trabajaba con el ganado durante horas bajo el ardiente sol del campo y al atardecer me traía de vuelta a casa con el mismo paso rítmico. Gusto hacía de cualquiera un buen vaquero. Cuando nos tocaba trabajar juntos, nadie era más activo que yo separando el ganado. Cuando se trataba de marcar los terneros, éramos nosotros los que los arreábamos al fuego. Y cuando había que formar un gran círculo exterior alrededor del ganado, lo mismo mi papá que yo montábamos a Gusto.

Gusto y yo parecíamos uña y carne, pero mi graduación de la escuela y mis ambiciones creativas pusieron millas y años de separación entre ambos.

Cuando yo tenía 18 años, me llamaron de un periódico y comenzó mi carrera como escritor. Ese día me bajé de Gusto y jamás lo volví a montar del mismo modo. Dejé el rancho por la sala de redacción, labrándome un futuro en dos periódicos de Montana, primero, y luego como *freelancer* en California y Nuevo México, tras lo cual trabajé un tiempo en la oficina de informaciones de la Fuerza Aérea.

Después de mi partida, mi hermana Debbie se adueñó de Gusto y lo empezó a entrenar para carreras con obstáculos. Tuvo gran éxito en las competencias, y ganó cintas y trofeos e incluso estableció un récord en una arena bajo techo.

Cuando Debbie se casó, Gusto pasó a ser el caballo de mi padre. Como no había niños en la casa, su compañera en las largas cabalgatas por los páramos era mi madre, que a veces también montaba a Gusto.

Yo tenía 26 años cuando mi padre murió y regresé al rancho. Gusto tenía ya 13 años. Los mejores años de su vida estaban atrás pero yo había vuelto a casa a reaprender la vida del vaquero. El nos sirvió de entrenador a mí y a mi esposa, que creció en la ciudad y aprendió a montar en él. Y cuando mis dos hijos llegaron a ser lo suficientemente grandes para montar, Gusto se encargó de ellos.

La última vez que monté en serio a Gusto, él tenía 19 años. Yo podía sentir la artritis en sus hombros tiesos y en sus patas, que se estaban volviendo más lentas.

A los 22 años, jubilamos a Gusto. Durante el invierno, se quedaba en casa. Pero el verano lo pasaba en compañía de otros caballos y yeguas en un pastizal cercano.

"¿Qué vas a hacer cuando Gusto muera?", me preguntó un amigo en una ocasión. "Vas a tener que vender el rancho", se contestó él mismo, sin esperar mi respuesta. Había expresado en una frase el símbolo en que se había convertido Gusto.

Siempre estaba por ahí, pastando junto al riachuelo o en lo alto de una colina, espantándose las moscas con la cola. Desconocidos a veces se paraban a mirarlo, hacían preguntas sobre él y algunos querían comprarlo. Un hombre paró sólo para decir que Gusto era el caballo más bonito que había visto en su vida.

Pero los años comenzaban a ensañarse con él.

Comenzó a perder peso, aunque siempre había tenido tendencia a lo contrario. Después de ser rey de la manada toda su vida, los caballos más jóvenes empezaron ahora a tratarlo mal, a faltarle el respeto. Se echaba a descansar a cada rato, se levantaba trabajosamente y con dolor se obligaba a caminar.

Un día de invierno, después de su alimento matinal, se acostó en el tibio suelo del corral y se puso a dormir. Despertó horas más tarde, mucho después de que los otros caballos ya se habían ido del corral. Parecía desorientado, casi asustado, y se levantó con la mayor prisa que pudo. Salió del corral desesperado, como un hombre que se ha quedado dormido en el banco de un parque y descubre al despertar que su familia se ha ido.

Había que ponerlo a dormir, pero yo constantemente posponía esa decisión.

¿*Qué vas a hacer cuando Gusto muera?* La pregunta seguía resonando en mi cabeza. Y entretanto, su artritis seguía empeorando.

Finalmente, un día de noviembre, me di cuenta de que no podía hacerle soportar otro de los rigurosos inviernos en Montana. Ya tenía 26 años, lo que es muy viejo para un caballo. Ensillé mi mejor caballo, un animal castrado de excelente linaje, y salí a buscar a Gusto. Lo encontré en compañía de una yegua embarazada.

Desmonté, le acaricié la cabeza, le abracé el cuello y me despedí de él.

Al día siguiente, me fui por una semana de caza. Ya habían cavado la tumba en un alto, sobre el valle Sunday Creek. Mi hijo, que tenía 14 años entonces, montó a Gusto y lo trajo. El veterinario lo puso a dormir.

Cuando me enteré de que ya había ocurrido, volví a casa.

He sido ranchero durante 23 años. He soportado terribles sequías e inviernos muy duros. Parte de mi corazón se ha vuelto dura y pragmática. Sé lo que hay que hacer y cómo hacerlo.

Pero otra parte de mi corazón es blanda y vulnerable. Esa es la parte que Gusto cicatrizó.

John Moore

Tome asiento profundo

Siempre sonríe al montar, porque eso cambia tu intención.

James Shaw

Cuando decidí tomar lecciones de montar acababa de cumplir los 50 años. Yo no era un hombre atlético y la posibilidad de que me rompiera el cuello en mi primer caballo parecía bastante alta. No estaba en buena forma física y, como descubrí, montar no es sólo sentarse en un caballo. Al menos no en una silla inglesa.

"Baja tus tobillos", me dijo mi instructora. Ella tenía cuando menos 70 años y su figura aún era tan delgada que le permitía usar pantalones de lycra bajo una polera gris y verse bien.

Luego supe cómo lograba mantenerse así, cuando la vi entrar al henil y comenzar a cargar pacas enormes como si nada.

Tenía el cabello negro y la piel tan suave que los jovencitos probablemente le silbaban en el centro comercial. Cuando uno se acercaba, notaba marcas de lo que debe hacer sido una cirujía plástica, y seguro que su pelo era teñido. Además usaba mucho maquillaje, pero de todas formas yo no me veía tan bien como ella y dudaba de que fuera a vivir tantos años.

Un día, me pusieron en un caballo grande castrado llamado Burt.

"Te ves muy bien", me gritó Bev. "No podrías montar ni un tranvías, pero te ves muy bien simplemente sentado ahí".

"Gracias, Bev, ése es el primer cumplido que me has dado", le respondí.

"No te acostumbres".

Me la imaginaba como profesora de ballet. La podía ver con un bastón largo mientras golpeaba la pista de baile para hacer girar a sus pequeños cisnes como marionetas.

"Fascista", le dije.

Ella se rió. Ninguno de los dos nos tomábamos muy en serio. Ella sabía que yo nunca sería uno de sus estudiantes de equitación de quince años y yo me contentaba con que ella fuera lo suficientemente mayor para entender mis bromas.

"Toma un asiento profundo", me ordenó.

No sabía qué significaba eso, y ella estaba tan ocupada gritando sobre la posición de mi pie derecho, que se me olvidó preguntarle. Por supuesto, hice algo equivocado. Me senté reclinado hacia atrás mientras el caballo trotaba y no pude encontrar mi ritmo. Se suponía que yo debía subir junto con la pata exterior del caballo y bajar con la interior. Se suponía que me debía ver bien. En cambio, rebotaba para arriba y para abajo como uno de esos monitos que atan a un perro en las ferias.

"Deja de rebotar. No te sientes en una esquina. ¡Corrije tu posición, demonios!", me gritó.

En ese momento perdí un estribo. Cuando miré a un costado para tratar de recuperarlo, solté una rienda. Mi obediente caballo, el bueno de Burt, se fue derecho a donde yo le había indicado: hacia un enorme montón de virutas de madera.

Burt se quedó ahí parado, metido hasta las rodillas en las virutas con que cubren el suelo de los establos, y luego se dio vuelta hacia mí, como diciendo: "Tonto".

Bev simplemente se quedó mirando.

Era el tipo de mirada que requiere una respuesta divertida, así que sólo dije "Ay, claro" y retrodecí el caballo. Lo hice retroceder seis pasos adicionales, sólo para demostrar que era capaz de hacerlo.

"Si hubiera una competencia de retroceso, ganarías una cinta azul", dijo Bev, tapándose la cara con la mano para disimular la risa. Luego se dio vuelta.

"Bueno, pero no llores por eso", le dije.

Cuando se dio vuelta otra vez, las lágrimas corrían por su rostro. Estaba a punto de estallar de tanto contener la risa. "Ay, Dios mío. ¿Has visto a alguien montar alguna vez?"

"Claro. Ray Rogers... Hopalong Cassidy".

"No vaqueros. Jinetes de silla inglesa".

Desmonté y ella empezó a criticar la forma en que lo había hecho. "Así no se desmonta un caballo, ya te lo dije antes. Dame acá esas riendas". En el futuro de sus manos, por la manera en que sus dedos comenzaban a desfigurarse, se podía ver artritis. Y yo sabía sobre el accidente en una competencia que había terminado su carrera. Había escuchado que un caballo la había arrastrado y que su espalda jamás volvería a ser la misma.

"Voy a hacer esto sola una vez", me dijo. "¿Me entiendes? Lo voy a hacer porque me caes bien, pero eres un idiota". Me dio una palmada en la cabeza y agregó: "Levántame".

Ella no pesaba más que mi hija de doce años y casi la lancé por encima del caballo.

Bev me echó una mirada de refilón y meneó la cabeza. "Fíjate bien en mí".

Lo que sucedió a continuación fue una lección de

unidad. Bev se movió con el caballo de forma tal que él era libre de trotar como si no lo estuviera montando un jinete. Ella no subía y bajaba con el caballo como cualquier otro jinete, sino que parecía flotar por encima de él. Le estaba dando al animal total libertad pero, al mismo tiempo, estaba totalmente en control.

Yo me quedé parado en el centro del ruedo mientras ella cabalgaba a mi alrededor. Al principio, trató de explicarme el secreto de sus movimientos. Pero, rápidamente, una mirada de total felicidad le llenó la cara y se olvidó completamente de enseñarme.

Mientras ella flotaba sobre el viejo Burt, vi sus años desaparecer poco a poco hasta que no me cupo dudas de estar viendo a una mujer joven, hermosa y en la plenitud de su vida.

Luego su sonrisa cambió y supe que algo le estaba doliendo.

Detuvo el caballo frente a mí y me dijo: "Ayúdame a bajar. Estoy vieja".

"Bev, tú jamás vas a ser vieja mientras vivas", le contesté. "Estoy ayudando a desmontar a una diosa".

"No creas que con halagos vas a lograr algo. Vas a volver a subirte a ese caballo y vas a montar una hora más".

"Sí, señora".

"Y cuando estés listo, házme un cheque". Se fue, cojeando ligeramente y supe que le iba a doler la espalda esa noche.

"¡Gracias!".

Se dio vuelta y me sonrió. "Hace tiempo que no montaba un caballo. Valió la pena el dolor que voy a sentir esta noche".

"Para mí, valió la pena ver a una jinete realmente gloriosa".

Creo que se sonrojó un poco, y luego se fue. Le dejó mi clase a una joven de 18 años, cuya sonrisa jamás sería tan grande o tan brillante como la de Bev ese día.

Gary Cadwallader

3
ESTOS ASOMBROSOS ANIMALES

La vieja yegua miró al tractor trabajar,
un objeto de acero y goma
dispuesto a obedecer el más mínimo deseo
del hombre al volante.
Ella se dijo mientras lo miraba pasar,
me haces una dura competencia,
pero hay una cosa que no puedes hacer,
no puedes criar a un potro.

George Rupp

La guía

"Ella es cómica y me hace reír todos los días. Le pido que me de un dulce y lo hace: se acerca a mí y me da un beso en la nariz".

(Dan Schaw, de Ellsworth, Maine, debe estar hablando de su novia, ¿cierto? Quizá no).

"Cuando vamos al centro comercial, mi esposa va para un lado y yo voy para otro. Le pido a Cuddles que encuentre la escalera mecánica. 'Busca ahora el ascensor y después el botón para accionar el ascensor'. Ella acerca su nariz al botón para que yo sepa cuál presionar".

(Ah, Cuddles debe ser un perro. Claro, eso es).

"Si necesita salir afuera, golpea el suelo con sus minúsculos casco. Si no respondo de inmediato, ella vuelve a patear y relincha. Si sigo sin responder, continúa golpeando el suelo con sus cascos, vuelve a relinchar y cruza sus patas traseras".

(¿Relincha? ¿Patas traseras? Difícil de creer, pero ¡tiene que ser un caballo!)

Cuddles es el primer caballo guía de ciegos, y ayuda a Shaw, invidente, a caminar por los pasillos de su supermercado, las calles llenas de tráfico e incluso para llegar al asiento en su avión. Cuddles es una yegua en miniatura, que mide cerca de 24 pulgadas de altura desde la base de su crin y que podría vivir 40 años.

Estos caballos miniaturas fueron importados a Estados Unidos por primera vez a comienzos del siglo XIX, para aprovechar su pequeño tamaño y tremenda fuerza para tirar carros con carbón en las minas. Cuddles no tira de Shaw, sino que gentilmente lo guía hacia donde él no puede ir por sí solo, incluso en los lugares más llenos de turistas de una ciudad como Nueva York. Cuddles es el primer caballo guía en haber subido el Empire State, la Estatua de la Libertad y haber recorrido el cavernoso y ruidoso metro. También entró a la famosa tienda de juguetes FAO Shwarz, sin duda para echarle un vistazo a los caballos de peluche a la venta.

Shaw, de 46 años de edad, empezó a perder su vista debido a una retinitis pigmentosa ("Una enfermedad genética", explicaba él) cuando tenía 17 años, y no podía imaginarse con un bastón o un perro guía. Había sufrido terriblemente cuando un perro suyo murió. Entonces supo de la Fundación de Caballos Guías en Carolina del Norte. Ahí, los caballos miniaturas reciben un entrenamiento de ocho meses para tratar de enfrentar todo tipo de situaciones normales que ocurren en la vida de un ser humano y que pueden asustar a un caballo. Los caballos de la policía son entrenados de la misma forma.

Cuddles responde a más de 25 comandos verbales de Shaw y puede ver bien casi en total oscuridad, algo con lo que Shaw se identifica muy bien. Sí, frecuentemente Cuddles también entra a la casa con él a ver televisión y a realizar otras tareas más necesarias. No está entrenada, como muchos gatos, a hacer sus necesidades en un cajón, pero le avisa a Shaw golpeando con sus diminutos cascos sobre su puerta cuando siente el llamado de la Naturaleza.

Shaw dice que Cuddles le ha permitido "sentirse libre por primera vez en 25 años". Ahora él lleva una vida completa, asegura, que incluye relaciones que jamás se habría imaginado con otras personas y animales.

El recuerda un momento especial, entre muchos, durante una aventura en Nueva York. En frente del famoso Hotel Plaza, frente a Central Park, Shaw decidió llevar a Cuddles a pasear en uno de esos carruajes que son empujados por grandes caballos.

"Dejé que Cuddles escogiera su propio caballo, así que ella caminó por la acera, oliendo a cada caballo, hasta que finalmente escogió uno. Creo que los dos empezaron a conversar, el caballo enorme con el pequeño".

Sus viajes juntos al lugar favorito de pesca de Shaw son momentos que él disfruta especialmente. "Está a una milla y media de distancia y fui con una persona la primera vez. Uno camina por un camino pavimentado, dobla por un camino de tierra, cruza un puente y baja por un sendero. Ahora sólo digo: 'Vamos a pescar, Cuddles' y ella me lleva. Ella sabe el camino. Cuando llegamos, ella se pone a comer pasto mientras yo pesco. No, todavía no ha aprendido a indicarme con los golpes de sus cascos sobre la tierra cuándo voy a pescar una perca o una trucha", se ríe Shaw.

El cree que los dos comparten una comunicación increíble. "Es tan inteligente. Si estoy en el corral, caminando hacia un lugar peligroso, ella me bloquea el camino. Si la llamo, ella viene directo a la puerta".

Su intuición especial evitó que Shaw resultara herido en el verano de 2002, cuando visitaron una competencia de caballos. Shaw hizo una presentación oral sobre su amiga y recibieron una ovación de pie. "No esperen ningún truco de nosotros", dijo él. "Los animales guía no conocen de trucos".

Shaw recuerda que hacía mucho viento cuando se pararon cerca de un corral y de un toldo que estaba atado al piso con grandes tubos metálicos.

"De pronto, sin ninguna razón aparente, Shaw me empujó a un lado", recuerda él. El toldo, con todo y tubos, se desplomó justo donde él había estado parado. "Si ella me tira, siempre la sigo. Dicen que los caballos pueden ver el peligro antes de que ocurra. Yo lo creo".

Shaw también cree que esta miniatura equina tiene una perspectiva única de él, el ser humano. "Ella me ha aceptado como parte de su manada. Es como cuando un caballo en la manada queda ciego. Otro caballo lo cuida. Ella me cuida a mí".

A Shaw también le gusta cuidar a Cuddles. Después de asistir a una escuela especial, él pudo continuar con su inclinación por la artesanía en madera, y construye casas de pájaros, muebles y hasta pequenas edificaciones. Construyó un establo para Cuddles y su pequeño compañero, Nevada, que mide 28 pulgadas de alto.

"Siento que, por lo que Cuddles hace por mí, lo menos que yo puedo hacer es dejar que tengo la vida de cualquier caballo", dice. La estructura tiene una televisión, un balde con agua caliente y otros lujos adecuados para su mejor amigo. El recalca que es importante para él que Cuddles tenga un tiempo y un ambiente para relajarse.

Shaw ha tenido tantas experiencias divertidas con Cuddles que las está recopilando en dos libros: *Dan conoce a Cuddles*, y el segundo, *Aventuras de Dan y Cuddles*, escrito especialmente para niños de segundo y tercer grado "que nos han visto en revistas especializadas para niños", explica él.

Shaw dice que Cuddles es "una gran pequeña sorpresa. Cuando uno piensa que sabe todo de ella, ella siempre sale con algo diferente. Ella actúa como un soldado en la mañana, cuando se viste con sus botas y arreos diminutos, pero cuando se los saca, es simplemente una niña juguetona".

Shaw dice que siente una conexión con otra famosa relación entre animal y humano: Morris Frank, que tuvo el primer perro guía en Estados Unidos, que se llamaba Buddy, y Frank terminó ayudando a establecer una escuela para estos perros. Además escribió un libro, *Lady of the Seeing Eye*, en el que se basó una película que Disney produjo en 1984, titulada *El amor muestra el camino*.

Shaw dice que el título es adecuado para Cuddles. El pequeño caballo lo está conduciendo con amor y cuidado por los caminos de su vida, al mismo tiempo que pavimenta la ruta para que otros invidentes logren una maravillosa visión interior, a falta de una verdadera visión exterior, cuando adquieran un caballo guía.

Stephanie Stephens

El semental y el mirlo

Era probablemente el espectáculo más hermoso de nuestra granja en Ohio: el semental y el mirlo de alas rojas. Todos los días, al comienzo del verano, el mirlo se posaba sobre la rama más alta de los tres pequeños árboles (un espino, un cerezo y un manzano enano) que crecían juntos en el camino que iba desde el establo hasta el pastizal. Bajo estos árboles –ninguno de ellos de más de 20 pies de alto– nuestro semental gris se quedaba en la sombra, agitando su cola perezosamente para espantar a las moscas.

Muchas veces, por más de una hora, el mirlo se quedaba ahí sentado, alerta, como si estuviera de guardia, mientras su pareja iba y venía al nido, protegido por la hierba alta en el campo sin recortar. Sólo emitía su constante tick, tick, tick.

El caballo y el ave estaban claramente concientes de la presencia del otro. Y había paz entre ellos. Si también había comunicación entre los dos es algo que yo no me preguntaba por entonces. Lo que sé es que era una visión hermosa, que sólo estaba completa cuando ambos estaban en ella.

A fines del verano, el mirlo y su familia emigraron por el invierno. De acuerdo con mis observaciones, ellos debían volver la primera semana de marzo.

Fue en octubre que el semental, que tenía más de 20 años, murió. Lo enterramos con dolor y dignidad, como le correspondía, en una tumba profunda junto a la cerca que conducía al Sur desde el maizal. La tumba estaba exactamente a doce postes de la puerta. Los conté cuidadosamente y luego anoté la ubicación, para poder encontrar la tumba en el futuro.

Cuando los mirlos de alas rojas no volvieron a la granja tras la primera semana de marzo, me puse nervioso. Mientras me dirigía al granero a realizar mis faenas del día, me pregunté qué habría ocurrido. Entonces escuché claramente, aunque lejos, el inconfundible tick, tick, tick de un mirlo. Lo mismo si se trataba de un gorjeo, que de un monólogo o una canción, para mí fue un sonido bienvenido, como recibir un mensaje de un viejo amigo.

Caminé hasta las puertas del lado este del establo y las abrí. Sabía exáctamente dónde mirar. El mirlo iba a estar sentado en la rama más alta de uno de los tres árboles, mirando hacia donde su pareja luego construiría un nido.

Agucé la vista. Lo busqué en todas las ramas, con o sin hojas. El mirlo debía de estar allí. Pero no estaba. Sin embargo, podía escucharlo con claridad: tick, tick, tick.

Después de quedarme ahí confundido durante un minuto, supuse que el sonido del ave debía provenir de otra dirección. Salí del establo y miré hacia el enorme arce plateado que estaba cerca. A veces el pájaro se quedaba un rato ahí. Pero tampoco lo encontré. No estaba en ninguna parte.

Caminé más allá del granero. Entonces, más por casualidad que otra cosa, lo vi. Estaba posado sobre un poste de acero de otra cerca que se extendía hacia el sur desde el granero. Podía verlo claramente. Estiraba sus alas, como lo hacen los mirlos, llamando tick, tick, tick. Tick, tick, tick.

Pero era un poco extraño. Jamás había visto al ave ahí.

Y era raro que se quedara en aquel lugar, inmóvil en la brisa en lo más alto del poste de la cerca. Agité mi brazo, pero no se asustó. El mirlo continuó su canto. Cuando traté de calcular la distancia con la vista, de repente me di cuenta y empecé a contar los postes entre el pájaro y yo. Uno, dos... siete, ocho... diez, once, doce. El mirlo estaba sentado en el poste número doce, el que estaba más cerca de la tumba del semental. Me demoré un rato en organizar mis pensamientos. Conté de nuevo. Sí, era cierto: el pájaro estaba en el poste doce, lo más cerca que podía de la tumba del semental. Fui a la casa y revisé mis notas. Los mirlos habían dejado la granja dos meses antes de que muriera el semental. ¿Entonces cómo ese pájaro podía saber que el semental estaba enterrado en un lugar tan lejano de su ubicación habitual? ¿Había venido hasta acá a cantar sobre tu tumba?

Pude haber descartado todo aquello como una simple coincidencia. Quizá también lo hubiera podido olvidar, excepto por un hecho: la mañana del 5 de marzo de la siguiente primavera, escuché el sonido familiar de un mirlo de alas rojas. Tick, tick, tick. Sin siquiera pensarlo, corrí hacia el extremo del granero y miré hacia la cerca. Ahí estaba el ave, no en el poste nueve, o en el quince, sino en el poste doce.

Estaba cantando sobre la tumba del semental igual que lo había hecho la primavera anterior. Se quedó ahí veinte o treinta minutos, y luego voló a su rama en la parte de arriba de los tres árboles. Después de su primer día de regreso, no volví a verlo cerca de la tumba.

El mirlo regresó el 3 de marzo del año siguiente y el 8 de marzo del cuarto año. Siempre se posaba sobre el poste doce el primer día en que llegaba y parecía hablarle al semental que estaba enterrado ahí, bajo el denso pasto.

Esta primavera el mirlo no regresó. Ya estamos en abril y sé que no lo voy a volver a ver. Igual que el semental, seguro que llegó al final de su vida.

Aunque no está aquí, todavía lo puedo ver en mi mente, en la rama más alta de los árboles y sobre el poste número doce. Sigo preguntándome sobre la relación entre el ave y el semental. ¿Acaso hay una relación, una afinidad especial que se desarrolla entre las criaturas de la naturaleza que nosotros, simples humanos, no logramos comprender o explicar? ¿Será que entre ellos hay una comprensión, una lealtad, que se puede comparar, o que incluso trasciende cualquier relación que existe entre humanos?

Los únicos que sabían la respuesta eran el semental y el mirlo.

Gerald W. Young

Cambio de mando

"¿Necesitas ayuda?"

"No, puedo hacerlo solo", Bill respondió con un gruñido. Di vueltas en mi inquieto y joven caballo y miré a Sundance que estaba parado pacientemente mientas Bill lidiaba con la amarra de la silla. El alazán Quarter Horse tenía excelentes genes y una magnífica estructura muscular. Lo único que indicaba su edad, 24 años, eran las canas en su frente. Durante quince de esos años, había sido mío. El jinete que lo montaba disimulaba tan bien su edad como el caballo. Algunas canas se asomaban bajo el sombrero negro Stetson. La cara bronceada no tenía muchas arrugas, a pesar de los años bajo el sol. Y el hombre, igual que el caballo, era delgado y musculoso. Cuando trabajaba con los caballos, sus ojos azules brillaban con una claridad que no tenía el resto del tiempo y tenía una sonrisa en los labios.

Una ligera artritis había hecho que el caballo se hiciera más lento. El Alzheimer's había hecho lo mismo con el hombre. Bill no tenía su propia familia, por lo que se había convertido en parte de la mía, y yo me preocupaba de que él siguiera montando del mismo modo que podía preocuparme porque siguiera manejando a su edad.

Sundance y yo recordábamos competencias en las que él y Bill habían participado en carreras y eventos con barriles y postes. Recordábamos largos paseos por caminos bucólicos y alocados galopes por praderas, imaginándonos que estábamos en la agreste Montana en lugar de la rural Illinois.

Sundance trabajaba bien conmigo, pero tenía un lazo especial con Bill, una emoción que quedaba clara cuando montaban juntos. Cada vez que Bill se montaba en su silla, y lo tocaba ligeramente con la punta de las espuelas, el caballo se agitaba, ansioso de correr y demostrar lo que podía hacer. Sólo las manos de Bill sobre las riendas y el delicado toque de sus espuelas lograban ponerlo en acción.

Yo había escondido las espuelas algún tiempo atrás y Bill no pareció darse cuenta, pues ni el caballo ni el jinete eran como en el pasado. Cuando paseaban, se limitaban a caminar o a trotar suavemente alrededor del ruedo o no muy lejos en el pastizal. Yo no les quitaba la vista de encima, preocupado.

Tuve dudas cuando Bill me dijo que quería montar una fresca mañana de octubre. El vacío en su mirada se había acentuado y aunque yo quería que él estuviera activo el mayor tiempo posible, no quería que se lastimara. Pero tampoco podía decirle que no.

Bill finalmente logró ajustar la cincha y se montó en la silla. Soltó un gran suspiro para prepararse. Sundance empezó a caminar a paso lento y la alegría suavizó las expresiones del jinete. Bill le pidió que empezara a trotar, pero el caballo se notaba reticiente.

"Este caballo... parece...", dijo Bill, buscando las palabras exactas. "Parece un poco flojo hoy".

Asentí. "Bueno, se está poniendo viejo y sus patas están un poco tiesas en la mañana. Tenle pariencia".

Bill gruñó una respuesta indescifrable cuando el caballo no respondió a sus órdenes. Después de repetir sus instrucciones varias veces, el caballo empezó a trotar suavemente.

Sundance estaba concentrado en el terreno delante de él, midiendo cuidadosamente su paso. Pude ver cómo la mano de Bill tuvo que buscar una vez la empuñadura de la silla en busca de equilibrio.

Bill le ordenó al caballo que empezara un medio galope, no sé si porque eso era realmente lo que quería o por simple costumbre. Sundance siguió trotando. Cuando Bill repitió su instrucción, el caballo se dio vuelta para mirarme, y yo recé porque mi mirada le hubiera transmitido mi preocupación.

Detuve mi caballo y me quedé mirándolos, con el corazón agitado.

Bill tocó a Sundance con su talón derecho y le dio la orden verbal al mismo tiempo: "Medio galope, medio galope". Sundance dudó, agitó su cabeza ligeramente y se puso a caminar.

Suspirando, Bill se inclinó y acarició a Sundance en el cuello. "Está bien, amigo. Vamos a dejar que descanses hoy".

Traté de disimular mi emoción y de sonreír, a pesar de las lágrimas en mis ojos. Mi corazón se calmó y me sentía en paz por lo que había observado entre el caballo y el jinete. Ya no tenía miedo de dejar que Bill montara. Antes Bill había estado al mando, pero ahora el control lo tenía el caballo. Sundance sabía que este hombre era distinto al jinete que antes le había impartido precisas y rápidas instrucciones alrededor de los obstáculos, al compañero con el que antes había volado sobre la pradera como el viento. El caballo que yo amaba estaba protegiendo al amigo que ambos amábamos.

Sandra Tatara

De una mamá a otra

Durante 150 años, en la pradera de los caballos muertos, las raíces de los pinos atravesaron las pálidas curvas de sus costillas, flores amarillas crecieron sobre ustedes en el otoño, y en el invierno la escarcha empujó sus huesos al suelo, dedicados trabajadores, materia viva de la tierra: O Roger, Mackerel, Riley, Ned, Nellie, Chester, Lady Ghost.

Donald Hall, "Names of Horses"

Jamás me van a convencer de que los animales no entienden de tragedias o no se comunican entre sí, porque fui testigo del extraordinario episodio entre Christie y Dixie, dos yeguas belgas que nunca parecieron caerse bien, hasta que Dixie se acercó a Christie en sus últimos momentos de vida.

La primera vez que la vi, Dixie estaba cubierta de cicatrices, asustada y mal nutrida. Le habían roto la nariz muchas veces, con lo que el dueño calificó como "golpes a la cabeza con una estaca por haberse portado mal". Yo no necesitaba otra yegua, pero usé todos los ahorros que tenía y hasta pedí prestado para poder reunir el dinero necesario para comprarla. Me dije que, quizá, después que la sanara, podría usarla como yegua de cría. Debajo de toda la suciedad y barro que la cubrían, vi una forma prometedora. La historia de Christie no podía ser más diferente que la de Dixie. Christie había crecido en un buen hogar, había recibido el mejor trato y prefería estar con personas que con otros caballos. Ella fue mi primer caballo de tiro y llegó a la granja aproximadamente un año antes que Dixie. Yo sabía que era especial y que me iba a enseñar todos los trucos de cuidar y montar un caballo de tiro. Jamás me decepcionó.

Dixie, aunque no tenía el mismo trato ni la misma confianza con la gente que Christie, resultó ser una madre excelente y cariñosa, y me dio cada año potros hermosos y fuertes. Durante una visita de rutina, le pedí a nuestro veterinario que examinara a Dixie. Había algo que no parecía bien. Estaba comiendo, bebiendo y cuidando bien a Pinkie, el potro al que había dado a luz un mes antes, pero estaba como "apagada", para usar la expresión que emplean los criadores de caballos.

Después de tomar su temperatura, descubrimos que tenía fiebre. Quizá tenía una infección uterina del parto, aunque no mostraba señales externas de enfermedad. Hicimos algunos cultivos uterinos, y el veterinario me dijo que le diera un medicamento para bajar su temperatura.

Pero unas horas más tarde, Dixie empezó a empeorar. Su fiebre bajó, pero no podía comer, parecía incómoda y no defecaba. Era obvio que algo la molestaba y empezó a dar señales de cólico. Llamé de nuevo al veterinario, pero el que yo conocía, y en el que confiaba, no estaba de turno. Una veterinaria más joven, con poca experiencia con los caballos, llegó en su reemplazo. Yo no podía esperar y supuse que una veterinaria con poca experiencia era mejor que ningún veterinario.

Varias veces durante la noche, la veterinaria regresó para administrar un analgésico, pero el dolor de Dixie aumentó. Se volvió más y más incómoda, hasta que finalmente fue incapaz de amamantar a Pinkie. El potro estaba confundido y con hambre y no entendía por qué su madre, que normalmente era tan cariñosa, no le prestaba atención.

Cuando la veterinaria vino por última vez esa noche, me dio una jeringa llena de analgésico e instrucciones de administrarlo cada tres horas. Me explicó que era una dosis segura de un medicamento de acción lenta que haría que Dixie se sintiera mejor.

Esa noche dormí junto a Dixie, para observarla, ayudarla a caminar, tratar de asistirla con Pinkie y ver si ella mejoraba. A la hora que la veterinaria me había indicado, le di su última inyección. En unos pocos minutos, ella pareció sentirse mejor e incluso se paró y se acercó hasta la cerca que rodeaba el potrero donde estaban los otros caballos, que la observaban calladamente, como en una vigilia silenciosa, sin tocar siquiera sus pacas de heno.

Dixie no era un caballo social. Rara vez la vi mostrar algún interés en los otros caballos. Nunca interactuó con Christie. Lo habitual era que si algún caballo se acercaba, ella se le plantaba y alzaba sus orejas, con lo que claramente le indicaba al intruso que se alejara.

Esa noche, todo cambió.

Asombrado, vi que Dixie le tocó la nariz a todos los otros caballos parados a lo largo de la cerca. Luego se detuvo frente a Christie. Eso me pareció muy extraño, pero parecía tan calmada ahora. Empecé a abrigar esperanzas, aunque Pinkie parecía cada vez más confudido y molesto.

Dixie y Christie continuaron su conversación silenciosa durante varios minutos, hasta que Dixie se dio vuelta, miró a los otros caballos, caminó hacia el centro del potrero y se acostó.

Yo me quedé lejos, tratando de no molestarla mientras

ella descansaba. Me limité a observarla desde el extremo del potrero.
 Pude ver cómo Pinkie, de repente tranquilo, caminó lentamente y se paró junto a su madre. Con una gentileza que contradecía su anterior hambre y ansiedad, Pinkie olió los cascos de su madre, sus patas y su cola, su crin, y con una inmensa ternura presionó su nariz contra la de ella. Después de olerla por última vez, se dio vuelta y se fue a donde los otros caballos junto a la cerca. Sólo entonces supe que Dixie se había ido.
 Me acerqué lentamente al centro del potrero y me despedí de ella. Cuando me di vuelta, vi que Christie todavía estaba parada en el lugar donde ella y Dixie habían compartido su último momento. Hasta el día de hoy, puedo jurar que Christie tenía lágrimas en los ojos.
 Yo estaba impactado y no sabía qué hacer. Dixie había muerto. Era responsable de un potro de un mes que necesitaba comer, pero no había nadie que lo alimentara. Le pedí consejo a otros dueños que habían criado potros húerfanos.
 Pinkie no quería alimentarse de un biberón. Lo rechazaba y yo pasaba todo el día tratando de hacer que tragara algún líquido. Antes él había comido pequeñas cantidades de alimentos suplementarios sólidos, pero ahora no quería comer nada. Rechazaba hasta su grano favorito. Lo único que quería era a su madre.
 Mientras yo me esforzaba por alimentar a Pinkie, me fijé en lo agitada que estaba Christie, tratando de hacerse notar junto a la cerca de su corral. Era un comportamiento totalmente anormal en ella. Seis semanas antes, ella había terminado de amamantar a su potro. El papel de madre no le había gustado mucho y, después de tres meses, no quiso acercarse más a su hijo. Había sido hasta entonces una buena madre, pero cuando llegó la hora de destetar a su potro, lo rechazó sin ninguna contemplación, y su

leche se secó en unos cuantos días.

Exasperado, salí afuera con Pinkie para tratar de alimentarlo una vez más con el biberón. Al pasar por el corral de Christie, me detuve para ver por qué estaba tan inquieta. Apenas pude creer mis ojos. ¡Su ubre, que había estado seca y había vuelto a su tamaño normal, ahora estaba llena! La presioné y, para mi asombro, salió leche. Ella se movía inquieta de un lado a otro frente a la cerca, sin dejar de mirar a Pinkie, llamándolo.

Fue entonces que entendí lo que había pasado en la conversación entre Dixie y Christie justo antes de que la primera muriera.

Decidí arriesgarme. Puse a Pinkie en el corral de Christie. El potro estaba agotado, deprimido y hambriento. Me quedé cerca, por si Christie lo rechazaba. Ocurrió lo contrario: ella trotó donde Pinkie, lo olió y lo fue acercando a su ubre. De pronto, él empezó a mamar. Bebió hasta que estaba satisfecho y se acostó a dormir mientras Christie lo observaba, hasta que despertó y volvió a comer.

Christie adoptó a Pinkie como si fuera su hijo. Con la ayuda de su leche, Pinkie creció y se convirtió en un caballo fuerte y vigoroso. Christie fue mejor madre con él que con su propio potro Pete, siguió produciendo mucha leche durante los siguientes tres meses y cuidó a su hijo adoptivo hasta que él se fue a su nueva casa.

Sé que mi misión fue proveerle un hogar a Dixie y proporcionarle unos cuantos años de felicidad. Todavía se me salen las lágrimas cuando recuerdo a Dixie esa noche junto a la cerca, topando gentilmente las narices de caballos a los que antes había ignorado.

En esa noche triste, presencié un milagro. En esa noche triste, conocí la esperanza. En esa noche triste, fui testigo del poder del amor. Gracias, Dixie.

Chris Russell-Grabb

Instintos de una yegua de guerra

Nací amando a los caballos. Mi madre cuenta que mis tres primeras palabras fueron "papá", "mamá" y "ballo". Varias generaciones de mis ancestros, con la excepción de mi bisabuelo que tuvo un caballo, eran citadinos. De modo que estoy convencido de que mi pasión por estos animales me la dio Dios. Y fueron Marguerite Henry (autora de *King of the Wind*) y Walter Farley (autor de *El Semental Negro*) quienes centraron esa pasión en los caballos árabes.

También fui bendecido con unos padres comprensivos, que se encargaron de que comenzara a tomar clases de equitación desde los seis años y me compraron un caballo siete años después. Como vivíamos en un barrio con pocos terrenos y sin establo, la yegua vivía en el patio de atrás. Ese era su establo. Todas las noches, se unía a la familia para ver televisión, a través de las ventanas que separaban el living del patio.

Dos años después, nos mudamos al campo, a una pequeña granja alquilada de siete acres que tenía un establo para tres caballos. Como vecinos inmediatos nos tocaron un hermoso caballo albino de ojos verdes, y su dueño, un joven igualmente hermoso de ojos azules y cabello café. El amor podía olerse en el aire. El caballo era castrado, pero el joven y yo nos casamos cinco años después.

Siete años más tarde, éramos dueños de nuestra propia granja y comenzamos a cuidar caballos ajenos para ayudar a costear nuestra colección de caballos árables. Poseíamos ahora una pequeña manada de yeguas de cría egipcias y un joven caballo de exhibición muy talentoso, llamado Raasuwl SCA. Mi marido, Donald, y yo hacíamos todo el trabajo en la granja, lo que implicaba largas pero satisfactorias jornadas.

Una fría noche de invierno, el pasado mes de febrero, yo estaba terminando mis tareas en la granja. Don ya había vuelto a la casa, a guardar los perros y gatos, y a mí sólo me faltaba llevar a las yeguas de vuelta al establo. Ellas sabían la rutina: yo abría la puerta y ellas salían galopando habia el establo, donde las esperaba su deliciosa comida.

Siempre corrían en el mismo orden: Hazara, la indiscutida reina de la manada, Mataalah, Inaya, Yum-Yum y, siempre última, Khatira Moniet. Katie, como la llamamos, también es la última en la jerarquía de la manada. No hay una yegua más hermosa (la viva imagen de su bisabuela, la famosa yegua egipcia Moniet El Nefous) pero a las otras esto no las impresiona en lo absoluto. A Katie siempre la obligan a ser la última: la última en entrar, la última en llegar a la comida, la última en beber agua y la última en recibir un buen masaje en su estómago cuando Don y yo visitamos las yeguas.

Y si alguna vez ella se apura y llega primero a alguna parte, los otros caballos la castigan con sus dientes y patadas. Cuando podemos, le damos más atención (cosas como caricias y zanahorias extra), mientras hacemos que las otras yeguas se mantengan a distancia.

Así que, esa noche, cuando salí a abrir la reja del corral, las yeguas estaban reunidas como siempre, listas para salir corriendo hacia el establo. Todas menos Katie. Ella estaba un poco más atrás, alejada del peligro. Cuando empujé la reja, sopló el viento de pronto y la empujó de vuelta hacia mí. Hazara ya había empezado a correr y cuando se dio vuelta para esquivar la puerta, su hombro chocó contra mi pecho y me mandó volando, a diez pies de distancia. Caí de espaldas, golpeándome la cabeza contra la tierra congelada, y perdí el conocimiento. Lo primero de lo que tuve conciencia cuando desperté, fue el sonido de cascos a mi alrededor y la presión contra mi costado de lo que creí era el poste de una cerca. Cuando pude abrir bien los ojos, me di cuenta de que era Katie, parada sobre mí.

Las otras yeguas se arremolinaban a mi alrededor, pero Katie se mantenía parada sobre mí, calmadamente, protegiéndome. Lo que tomé por un poste de cerca sobre mi costado era en realidad una de sus patas delanteras. Mientras me demoré en incorporarme, al menos diez minutos, ella se mantuvo haciendo guardia, manteniendo a las otras yeguas alejadas de mí. Cuando traté de pararme, ella bajó su cabeza y me dejó sujetarme a su crin, para ayudarme. Cuando quedó satisfecha de que yo estaba segura y sobre mis propios pies, me tocó la cara con su hocico y luego se alejó tranquilamente, hacia donde estaban las otras yeguas, a unos cincuenta pies de distancia.

Desde niña, he leído historias sobre las leales yeguas árabes de guerra, que hacían guardia frente a sus jinetes que habían caído durante la batalla, arriesgando su propia seguridad para proteger a sus amos. Siempre quise creer que esas historias eran verdaderas, pero muchas veces me pregunté si no eran más que leyendas románticas y exagerada. Ahora sé que son ciertas. Yo tengo mi propia "yegua de guerra", que sin duda arriesgó su propia seguridad para ayudarme. Yo quise a Katie desde que la compramos diez años atrás, pero ella se ganó un lugar muy especial en mi corazón por lo que pasó en ese frío día. Por eso, siempre llevo una zanahoria extra en mi bolsillo, sólo para ella.

Christina Donahue

El susurrador

La familia de Sandy MacPherson tuvo una granja en la región de Angus, al noreste de Escocia, durante tres generaciones. La granja, en general, había sido próspera y en ella criaban ganado Aberdeen Angus para sacrificar, algunas ovejas, y sembraban frambuesas. La esposa de Sandy tenía una escuela de equitación y los caballos eran su "familia".

Desafortunadamente, las cosas se hicieron más difíciles para los granjeros con los tiempos cambiantes, y llegó el momento en que los MacPherson apenas podían sobrevivir. Sandy era chapado a la antigua. El creía que mantener una granja era un "trabajo de hombres" y que su esposa y sus hijos no podían entender realmente la situación en que estaban.

Sandy buscó consuelo pasando más tiempo con los caballos, especialmente con uno llamado Wallace, a quien él había ayudado a nacer muchos años antes. De pie en el establo al atardecer, Sandy acariciaba a Wallace, obtenía un relincho como respuesta, y entonces el granjero le empezaba a contar todas sus preocupaciones al caballo. Sandy se desahogaba con el silencioso pero agradecido Wallace de todas las cosas que no se atrevía a compartir son su familia.

Desafortunadamente, Sandy también se consolaba con vodka. Tenía una botella escondida en el heno del establo de Wallace, y cuando iba a visitar al caballo, decía que iba a "ordenar el establo y hacer que los animales descansaran".

La esposa de Sandy, Jean, era una mujer callada, que no decía mucho pero se daba cuenta de todo. Su primo era el abogado del pueblo, su sobrino era el contador del pueblo, y ella probablemente sabía más de la precaria posición financiera de la familia que su marido.

Jean sabía que cuando Sandy iba al establo, cargado con las preocupaciones de la granja, y volvía una hora después, más tranquilo y desahogado, había estado bebiendo vodka en secreto. Ella pretendía no darse cuenta de las palabras incoherentes que él soltaba sin querer y le daba café para contrarrestar el olor a vodka que Sandy creía sinceramente que no lo delataba nunca.

Un día, mirando a los cálidos e inteligentes ojos de Wallace, Jean le preguntó al caballo: "¿Qué vamos a hacer con Sandy?". Mientras acariciaba al caballo en silencio y él le respondía sacudiendo la cabeza, de pronto se le ocurrió una idea.

La astuta Jean comenzó a meterse en el establo todas las tardes, cuando Sandy estaba fuera de la granja, y sacaba la botella de vodka escondida. Vaciaba buena parte del vodka en un jarro, rellenaba la botella con agua y luego rociaba licor sobre el cuello de la botella, para que tuviera olor a alcohol. De este modo, cuando Sandy abría la botella, todavía le olía a vodka.

Jean hizo esto durante más de dos meses y cada noche, Sandy regresaba a casa con sus preocupaciones aliviadas por el vodka adulterado. Cuando un día su contador le dijo que la granja no estaba generando suficiente dinero para sobrevivir, él acarició a Wallace con lágrimas en las mejillas y le preguntó: "¿Qué voy a hacer ahora? ¿Cómo les voy a decir la verdad?" Wallace acercó su cabeza a la cara del granjero atormentado, como si tratara de secarle las lágrimas, y Sandy lo abrazó.

La mañana siguiente, Jean salió a montar con Wallace por los terrenos de la granja que amaban tanto. Estaba a punto de regresar a casa cuando, para su sorpresa, Wallace se resistió y giró unos pasos a la derecha. Jean frunció el ceño y le preguntó: "¿Qué pasa, Wallace? ¿A dónde quieres ir?"

El trotó en dirección al campo donde antes cosechaban frambuesas En una época, había sido un negocio muy lucrativo, pero las procesadoras que compraban la fruta habían cerrado y ahora el terreno estaba abandonado. Wallace siguió trotando, hasta acercarse a dos viejas cabañas de campo. En los buenos tiempos, habían servido para albergar a algunos de los trabajadores de la granja, pero ahora estaban vacías y en ruinas.

Jean desmontó a Wallace y se quedó examinando el lugar a donde él la había llevado. Repentinamente, gritó, mientras le abrazaba el cuello: "Wallace, eres un genio". Como todos los genios, Wallace aceptó el reconocimiento que merecía con un pequeño movimiento de la cabeza..

Jean habló con su primo y dos días después él le pidió a Sandy que fuera a conversar con él. "Puede haber una forma de levantar un buen capital. Vende el terreno donde sembraban frambuesas para construcción de viviendas", le dijo. "La demanda de casas de campo en esta región se ha disparado y ahí caben unas cuantas. ¡Podrías ganar una fortuna!".

Sandy no estaba muy convencido al comienzo, pero después de unos meses se dio cuenta de que esto efectivamente le iba a generar mucho dinero.

Finalmente, fue una noche al establo y le dijo a Wallace: "Las cosas van muy bien, amigo. Es como un milagro, como si Dios hubiera sabido que yo estaba preocupado y me hubiera resuelto todos mis problemas".

A la mañana siguiente, Jean vio que Sandy no había tocado la botella de vodka y eso continuó así por mucho tiempo. Una noche, durante una tormenta, Sandy escuchó que algunos de los caballos estaban nerviosos y se puso la chaqueta. "Sólo voy a cerciorarme de que están bien. Wallace sobre todo. No le gustan los truenos", le dijo a su esposa.

Regresó tan pronto la tormenta había amainado. "Está más tranquilo. Parece que tengo un don con los caballos, en especial con Wallace. Lo calmé de inmediato. Cuando le hablo, siempre le hace bien. Tal vez tengo talento como susurrador de caballos", dijo Sandy.

Su esposa sonrió y a la mañana siguiente se dirigió al establo. Cuando se paró junto a Wallace para acariciarlo, él volteó la cabeza para mirarla y ella sonrió: "Te conozco bien, amigo inteligente. Nos has ayudado mucho a todos, pero especialmente a Sandy. Creo que el verdadero "susurrador" aquí eres tú. De hombres, claro".

Wallace asintió y bajó la cabeza, para recibir un merecido abrazo.

Joyce Stark

El pilón

Muy *en el fondo de nuestra alma escura se agita el caballo . . . ¡El caballo, el caballo! El símbolo de la potencia emergente y del poder del movimento, de la acción en el hombre.*

Apocalipsis

En la jerga Tex-Mex del sur de Texas, la palabra "pilón" significa "una pequeña cosa adicional". Pero como el español es un idioma musical que abarca un arcoiris de emociones alrededor de una simple palabra, también tiene un significado mucho más amplio. Un "pilón" puede ser también un regalo inesperado o una bendición sorprendente, aunque tal vez no es reconocida como tal cuando se recibe porque normalmente llega en la forma de un problema, de un inconveniente. Pero, gracias a la naturaleza mágica del "pilón", resulta ser una bendición escondida en un problema.

Yo recibí mi "pilón" cuando decidí comprar una mula. Recientemente nos habíamos mudado al campo y le habíamos comprado un caballo castrado a nuestro hijo. Como mi marido y yo habíamos crecido en el campo, sabíamos que sólo era una cuestión de tiempo el tener que encontrarle una compañía al caballo. A la mayoría de los caballos no les gusta vivir solos. No queríamos invertir en otro caballo en ese momento, así que compramos una mula, que nos serviría tanto de compañía para el caballo, como de animal guardián para nuestras ovejas. Después de mucho buscar, encontramos una mula que según el anuncio era un excelente animal. Mientras pegábamos el *trailer* a la camioneta, y montábamos a toda la familia a bordo, mi marido y yo decidimos que regresaríamos a casa con la mula, a no ser que sólo tuviera tres patas.

Llegamos con la chequera en mano y nos mostraron un animal bajo y gris, con largas orejas caídas y una raya negra que le atravesaba el lomo.

Convencidos de que era la mula que queríamos, nos volteamos hacia el vendedor para finalizar la transacción. Cuando nos oyó decir tan pronto que nos llevábamos la mula, el vendedor confundió nuestra rápida decisión con simple ingenuidad y le agregó un precio adicional a la venta: "Les vendo la mula si se llevan también a la potranca".

¿De qué potranca habla?, me pregunté, puesto que no había ningún otro animal en el corral. Sólo podía ver la mula, pero el hombre se dirigió a otro corral antes de que pudiera siquiera hacerle la pregunta. Lo seguimos, sólo por curiosidad.

Tras darle la vuelta al granero, llegamos adonde estaba la potranca. Era un animal flaco, de apenas cuatro o cinco meses, aunque era difícil calcular su edad por su aspecto. En cuanto escuchó voces humanas, empezó a saltar y a tratar de escapar a toda velocidad. Estaba en una condición lamentable. Tenía la barriga inflamada a causa de los parásitos, su cola y su crin estaban sucias y enredadas, estaba cubierta de barro y había varios cortes profundos en las patas, que seguramente se había hecho al enredarse con algún alambre. Su pelaje se veía opaco y sin vida. Corrió alrededor del corral, agitando el hocico, con expresión alocada. Mi marido ya había comenzado a retractarse y le dijo al hombre que no nos interesaba comprar un caballo, pero yo no podía quitarle la vista a la pobre potranca. Estaba muerta de miedo, pero algo en su mirada, o tal vez en la manera de arquearse o de mover el cuello, me decía que a pesar de su lamentable condición, tenía orgullo.

Interrumpí a mi marido, lo llevé a un costado y le susurré al oído: "Esta potranca tiene algo especial".

"Es un desastre", me respondió él. "Sólo las cuentas del veterinario van a costar más de lo que vale".

Usando mi mejor lógica femenina, le dije a mi marido que necesitábamos una mula, así que debíamos llevarnos todo el paquete. Supongo que lo convencí con esa mirada especial mía que lo cautiva, puesto que simplemente suspiró y se volteó de inmediato para hacerle un cheque al hombre.

Nos demoramos cuatro horas en atrapar a la potranca. La perseguimos primero por todo el corral, tratando de meterla en una esquina, pero de pronto, para nuestro asombro, saltó la cerca. Recuperándonos de nuestra sorpresa, saltamos detrás de ella. Cuando ya estábamos a punto de rendirnos, la agarramos milagrosamente. La subimos a nuestro *trailer* y la amarramos junto a la mula para que no saltara por el techo. Me fui rezando todo el camino a casa. Cuando llegamos al rancho, nuestro caballo había olido que le llegaba compañía y estaba ahí, relinchando su bienvenida. Cuando los pusimos juntos, me pareció ver una mirada de gratitud en la potranca.

El veterinario vino al día siguiente y no se mostró muy optimista. Revisó la potranca, le sacó los gusanos y le puso las vacunas, pero antes de irse nos dijo que no podía garantizar que no tuviera muchos problemas en el futuro.

La llamé Senisa, que es el nombre de una planta que crece en todo el sur de Texas. Durante la mayor parte del año, es un pequeño arbusto de hojas color gris, pero en cuanto llueve, produce hermosas flores púrpuras. Yo esperaba que con un poco de amor y atención, nuestra potranca iba a florecer como ese resistente arbusto del desierto.

Senisa superó las expectativas de todos. En dos meses, tenía un hermoso y reluciente pelaje negro, tan suave como un mitón de bebé. Sus heridas habían sanado y gozaba de buena salud. Con el pasar del tiempo, se volvió muy territorial con "su" rancho y alcanzó la posición de dominio. El caballo y la mula estaban contentos de estar a su lado.

Un día, Senisa pudo pagarme la deuda de gratitud que tenía conmigo por haberla rescatado: me rescató ella a mí. Yo había oído ladridos en la granja y salí corriendo de la casa a ver qué pasaba. Una jauría de perros salvajes había entrado y estaba tratando de romper la cerca de un pequeño corral donde había dos corderos. Sin pensarlo, corrí a proteger a los corderos. Cuando me di vuelta hacia los perros, me di cuenta de que no había traído mi pistola y me quedé mirando a los perros, asustada. Operaban en grupo para cazar, como los lobos, y sabía que si lograban entrar al corral me iban a atacar para llegar a los corderos. Estaba desesperada y sola, preguntándome cómo iba a salir de aquel apuro, cuando vi un resplandor negro en el rabillo del ojo.

Volteé la cabeza y vi a Senisa, que embestía a los perros a todo galope. Sus cascos volaban y movía la cabeza con anticipación, dispuesta a morder y a desgarrar. Ellos no se dieron cuenta de que venía hasta que ya estaba casi encima de ellos. Se separaron de inmediato de la cerca, aullando, y salieron corriendo colina abajo hacia el pastizal, mientras Senisa los perseguía. Pasaron por un hoyo bajo la cerca y se fueron, para no volver jamás.

Ese día, entendí lo que quieren decir los chicanos de Texas cuando consuelan a alguien que está atravesando un mal momento diciéndole "es un pilón". Las cosas malas son sólo "una pequeña cosa adicional" en nuestra vida. Hay que perseverar para resolver los problemas, porque con toda circunstancia mala hay un pilón, un regalo mágico de belleza o amor que está esperando por ti, siempre que tengas ojos para verlo.

Nancy Minor

La boda

Desde hace aproximadamente once años, tengo un negocio de carruajes, que ofrecemos para paseos románticos, bodas, propuestas de matrimonio o cualquier ocasión en que algo único hace que ese momento especial sea aun más memorable.

Lidiar con novias puede ser maravilloso o absolutamente terrible. Algunas llegan llorando al día de su boda. Otras, en una calma total. Y he tenido algunas que me han pedido que por favor las lleve a algún lugar, cualquier lugar, porque no son capaces de casarse.

Un día de primavera, recibí el llamado de una novia, que estaba muy emocionada de haber encontrado a una compañía que ofreciera carruajes para bodas. La joven sabía exactamente lo que quería que hiciéramos para su boda. Teníamos que recogerla a ella y a su padre en su casa y llevarlos a la iglesia. Parecía una tarea simple, pero antes de aceptar el trabajo, fui a su casa a ver exactamente qué se requería.

Siempre hago esto, porque me he metido en algunas situaciones difíciles por no revisar antes de decir que sí. No quiero que nada malo le ocurra a la gente que monta en mi carruaje o a mis caballos. El camino desde la casa hasta la iglesia, a lo largo de una tranquila carretera campestre, parecía sencillo y acepté el trabajo. La novia estaba feliz y pagó todo por adelantado.

El día de la boda, llegamos con el caballo limpio y el carruaje reluciente, vestidos elegantemente y listos para disfrutar un buen tiempo. El padre de la novia salió con cara de preocupación. Nos dijo que algo terrible había ocurrido la noche anterior y sugirió que revisáramos el camino con anticipación, para no encontrarnos con algo que no íbamos a poder manejar. No teníamos idea de qué quería decir, pero mi socio salió en un auto con el padre de la novia a mirar. Luego regresaron.

"Nada grave", me dijeron. "Hubo un pequeño incendio cerca de la calle por donde vamos a pasar, pero no es problema".

Salimos con un paso ligero. Mi yegua, Lynn, estaba disfrutando el paseo como de costumbre. A ella siempre le gustaba pasear por nuevos lugares. Le dimos la vuelta a una colina y atravesamos un bosque antes de entrar en el pequeño pueblo. La calle principal era angosta y tenía autos estacionados a ambos lados, lo que nos dejaba poco espacio para pasar. Cuando primero revisé la ruta, supuse que todo andaría bien, pero había habido un incendio.

La casa estaba junto a la calle, a menos de cinco pies de donde teníamos que pasar. Estaba totalmente destruida y todavía salía humo de ella. Había carros de bomberos a ambos lados, con los motores y las luces encendidas y bomberos que rociaban agua por todas partes para apagar los pequeños fuegos remanentes.

También había periodistas y cámaras de televisión, micrófonos y cables por todas partes. Era como si todos los habitantes del pueblo se hubieran reunido ahí a mirar. Helicópteros de los noticieros de televisión sobrevolaban el lugar, filmando desde el aire. La policía estaba tratando de dirigir el tráfico por la estrecha calle, que ahora parecía tener sólo seis pies de ancho: justo lo suficiente para un caballo que tiraba un carruaje de bodas.

Nuestro destino era la iglesia que estaba al otro lado de la calle, a unos quince pies de la casa incendiada. Toda el área estaba cerrada con vehículos y no había ningún lugar donde dejar a la novia. Me pregunté si Lynn iba a poder enfrentar todo este caos y comencé a dudar de si seguir adelante o no, para evitarle a mi yegua todo esto. "Un pequeño incendio en una casa... nada grave". ¡Ja¡

En cuanto vio lo que tenía delante, Lynn pareció crecer y volverse mucho más alta que las 17.2 manos que medía. Me imagino que sus ojos deben haber estado completamente abiertos, absorbiendo todo lo que estaba ocurriendo. Era como si yo pudiera oir claramente lo que ella estaba pensando.

¿Qué demonios es todo esto? Un olor raro. Enormes camiones. ¿Quién es ese hombre uniformado en medio de la calle y por qué está agitando esa tela color zanahoria? No creo que quiera estar aquí más tiempo.

Lyn dudó por un instante, pero siguió caminando, aparentemente fascinada por el hombre que estaba dirigiendo el tráfico con una bandera naranja. Le pedí que siguiera caminando, y eso hizo, pasando junto a los ruidosos carros de bomberos, los periodistas, los cables, la gente y los bomberos que estaban rociando agua. Todo el tiempo siguió adelante.

Cuando llegó donde el controlador de tráfico, se detuvo. El dejó de mover su bandera porque pensó que ella estaba asustada. *¿Asustada?* ¿Después de haber superado todas aquellas visiones y todos aquellos olores aterrorizantes? No, lo único que Lynn quería era ver si la bandera sabía bien. Cuando él se dio cuenta de lo que quería, se rió y dejó que oliera su bandera naranja. Obviamente, a Lynn no le gustó mucho, y siguió caminando por la calle atestada hacia la iglesia.

Durante todo el viaje, la novia y su padre se mantuvieron en total silencio. Llegamos a tiempo, nos detuvimos en el medio de la calle y el padre ayudó a la novia a bajar del carruaje.

En vez de subir las escaleras de la iglesia de inmediato, como supuse que haría, la novia se acercó al frente del caruaje a ver a Lynn. Ambas se quedaron mirándose. La novia le dijo a Lynn que era muy valiente y le dio las gracias por transportarla al momento más importante de su vida sin problemas. Luego extendió sus brazos alrededor del gran hocico gris de Lynn y le dio un beso en la frente. Lynn bajó su cabeza para permitirle a la novia hacer esto, intuyendo de algún modo que sus intenciones eran buenas.

Desenganché a Lynn en una callecita alejada del caos, dejé que se refrescara, y luego me marché, agradecido de que no había pasado nada malo.

Pocos días después, me llegó una noticia del Correo de que había un paquete para mí. El cartero no había podido meterlo en mi buzón. Cuando lo fui a recoger, me encontré con un enorme paquete dirigido a Lynn.

Dentro de la caja había cinco libras de zanahorias frescas y una nota. La joven amable que se había casado ese día no había olvidado el valor de Lynn. Había hecho arreglos para que Lynn recibiera zanahorias frescas una vez al mes durante un año, una caja mensual por cada minuto que Lynn la había llevado a través de aquel pueblo espantoso.

Estoy orgulloso de decir que Lynn comparte su regalo con los otros caballos, pero estoy aun más orgulloso de la valentía que demostró ese día. La mayoría de los caballos se habrían negado a seguir, demasiado asustados. Pero no esta yegua. Ella cumplió su misión con gran estilo y le regaló a una hermosa novia un bello recuerdo del día de su boda.

Kris DeMond

El deseo de Andy

La primera vez que lo vi fue a través de una pequeña ventana en un *trailer* de caballos. Sólo podía ver uno de sus ojos, pero cuando me miró, me caló el alma. Andy, un semental pura sangre, tenía dos opciones: o encontraba un hogar conmigo o iba a terminar convertido en alimento enlatado para perros.

Después de cuatro horas de manejar en silencio, llegamos a casa y yo no tenía idea de qué iba a hacer con Andy. No sabía qué esperar. Lo único que deseaba era poder enfrentar lo que me esperaba. Abrí la puerta oxidada del *trailer* y vi sus largas piernas embarradas de excremento. Estaba cubierto con una frazada de caballo que en algún momento debe hacer sido verde pero que ahora estaba totalmente manchada con orina y amarrada con cordel de atar pacas de heno.

El semental era el más orgulloso que yo haya visto y sentía un profundo odio hacia los hombres. Su mirada agresiva me dejó en claro que estaba listo para luchar por su vida. Noté que la frazada estaba casi incrustada en su piel. No tenía idea del tiempo que llevaba prisionero de sus amarras. Logré conducirlo caminando hasta el establo, mientras él alzaba la cabeza a toda su impresionante altura y anunciaba su presencia con un relincho, sin reconocer siquiera mi existencia.

Después de recuperarme del impacto de ver a un animal tan maltratado, me puse a pensar en qué hacer. Sabía que este semental necesitaba más de lo que mi experiencia podía ofrecerle. Lo puse en un establo cómodo, con un pequeño corral de ejercicio al lado, pero Andy pensaba que poder ver hacia afuera era la comodidad más grande de todas. Se pasó horas parado en una esquina del establo, fascinado con la vista de las montañas verdes que podía ver desde allí. Llenó sus pulmones con grandes bocanadas de aire fresco, disfrutando de una felicidad silenciosa que no estaba dispuesto a compartir con nadie.

Yo sabía que en el rancho de donde provenía lo habían guardado en un establo pequeño, completamente cerrado, donde su propio excremento le llegaba hasta las rodillas, y donde sólo tenía una pequeña ventana en lo alto de la pared para ventilación. Lo golpeaban a diario con una estaca de madera y le hacían soportar la tortura de sentir una cadena contra sus encías. El único momento en que lo sacaban de su cárcel era cuando el administrador del rancho necesitaba su esperma para embarazar a alguna yegua. Esa era la única razón por la que su vida importaba.

Tuve que tranquilizar a Andy para quitarle su frazada de tortura. Tuve que cortar el cordel con el que estaba atada y despegar la tela lentamente de la piel. Sus heridas eran horribles y me pregunté cómo se las iba a curar, considerando su claro odio por los seres humanos. Pero las heridas no eran mi preocupación principal. Este semental estaba tan desnutrido que yo podía ver cada hueso de su cuerpo, cubierto de llagas. Su pelaje, sin ningún brillo, se había teñido de verde y estaba recubierto de excremento seco. Tuve que cortar la mayor parte de su cola porque estaba totalmente enredada. A causa de esto, ni siquiera podía ya ahuyentar a una mosca. Le habían arrebatado la simplicidad de la vida de un caballo y ahora era mi misión hacer que pudiera recuperarla.

En las semanas siguientes, pasé horas en el establo de Andy, hablándole suavemente, tratando de ganarme su confianza. Al comienzo, ignoró todos mis intentos. Luego, lentamente, sus orejas empezaron a levantarse cada vez que oía mi voz. Para poder atender sus heridas, lo atraía a la cerca del corral con grano. Yo extendía entonces el brazo sobre la cerca y le echaba ungüento sobre las heridas abiertas. También logré cepillar poco a poco su pelaje y, con cada capa de sucio que quitaba, un brillo color cobre empezó a aparecer. Su mirada cambió de expresión y su hermosa cabeza me inspiraba cada vez que lo veía mirar hacia los cerros al atardecer.

Después de unos meses, Andy comenzó a recuperar su peso y pude imaginarme la elegencia del físico que debió tener de joven. Incluso durante su metamorfosis, era un espectáculo hermoso de ver. Me empezó a dejar cepillarlo todos los días y su mirada se volvió cada vez más tranquila. Sonreí cuando lo vi agitar su cola para espantar a una mosca y casi lloré al verlo retozar en su establo limpio, cubierto de virutas de pino. No importaba lo que le había ocurrido antes. Ahora estaba en su hogar.

Para mi sorpresa, este caballo, que había rescatado por un dólar, resultó ser un verdadero trofeo. Descubrí que Andy había sido un caballo de carreras, que había ganado varios clásicos del hipismo. Su padre era hermano del gran Norther Dancer y su madre era nieta del famoso Man o' War. Andy había sido criado y entrenado como caballo de carreras en la misma granja de la Florida de donde salió Affirmed. Había tenido una exitosa carrera en los hipódromos hasta que se rompió un ligamento en la rodilla y lo dejaron simplemente para reproducir.

Que haya terminado en mis manos fue un verdadero milagro. Desde que yo era niño y leí *El semental negro*, había soñado con ser dueño de un caballo de carreras. Parecía que el destino nos había reunido en una retorcida ironía de supervivencia.

Al trabajar con Andy, me di cuenta de que él me admiraba tanto como yo lo admiraba a él. El empezaba a relinchar en cuanto me oía entrar al establo y cuando yo salía, se paraba frente a la puerta de su establo, para verme alejarme al final de la jornada. Se ponía tan emocionado cuando yo me acercaba a rascarle la cabeza y las orejas, que mordía la reja para contener su emoción. El no sabía cómo manejar el afecto, y es posible que ésta fuera la primera vez en su vida que experimentaba ese sentimiento. Yo estaba feliz de darle lo que se merecía.

Hoy, Andy tiene la muy avanzada edad de 25 años y aún está lleno de vida. Ha progresado mucho. Todos los días, sus ojos me miran llenos de cariño. Me quiere tanto como yo lo quiero a él, y me lo demuestra con sus más dulces relinchos y resoplidos. No guarda ningún resentimiento. Gracias a mí, él perdonó a quienes abusaron de él. Ha tenido algunos hijos que son iguales a él. Andy me deja que yo cure sus heridas y rasque sus orejas. Su extraordinario espíritu brilla y me puedo imaginar lo extraordinario que debe haber sido en sus días de gloria. Gracias a él, escucho el sonido de las trompetas que anuncian una carrera, escucho el estruendo de las puertas del aparato que se abren al darse la largada y su galope poderoso al acercarse a la meta. Cuando cierro mis ojos, él hace que yo sueñe, y cuando él cierra los suyos, yo hago que se sienta totalmente seguro.

Vikki Marshall

Extraordinaria elegancia

En mi segundo día de trabajo en una granja de caballos en Woodford County, mi jefe se acercó a ver cómo me estaba yendo. "Cuando termines aquí", me pidió desde la puerta del establo que yo estaba limpiando, "anda al segundo corral a la derecha y trae a Extraordinaria Elegancia. Es ciega, así que ten mucho cuidado con ella. No necesita mucha comida, ya que no se mueve lo suficiente para perder peso. Sólo dale un poco de alimento, límpiale los cascos y dale un buen cepillado. Luego la puedes volver a sacar. Ella necesita algo que la mantenga entusiasmada todos los días".

Cuando terminé de cubrir el establo con virutas limpias, hice lo que él me había ordenado. Había visto caballos ciegos en otras granjas, pero jamás había cuidado a uno yo mismo. La mayoría de los caballos ciegos que yo había visto eran erráticos y nerviosos y acercarse a ellos daba un poco de miedo. Extraordinaria Elegancia era bastante grande y la idea de llevarla a través del estrecho pasillo me preocupaba un poco. Cuando llegué, ella estaba parada en el centro del corral. Al acercarme me di cuenta de que tenía una forma peculiar de doblar la cabeza hacia un lado, como si estuviera tratando de determinar mi ubicación girando la cabeza, para que el sonido de mis pisadas y de mi voz llegara a sus orejas en momentos distintos. La expresión de su rostro era de curiosidad, pero también de confianza.

Desaté su cabestro y la saludé. Luego comencé a andar hacia la puerta. Ella no dudó en seguirme. De hecho, avanzó hasta ponerse a mi lado y pegó su cabeza a mi hombro y mi brazo. De inmediato me di cuenta de que me estaba usando como guía, siguiendo los sutiles movimientos de mi brazo y mi hombro como una persona ciega seguiría a través de la correa los sutiles movimientos de un perro guía. No sólo eso, sino que en cuanto la toqué, se detuvo. Si yo le hacía presión, ella se alejaba. La mayoría de los caballos hacen todo lo contrario, pero Extraordinaria Elegancia había aprendido a confiar tanto en sus manejadores que hasta era capaz de seguir a un extraño.

De repente, ya no me preocupaba tener que cruzar la puerta con ella. La dejé en un lugar seguro junto a la cerca mientras sacaba la cadena para abrir la puerta. Con mi cuerpo, mantuve la puerta abierta y usé mis manos para guiarla con seguridad. Ella ni siquiera rozó la puerta al pasar. Durante todo el camino al establo, ella mantuvo su cabeza contra mi brazo, en exactamente la misma posición que un ciego sigue a un perro guía. En la granja, le di su alimento de recompensa. Luego la cepillé de pies a cabeza, le limpié los cascos y se los pinté con brillo especial, y finalmente la volví a sacar.

Al día siguiente, cuando volví a traerla para la misma rutina, me di cuenta de que ella se sobresaltaba si hacía algo en un orden distinto al del día anterior. Parecía haber memorizado mis movimientos para que éstos no la sorprendieran. En tanto yo hiciera las cosas en el mismo orden del día anterior, ella estaba tranquila. Si yo cambiaba mi rutina, ella se sobresaltaba. Desde ese día, hice las cosas en exactamente el mismo orden con esta yegua maravillosa.

Cuando mencioné su comportamiento a mi jefe, él dijo sonriendo: "Nos esforzamos mucho para lograr que ella actuara de esa forma".
Le pregunté cómo la habían entrenado.
"Bueno, sabíamos lo que iba a ocurrirle, así que tuvimos tiempo para prepararnos", me dijo.
"¿No fue siempre ciega?"
"No, ella tuvo una enfermedad progresiva en los ojos. Perdió la vista en un ojo y la mayor parte de la vista en el otro. Como sólo podía ver sombras, se ponía muy nerviosa y alterada. Pero era una yegua demasiado valiosa como para perderla. Tiene excelente sangre y ha dado a luz a varios caballos campeones. Su visión limitada la estaba molestando tanto que nuestro veterinario decidió que era mejor para ella dejarla completamente ciega, para que no viera monstruos y fantasmas en las sombras".

Mi jefe continuó: "Como tuvimos un poco de tiempo para prepararnos antes de la cirujía para dejarla ciega, pasé mucho tiempo tratando de encontrar una forma de facilitarle la transición. Como nunca la preñábamos hasta finales de abril, comencé por escogerle un corral situado entre el establo de monta y el de las yeguas madre, donde ponemos a las yeguas que se preñan tarde. El corral que escogí tiene acceso a ambos establos, con puertas convenientemente situadas, para que no haya que moverla mucho. Ella se queda en ese corral todo el año. Durane el verano, tiene mucha sombra y durante el invierno, la temperatura es agradable".

"Quería asegurarme de que no chocara con las cercas o contra el aguadero", agregó mi jefe. "Así que ordené a los trabajadores de mantenimiento que hicieran una franja de aviso de seis pies de ancho alrededor de cada obstáculo. Luego empecé a entrenar a la yegua, haciéndola caminar por el corral, dejando que sintiera la diferente textura de la franja de aviso bajo sus cascos y luego la dejaba tocar la cerca o el obstáculo. Pronto aprendió a parar en cuanto sentía la franja de aviso bajo sus patas".

"Eso fue muy inteligente", dije, verdaderamente impresionado. "He visto caballos ciegos que apenas se mueven o que caminan sólo en pequeños círculos en el centro del campo. Ella parece muy confiada".

"Esa era la idea", agregó él. "No quería que estuviera asustada. En lo último que trabajamos fue en su compañía. El resto de las yeguas se mueven de uno a otro lado de la granja durante el año, en la medida que cambian sus necesidades. Dan a luz en la unidad de potros, que se parece a una maternidad. Incluso tenemos nuestra propia unidad de cuidado neonatal junto a la oficina. Una vez que han dado a luz, van a los establos para yeguas madres. Cuando se llena el primero de esos establos, en lo alto del cerro, traemos a las otras al establo de acá abajo. Cuando los potros dejan de amamantar, los bebés se quedan aquí, en un terreno familiar y las yeguas se van a un campo al otro lado del camino, donde están demasiado lejos para escuchar el lío que arman los pequeños. Los potricos se quedan aquí hasta que cumplen un año y luego se van a granjas especiales para potros pura sangre de un año. Una vez que se van, las yeguas vuelven hasta que es el momento de volver a los establos de dar a luz".

"Supongo entonces que no podían darle otra yegua de compañera, porque ésta iba a necesitar viajar", deduje.

"Por eso, y porque teníamos miedo de que una yegua vidente la hiriera", me explicó.

Le pregunté qué habían hecho entonces.

"Le conseguimos una llama".

"Ah, sí, la he visto en un rincón del corral. Es grande y color café. Siempre parece estar asustada".

"Es un macho. Se llama Tipper y es el compañero de Extraordinaria Elegancia. No pasan tanto tiempo juntos, pero por lo menos ella no está sola".

"¿Y cómo hacen cuando ella pare?"
"El primer año, le pusimos una campanita al potro. Ella se adaptó muy bien. Fue incluso mejor madre de lo que era antes de perder la vista. Este año, planeamos usar otra yegua para que amamante al babé y así Extraordinaria Elegancia podrá descansar. Es un poco más difícil para ella porque no puede ver", me explicó.
"Ya han hecho un gran trabajo con ella. Es muy calmada y confiada en la gente".
"Bueno, hicimos todo lo posible de nuestra parte, pero lo que tú estás describiendo, eso lo aprendió ella sola".
Justo entonces, escuché el sonido de un galope. Cuando miré, vi a Extraordinaria Elegancia galopando por su corral. En su territorio familiar, se movía con la misma gracia de un caballo vidente. Cuando sus cascos pisaban la franja de aviso, desviaba su curso sin ninguna dificultad. ¡Qué adecuado era su nombre!, pensé. Gracias al esfuerzo de sus cuidadores y a su propia elegancia, ella había aprendido a lidiar con los obstáculos de su condición y a funcionar felizmente en un mundo sin luz.

Thirza Peevey

Un trabajo para Missy

Uno nunca sabe cómo se comportará un caballo hasta que no le pones encima una pesada carga.

Paul "Oso" Bryant

Dios mío, haz que esta yegua encuentre un hogar. Todo lo que necesita es un trabajo, recé, tratando de contener las lágrimas. Vi a Missy salir del ruedo de la subasta hacia los mataderos. Me eché la silla de montar al hombro y la seguí.

Missy era de un color negro intenso, con una pequeña mancha blanca en su talón derecho trasero. Su cabeza grande y sus anchas caderas hablaban tan claramente de su herencia de mustango como la marca del Buró de Administración de Tierras (BAT) debajo de su crin. La conocía desde hacía casi un año y me había conquistado con su resistencia y su espíritu trabajador. Originalmente, sus dueños me la habían traído, desesperados por que los ayudara a quitarle sus malos hábitos.

Le gustaba morder y patear. Era muy difícil atraparla, incluso en un corral. A veces corcoveaba y sólo una brida muy fuerte evitaba que se desbocara. Pero sus dueños decían que ella no siempre había sido así. Al comienzo,

Missy era fácil de manejar y parecía disfrutar que la montaran y la cuidaran. Llamé al programa de adopción de caballos salvajes del BAT para averiguar el resto de su historia. Había sido adoptada a los tres años por una familia que no sabía mucho de caballos. Era demasiado yegua para ellos, así que se la vendieron a un comerciante ecuestre, que la mandó a entrenar para cuidar vacas. Mostró excelentes resultados y trabajó muy duro, y el comerciante pensó que llegaría a ser un buen caballo de monta.

¿Entonces, qué había pasado con esta yegua? Incluso con un mal manejo en sus primeros años, no debería haber adoptado hábitos tan malos como los que estaba exhibiendo años más tarde.

Yo trabajaba en un sitio de subasta de ganado, donde usaban caballos para ayudar a mover las vacas del corral de los vendedores al de las subastas y luego al de los compradores. Es un buen lugar para conocer la madera de un caballo. Hay altavoces, gente corriendo, vacas moviéndose por todas partes, espacios apretados y otros caballos, y todo eso le enseña mucho, y rápidamente, a un caballo joven. La llevé al trabajo y la monté. Su entrenamiento previo se hizo evidente de inmediato. Ella detenía a las vacas con movimientos rapidos y no temía lanzarse a los pasillos atestados de potros. Incluso recordó enseguida la forma de ayudarme para que yo pudiera abrir las puertas sin desmontarme. Yo estaba impresionado. La mayoría de los caballos encuentran totalmente abrumador el trabajo de los centros de subasta.

Llamé al dueño y le di mi informe muy favorable de la yegua.

"Móntala más tiempo. Ella se vuelve mala si uno la monta mucho tiempo", me dijo.

En la siguiente venta, la monté durante once horas, con sólo unos cuantos minutos para beber y un descanso de 30 minutos para comer. Missy jamás disminuyó el paso. Le encantaba perseguir vacas. Finalmente, me sentí mal de montarla tanto tiempo, cuando era obvio que ella no iba a causar problemas, así que me cambié de caballo. Durante el resto de la subasta, Missy trató de perseguir vacas desde el otro lado de la cerca e ignoró su alimento y agua.

La siguiente mañana, cuando comencé a agarrar caballos para traerlos de vuelta a la subasta, Missy se acercó corriendo a la reja.

"Trabajaste muy duro ayer", le dije. "Hoy no tienes que ir".

Missy relinchó y golpeó la reja con las patas. Cuando pasé cerca suyo con otros dos caballos, ella demostró su descontento embistiendo la cerca. Me dio miedo de que se fuera a herir, así que agarré un cabestro. Normalmente, se requería de mucha astucia y tiempo tiempo para atrapar a Missy, pero esa mañana se paró dócilmente junto a la puerta y rápidamente pasó su nariz por el cabestro. Miró con ansiedad el remolque y subió en él en cuanto la puerta se abrió.

Sorprendido, cerré la puerta y me dirigí al pueblo. Pensé que ella podía quedarse atada durante la subasta y descansar.

Pero Missy se negó a quedarse tranquila atada a un poste. A través de la cerca, trataba de morder a las vacas y abrió un foso alrededor del poste donde estaba atada, de tantas vueltas que dio. Casi logra romper la cuerda que la sujetaba con sus dientes. Cuando se puso a patear a los demás caballos, me rendí. Missy se quedó tranquila mientras la ensillé, pero casi me pisa las talones cuando la conduje hacia el callejón.

Las largas horas de trabajo consumían la grasa de su cuerpo y reforzaban los músculos de sus caderas. El trabajo también le desgastaba las herraduras. Missy se quedaba tranquila mientras la herraban de nuevo. Jamás hizo el menor intento de patear al herrero.

Mientras Missy estaba trabajando, estaba feliz. Pero si tenía una semana libre, de inmediato su actitud empeoraba. Sus genes de mustango le daban una estámina enorme, pero era su propio espíritu el que la impulsaba a trabajar tanto. Si yo montaba a Missy, necesitaba sólo dos caballos, mientras que todos los demás necesitaban tres o cuatro. Su espíritu de trabajo se ganó la admiración de los otros vaqueros en la subasta.

Seis meses después, la mandé a casa. De inmediato, hizo una regresión a sus malos hábitos de antes. Ella odiaba los paseos cortos por placer. Sus dueños no podían atraparla. Volvió a patear, a corcovear y a escaparse. Estaba peor que nunca.

La mandaron de vuelta. Ella se reunió conmigo en la puerta y puso su nariz a través del cabestro, lista para trabajar. Traté de usarla para el trabajo diario en el rancho, ya que pensé que quizá eran los espacios abiertos los que le causaban problemas. Missy trabajó todos los días sin poner problemas. Hice que otra gente la montara en las subastas, pensando que a lo mejor su actitud se debía a que se había encariñado conmigo. A ella no le importó. Mientras estuviera trabajando, le daba lo mismo quién la montaba. Llamé a los dueños y les expliqué que lo que Missy necesitaba era un trabajo que la exigiera todos los días. Ella nunca sería una yegua para recreación. Pero los dueños no estaban interesados en las duras faenas de un rancho ni en carreras de resistencia.

"Véndala entonces", me dijeron.

Yo no tenía dinero para comprar otro caballo y es raro que alguien pague mucho por un mustango, especialmente en tierras de rancheros. Deprimido, la llevé al ruedo de subastas. Ella hizo una demostración impecable, pero el único interesado en Missy fue el comprador de la fábrica de comida de perros, que ofreció 350 dólares por ella. Me sentí terrible mientras la vi salir del ruedo.

Traté de olvidarme de Missy, pero cada vez que tenía que lidiar con algún caballo perezoso y sin coraje, me acordaba de ella.

Casi un año después, me encontraba arreando ganado en un gran rancho cuando otro vaquero empezó a hablarme de un chico vecino suyo y de su caballo.

"¡Jamás he visto un caballo así!", me dijo. "Es increíblemente fuerte. Chris tiene sólo once años, pero es un azote con los caballos. Nunca pensé que iban a encontrar un caballo que resistiera a Chris, pero encontraron este mustango en el matadero, y pagaron muy poco por él. Ese chico debe montarlo diez horas al día. Cuando no está en la escuela, está montando. El otro día, lo vi a quince millas de su casa, camino al pueblo. Me dijo que iba al pueblo a pasar la noche en la casa de un amigo. Y su yegua negra estaba feliz, con las orejas paradas, sin agitarse ni siquiera un poco". El vaquero meneó la cabeza con admiración.

Mi corazón dio un salto de emoción. "¿Y esa yegua, tiene alguna mancha blanca?", le pregunté.

"Tiene un lunar blanco en su pata trasera. Aparte de eso, es totalmente negra. ¡Qué caballo tan increíble!".

Lynn Allen

4

LOS CABALLOS COMO CURANDEROS

Los caballos cambian vidas. Le dan confianza y autoestima a los jóvenes. Le dan paz y tranquilidad a las almas atormentadas. Nos dan esperanza a todos.

Tony Robinson

Lo tengo, papá

Hay sólo dos tipos de personas en el mundo: los que aman a los caballos y el resto.
En mi familia, yo era el que adoraba los caballos. A mi hermana le gustaba bailar, mi mamá prefería ir a jugar bolos y mi padre era golfista. Mi hijo, Caton Ryder, también ama a los caballos.
Caton nació en Clemens, California, en 1983. Poco después de su nacimiento, nos dimos cuenta de que algo andaba mal. Lo llevamos al pediatra, quien dijo que era sólo estrabismo. Es decir, que sus ojos estaban ligeramente cruzados. "Su cráneo está un poco deformado", continuó el doctor, "lo que le ocurre a veces al bebé durante un parto difícil".
Su madre y yo seguimos preocupados, así que llevamos a nuestro hijo a otros médicos. Finalmente, fue un oftalmólogo quien nos dijo que su problema no era de vista. "Hay algo definitivamente más grave", aseguró.
Inmediatamente llevamos a Caton, que tenía tres meses, al Hospital Infantil de Oakland. Cuando llegamos, nuestro hijo ya estaba en coma. Resultó que tenía una enfermedad llamada hidrocefalia, o exceso de líquido en el cráneo. El ducto que normalmente va al sistema circulatorio está cerrado, así que el líquido entra a la cavidad craneana y no

LOS CABALLOS COMO CURANDEROS 159

tiene forma de salir. La consecuencia típica es daño cerebral y pérdida de habilidad mental. La solución a este problema, nos dijeron, era implantar de inmediato un conducto de desvío desde el cráneo hasta el área peritoneal del abdómen. Después de muchos exámenes y pruebas, los médicos nos dijeron que si Caton sobrevivía la noche, probablemente jamás podría hablar o caminar, y con certeza tendría serios problemas.

Caton sobrevivió esa noche y al crecer tuvo que superar gran cantidad de cirujías, incluyendo una al cerebro y otra a la vista. Cada día, la vida se volvió más preciosa para él y las cosas empezaron a mejorar.

Caton siempre ha sido alto y hoy, a los 20 años, mide seis pies y cuatro pulgadas, y pesa aproximadamente 230 libras. Creo que la combinación de ser tan grande y tener ciertos problemas físicos y mentales ha creado una situación interesante en su desarrollo. Me parece que en vez de hacer cosas en un orden que parece más normal (como gatear y después caminar), Caton se volvió bueno en detalles que requieren habilidad motora fina, antes que en otras más comunes. Se volvió más diestro que móvil.

Cuando Caton empezó a caminar, se caía mucho y se demoraba mucho rato en llegar a cualquier parte. A veces, empezaba a caminar hacia el norte y terminaba llegando al oeste. Pero desde que era muy pequeño, yo lo ponía en la silla, frente a mí, y montábamos juntos. Eso le dio una sensación de ritmo y movimiento, y al sentirse "alto en la silla", podía fijar la vista en algo a la distancia. Con el tiempo, Caton terminó ganando mucha confianza hasta que fue hora de que montara solo.

En esa época, yo tenía un caballo excelente llamado Sparky con el que me llevaba muy bien. Yo usaba muchas órdenes verbales por entonces para enseñar a los caballos a caminar, trotar, saltar, galopar y doblar, así que yo sabía que Sparky iba a estar concentrado en mí, aunque fuera Caton quien lo montaba.

Recuerdo la primera vez que puse a Caton sobre Sparky. Amarré a mi hijo a la silla con un cinturón de seguridad y los conduje hacia el corral. Me sorprendió lo equilibrado que estaba Caton. Era como si su sentido del orgullo por un logro sobrepasara fácilmente cualquier dificultad física. Su equilibrio era extraordinario, y lo es hasta el día de hoy.

Durante semanas, caminé varias millas al lado de ambos, sosteniendo a Sparky. Luego, monté otro caballo y cabalgué junto a ellos en el corral, haciendo figuras ocho, giros y paros. Después de hacer esto durante meses, los dejé solos en el corral. Sparky siempre mantenía una oreja atenta a mis órdenes.

Caton podía controlar el caballo bastante bien, pero no lograba hacer que Sparky echara a andar sin mi ayuda. Entonces, un día Caton tuvo una epifanía. Como padre orgulloso, no he olvidado ese momento.

A Caton se le ocurrió que si podía traspasar sus pensamientos desde su cabeza a su cuerpo, y hasta sus piernas y pies, entonces el caballo lo sentiría y lo obedecería. Caton empezó a pensar cosas que produjeron acción. Observar este proceso fue impresionante. El caballo levantaba una pata y la bajaba y los dos avanzaban un poco. Caton y Sparky ahora lograban avanzar por el corral sin mi ayuda.

Rápidamente, el proceso era predecible: Caton sonreía, pensaba, mandaba sus pensamientos a sus pies y Sparky avanzaba unos cuantos metros, se detenía frente a la cerca y se daba vuelta. Se había formado una conexión, una relación y comprensión entre humano y caballo.

En este momento, Caton empezó realmente a "despertar". Antes le demoraba varios minutos atravesar el corral a pie, pero ahora lo podía hacer en un minuto gracias a la relación con Sparky. Algo especial había ocurrido y yo

LOS CABALLOS COMO CURANDEROS 161

sabía que el responsable era el caballo. Montamos juntos cada vez más, Caton amarrado a la silla con su cinturón. El ya quería alcanzar otros logros con los caballos y, cosas del destino, el teléfono sonó un día para facilitar sus deseos. Recibimos una invitación al Rancho Francés, en Salinas, que era administrado por nuestros amigos Hira y Corinne Reed. Ya era tiempo de juntar las vacas y terneros para marcarlos y los Reed necesitaban ayuda. Caton, que ya tenía seis años, estaba ansioso por ir. ¡Estaba tan emocionado por poder presenciar su primera verdadera faena de vaqueros! Así que cargamos los caballos y nos lanzamos a la carretera, los dos vaqueros y sus fieles montas.

Nos quedamos a dormir esa noche en el barracón de los peones, como lo hubiera hecho cualquier vaquero que se respetara a sí mismo en las películas del Oeste. Nos levantamos muy temprano al día siguiente, a las cuatro de la mañana, cuando el cielo todavía estaba oscuro, aunque el olor a café recién colado ya llenaba el aire. Caton se vistió rápidamente y se puso su atuendo de vaquero. El voluntarioso pequeñín estaba listo para montar. Caminamos hasta la casa y apuramos un típico desayuno de vaquero, que incluía frijoles, tocino, huevos y las mejores galletas con mantequilla caseras que haya probado jamás un vaquero.

Nuestros dos caballos se acercaron a la puerta del corral, listos para comenzar la faena. Ensillé a Sparky y aseguré a Caton en la silla. Los acompañé un buen rato sobre mi caballo entre dos majestuosas colinas. Cerca de una hora después, comenzó a amanecer, y Caton me dijo: "Lo tengo, papá". Lo dejé solo, después de una rápida oración. Ya podíamos ver las vacas y los terneros. Cuando nos acercamos, las vacas comenzaron a llamar a sus crías con sus bramidos. Logramos reunir a la manada con bastante rapidez y hacerla avanzar en la dirección correcta, para comenzar nuestro recorrido de cuatro millas. Caton, y yo, junto a unos cuantos vaqueros, teníamos un grupo grande delante de nosotros, tal vez 300 ó 400 vacas con el mismo número de terneros.

Caton se movía de un lado a otro, ayudando en lo que podía. Era una hermosa mañana de primavera en las colinas de California y yo estaba muy orgulloso de ver montar a mi hijo de aquella manera. Había un pequeño grupo de terneros, unos 30 de ellos, llamando a sus madres con sus berridos.

"Caton, ve hasta allí y trae a esos becerros", le dije a mi hijo.

Hizo un trabajo perfecto. En vez de ir directamente hacia ellos, cabalgó alrededor del cerro, para no asustar a los terneros.

Caton rodeó a los becerros, se golpeó la pierna un par de veces y gritó: "¡Jiaaá! Vamos cachorros, es su mala suerte y no la mía". No existía una canción más apropiada para la faena en el repertorio de los vaqueros y que hubiera recordado la letra me asombró. Ese momento está clavado en mi memoria como si hubiera ocurrido ayer.

Eso pareció el comienzo del comienzo.

Desde entonces, Caton ha sido un buen jinete y frecuentemente llama la atención durante mis demostraciones. Ha aprendido a nadar, montar una bicicleta, esquiar, jugar básquetbol, y muchas otas cosas. Maneja todo en el rancho –hasta a su papá– y ya está aprendiendo a conducir el auto.

He atesorado esta historia en mi corazón durante veinte años. Los caballos son los amigos que le abrieron la puerta a mi hijo, le dieron oportunidades y lo transformaron. Por eso, estoy profundamente agradecido.

¡Que el caballo esté contigo!

Pat Parelli

Crisálida

Un caballo proyecta los sueños de las personas: es fuerte, poderoso, hermoso y tiene la capacidad de hacernos escapar de nuestra vida mundana.

Pam Brown

Ellen era una niña gorda. No siempre fue así, pero cuando estaba en la mitad de la escuela primaria, su falta de coordinación y espíritu competitivo la había convertido en el hazmerreír de sus compañeras más atléticas. En todos los juegos, Ellen era siempre la última en ser seleccionada. La última en ser seleccionada para el kickball, porque no podía atrapar la pelota ni correr. La última en ser seleccionada para el badminton, porque nunca logró golpear la pajarita sobre la net. La última, en suma, hasta para los juegos más simples que hasta un bobo podía jugar.

Cuando llegó a la secundaria, las cosas empeoraron. Ahí tenía clases de educación física de verdad, en vez de simples juegos de recreo, y cada día Ellen sufría la vergüenza de no poder encestar una pelota de básquetbol, de no poder saltar una cuerda sin enredarse en ella o de ni quiera poder realizar una voltereta respetable.

Así que para consolarse, ella se puso a comer.

Cuando comenzó la secundaria, a los catorce años, Ellen pesaba casi 200 libras, y medía sólo cinco pies y cinco pulgadas.

Todos los esfuerzos de su familia para ayudarle a perder peso fracasaron.

Ella dejaba las ensaladas que su madre le preparaba, rechazaba las invitaciones de su padre de salir a caminar e incluso ignoraba las advertencias de su hermana, que le decía que así de gorda jamás encontraría un novio.

Ella simplemente no se dejaba ayudar por la familia, y se sentaba con una caja de galletas dulces o una bolsa de papitas fritas y se ponía a leer durante horas en su cuarto.

Más que nada en el mundo, le gustaba leer sobre caballos. Y eso fue lo que le dio una excelente idea a su padre.

"Hay una mujer en mi trabajo que está buscando alguien que la ayude en el establo, alguien que alimente a los caballos, limpie los establos y haga tareas de ese tipo", le dijo una noche su padre. "Le dije que tú podrías estar interesada".

"No va a querer contratarme", le replicó Ellen.

"¿Por qué no?"

"Porque nunca he tocado siquiera un caballo"

"Se lo dije", respondió su padre. "Pero también le conté que has estado leyendo sobre caballos toda tu vida. Y ella está dispuesta a enseñarte todo. Además ha ofrecido pagarte el sueldo mínimo y dejarte montar cuando quieras".

¿Montar? El corazón de Ellen empezó a latir más rápidamente. ¿Alguien le estaba ofreciendo de verdad la posibilidad de montar un caballo real?

No seas tonta, le susurró una voz interior. *¿No le había advertido su papá a esa mujer que su hija era una bola de manteca* *que no podía siquiera mantener el equilibrio sobre una bicicleta? Imposible que pudiera tener la fuerza o la coordinacion necesarias para montar un caballo.*¡Y pobre del animal que tenga que llevar todo ese peso en su lomo!

"Le dije que ibamos a ir el sábado en la mañana a verla", concluyó el padre.

No pudo negarse.

Pat Cunningham vivía en una pequeña granja no muy lejos del pueblo. Vestida de jeans y botas de vaquero, estaba esperando a Ellen y a su padre cuando estacionaron en la entrada cubierta de gravilla.

"Así que tú eres la niña que ama los caballos", le dijo sonriendo a Ellen. Y enseguida, tomándola de la mano, agregó: "Vamos, déjame que te muestre".

La llevó al establo y le señaló una carretilla y un tridente. "Todos los días, estos establos tienen que ser limpiados y luego rociados con aserrín. Hay que fregar los baldes de agua y alimento y volver a llenarlos, y revisar las puertas y las rejas. ¿Creees que puedes hacerlo?"

"Ah . . . cre . . . creo que sí", tartamudeó Ellen.

"Muy bien", respondió Pat. "El autobús de la escuela pasa por aquí todas las tardes. Cuando termines, te puedo llevar a casa en mi camioneta".

"¿Y dónde están los caballos?", preguntó Ellen tímidamente.

"¡Claro, los caballos!". Pat emitió un largo silbido y en unos segundos aparecieron dos hermosos caballos que se asomaron a la puerta del establo.

Pat se los presentó: "Este es Trueno, pero no te asustes por su nombre. Es gentil como un cordero. Y la dulce yegua a su lado se llama Buttermilk. ¿Cuál quieres montar primero?"

Antes de que Ellen pudiera protestar, Pat había amarrado los caballos a un poste.

Le enseñó a Ellen cómo levantarles las patas y usar una

herramienta para sacarles las piedras y virutas de madera de sus herraduras. Le enseñó también a cepillarlos y a sacarles los bichos de sus crines.

Finalmente, le mostró cómo ponerles una frazada, la silla y la brida.

"Me gustaría que montaras por lo menos a uno de ellos cada día. Ojalá a los dos, si tienes tiempo. Ellos realmente necesitan ejercitarse", le dijo Pat.

Ellen sintió lágrimas en sus ojos. ¿Cómo le podía decir a esta mujer tan amable que ella no era más que una niña gorda, que no tenía la menor idea de cómo montar un caballo?

"Yo nunca... nunca he montado un caballo de verdad. Lo único que he hecho es leer sobre ellos", dijo por fin.

"Bueno, entonces ya es hora de que aprendas", le respondió Pat. "Párate aquí junto a Buttermilk y pon tu pie izquierdo en el estribo. Luego impúlsate con el pie derecho para subirte a la silla".

Pero, por más que lo intentó, Ellen no lograba levantar la pierna lo suficientemente alto como para llegar al estribo.

"Espera un segundo", le dijo Pat. "Súbete a este cajón". Pat acercó el cajón y ayudó a Ellen a montar sobre el ancho lomo de la yegua.

"Debes recordar un par de cosas", le advirtió. "Mantén los talones abajo. Las manos en las riendas. Y relájate. La idea de esto es que sea divertido. Ahora sígueme".

Pat montó a Thunder y se dirigió hacia el pastizal. Buttermilk la siguió, montada por Ellen, que apretaba las riendas tan fuertemente que sus dedos comenzaron a ponerse blancos por falta de circulación.

Pero no pasó mucho tiempo antes de que comenzara a relajarse. Pat tenía razón. Esto era divertido. De hecho, Ellen no recordaba la última vez que lo había pasado tan bien.

Pat le mostró a Ellen cómo pasar de un paso ligero a un

trote y le prometió que iba a poder hacer u[n]
en poco tiempo. "Tienes talento natur[al]
"Tuvimos mucha suerte de encontrarte".
Así que Ellen empezó a trabajar en el establo. Todos lo[s]
días, después de la escuela, limpiaba establos, lavaba
baldes y barría el piso. Después de acabar sus tareas,
montaba. Algunas veces a Buttermilk. Otras, a Trueno. En
los mejores días, los montaba a ambos.

Con el paso de los días, las semanas y los meses, Ellen,
la niña gorda, se convirtió poco a poco en Ellen, la equitadora. Su gordura desapareció y se convirtió en músculo; su
falta de coordinación, en gracia. Irradiaba una confianza en
sí misma que era evidente a todos los que la rodeaban.

Casi al final del año escolar, una niña regordeta se sentó
junto a Ellen en el autobús de la escuela.

"Me llamo Stacy", le dijo con timidez. "Supe que trabajas con caballos. ¿Necesitas un ayudante? Nunca he montado, pero he leido mucho sobre caballos".

"¿Por qué no te bajas aquí conmigo y hablamos con mi
jefa?", le propuso Ellen con una sonrisa. Estaba segura de
cuál iba a ser la respuesta de Pat:

"Tenemos mucha suerte de haberte encontrado, Stacy.
¿A quién quieres montar primero, a Trueno o a Buttermilk?".

Jennie Ivey

¡Oiga, señora!

"Oiga, señora, ¿puedo pasear a Tostada?", dijo una pequeña voz desde la oscuridad a mis espaldas.

Di un salto y me raspé los nudillos con la puerta que estaba abriendo.

Me di vuelta y busqué en la oscuridad. Una silueta pequeña y encorvada era apenas visible a la luz de un farol distante.

"Juanito", le dije, "¿qué estás haciendo aquí tan tarde? Tu mamá debe estar preocupada".

El niño, que vivía en un complejo de viviendas públicas aproximadamente a media milla de los establos que yo administraba, me miró y me dijo: "No, ella está en la cárcel. ¿Puedo pasear a Tostada?".

Yo había visto a Juanito paseando por el establo los fines de semana. Era un niño pequeño y regordete, que caminaba con los hombros encorvados y la cabeza gacha. Siempre miraba al suelo y ni siquiera si uno le hablaba, te miraba a los ojos. Jamás respondía ninguna pregunta.

Sin embargo, sí le hablaba a los caballos en los establos. A ellos parecía caerles bien esta personita y sacaban sus cabezas por las puertas para olerlo y tocarlo. La mayor parte del tiempo, él se quedaba quieto y dejaba que los caballos lo tocaran con la nariz. En muy pocas ocasiones, él les acariciaba suavemente el hocico. Cuando hablaba, Juanito lo hacía con dificultad. La mayoría de las veces, se alejaba cuando alguien se le acercaba. Síndrome de alcoholismo fetal, era el término que había escuchado de profesionales que mantenían sus caballos en el establo.

"Oiga, señora", dijo el insistente niño, "¿puedo pasear a Tostada?".

"Claro, Juanito", le dije y abrí la puerta para ensillar a mi yegua angloárabe, Misata.

Juanito había venido a visitarla unas cuantas veces cuando yo estaba en la granja y en una de esas ocasiones había juntado el valor para preguntar su nombre. No podía pronunciar Misata, así que la llamaba con un nombre que él sabía. Para Juanito, ella se llamaba Tostada.

Esa noche, la yegua, que normalmente era energética y un tanto nerviosa, caminó con su cabeza agachada junto a esta personita que sujetaba firmemente la cuerda con sus manos. Yo sujeté el otro extremo un tanto tensa, pensando que ojalá Misata se portara bien.

Misata estaba en excelente forma, pero era un caballo difícil incluso para los jinetes más experimentados. Su competencia favorita era el de disfraz árabe, en el que ella corría libremente por toda la arena, con campanas y cintas, y trataba de ganarle a todos los otros caballos.

Esa noche, ella salió calmadamente y le pasé la cuerda, por el medio, al niño.

Puesto que caminaba mirando al suelo, como siempre, Juanito no podía ver hacia dónde iba en la oscuridad y tropezó. Misata, a la que normalmente había que tirar para que parara, se detuvo de inmediato.

"Mira hacia arriba, Juanito", le dije suavemente, aliviada de que Misata no se hubiera asustado ante el repentino movimiento.

Juanito me ayudó a terminar mis tareas, y luego lo llevé a la estación de policía, donde un oficial joven le habló tiernamente y le encontró un lugar donde dormir.

El sábado siguiente, cuando yo estaba limpiando los establos, una voz pequeña susurró: "Oiga señora, ¿puedo ayudar?". Juanito estaba en la puerta, mirando al suelo.

"Te hago un trato", le dije. "Si limpias esos baldes de agua, te dejo sentarte en Tostada". Por primera vez, Juanito me miró a los ojos y me dijo: ¿En serio?".

El se puso a trabajar arduamente con un cepillo. De pronto, saltó agua de uno de los baldes a la cara del niño. La personita empezó a decir palabrotas que me hicieron ruborizar.

"Juanito, así no hablamos en mi granja", le dije.

"Mi profesor me deja", respondió él sin mirarme a los ojos.

"Bueno, pero en mi granja jamás hablamos así. Si quieres hablar de esa forma, vas a tener que irte".

Juanito jamás volvió a decir una palabrota, ni cuando se cayó, tropezó o se golpeó.

Cuando terminó de lavar los baldes, saqué a Misata de su establo. Ella salió tranquilamente y se quedó parada mientras Juanito le cepillaba el cuello y las patas delanteras.

La yegua, que jamás se había quedado quieta cuando yo tenía que montarla, estaba absolutamente inmóvil cuando yo me dispuse a poner al niño en su lomo. El estaba tieso, como una estatua.

"Juanito, ¿quieres montar?", le pregunté.

Mirando al suelo, asintió.

"No puedes montar un caballo a menos que mires hacia arriba y te sientes derecho", le dije. "Si miras hacia el suelo, vas a terminar en el suelo".

El niño miró al caballo, que estaba parado tranquilamente sólo por él, y luego me miró a mí. "Bueno", me dijo.

Lo monté sobre Misata y él, instintivamente, se puso en posición fetal y empezó a deslizarse hacia un lado. La yegua cambió su posición, para mantener al niño sobre ella.

"Siéntate derecho", le recordé.

El miró hacia adelante, se agarró firmemente a la gruesa crin gris de la yegua y sonrió. Era la primera vez que yo había visto una sonrisa en ese rostro de ocho años.

Esa fue la primera de muchas veces que montamos ese verano. Juanito se cayó varias veces, mientras aprendía la importancia de sentarse derecho. La yegua paraba cada vez, esperando que el niño se volviera a subir a su espalda, que le ofrecía solícita.

"Quieta, Tostada", él le decía, mientras la ponía junto a una cerca para poder volverse a subir. Por él, la yegua se quedaba quieta.

El ascendió de limpiar baldes a limpiar establos. Quería ganarse la responsabilidad de cada minuto que pasaba con Tostada.

Trabajaba en el establo y montaba casi todos los días. Al cabo de un tiempo, empezó a caminar erguido y a mirar a la gente a los ojos.

Finalmente, en agosto, un orgulloso niñito montó a su Tostada en el desfile del pueblo. La yegua blanca y alta que se abrió paso lentamente por entre la banda y los globos no era Misata, mi salvaje caballo de exhibición, sino el tranquilo apoyo equino de un niño que tenía muy poco más en el mundo.

Jeanette Larson

Los jueves son especiales

Frecuentemente pienso que los niños y los caballos tienen la mayor parte del buen sentido que existe en el mundo.

Josephine Demott Robinson

Algunas veces, él llegaba un jueves y ni siquiera lograba salir del auto a causa de las convulsiones. Aun así, venía todas las semanas.

Quienes lo cuidaban decían que él sabía cuando era jueves, aunque sabía muy pocas cosas, y no podía comunicar cómo lo sabía. El podía ver, pero no hablar y ni siquiera era capaz de sentarse solo. Pero sabía que ése era su día para ir a montar. Sólo tenía diez años y no vivió mucho más.

Pero su historia, que incluye caballos y equitadores que lo hicieron sonreír y esperar ansiosamente un día a la semana, debe ser contada.

Han pasado muchos años y muchos niños se han beneficiado de varios programas terapéuticos ecuestres. Pero ninguno me ha emocionado tanto como este niño. El necesitaba un caballo tranquilo y que tuviera paciencia con su falta de habilidad para balancearse y para entender la necesidad del niño de ocasionalmente esconder su cabeza en la crin del caballo e inhalar su aroma. Teníamos varios caballos maravillosos que cumplían con esos requisitos.

Un voluntario ayudaba al niño a subirse a la silla, otro controlaba el caballo y otro caminaba a su izquierda, para ayudarlo a mantener el equilibrio y servir como su instructor del día. Cualquier logro, sin importar cuán pequeño fuera, era reconocido y recompensado. Si sonreía, trataba de mover la mano o la pierna en la dirección correcta o incluso si ponía atención al instructor o al caballo, todos estos eran considerados logros.

Una semana, él estaba muy animado. Esto fue después de varias semanas en que él estuvo demasiado enfermo para venir o había tenido convulsiones en el auto que lo habían hecho perder su clase con los caballos. Pero ese día, estaba sonriendo y parecía alerta y feliz.

Estábamos parados, esperando que ayudaran a montar a otro jinete, cuando mi pequeño alumno me tocó el pelo. Yo tenía la mano en su pierna, así que sabía que él estaba equilibrado, aunque no lo estaba mirando. Me di vuelta y me di cuenta de que me estaba tratando de decir algo. El caballo se quedó quieto, como si entendiera que cualquier movimiento iba a confundir o distraer a su jinete.

Le pregunté qué quería. Era inusual que él tratara de tocar a alguien, o incluso que controlara sus manos lo suficiente como para intentar hacerlo. De nuevo tocó mi pelo, como a veces lo hacía con el caballo.

Me di cuenta de que mi cabello largo estaba tomado en un moño y que él quería que me lo soltara. Quizá quería verlo, como la cola del caballo al frente de nosotros, libre y en movimiento. O quizá otros días él me había visto con el pelo suelto y ahora le parecía distinto. Por la razón que fuera, él quería que me soltara el moño, así que eso hice. Me miró, juntó las manos un par de veces como lo hacía cuando quería aplaudir y me sonrió.

Aprobación.

Nuestra lección continuó y él pareció disfrutar más ese día que cualquier otra ocasión que yo recordaba. Se inclinó hacia mí y yo acerqué mi cabeza, para que me pudiera tocar el pelo mientras caminábamos.

Yo no sabía, mientras veía cómo el cuidador lo llevaba de vuelta al auto, que ésa era la última vez que lo iba a ver. El faltó varias semanas y yo volví a la universidad. Meses después me enteré que había muerto poco después de nuestra clase.

En vez de llorar, me lo imaginé en el cielo, corriendo hacia su caballo favorito, sin tener que esperar a que fuera jueves o a que alguien lo ayudara. El y su caballo cabalgaban por las nubes, él riendo y la cola del caballo agitándose libremente al viento.

Hay un cielo para los caballos y para los niños que saben el día en que montan, aunque no sepan mucho más. Estoy agradecida de haber visto ese deseo y por entender que Dios nos dio caballos y pequeños niños y que no todos son iguales, ni deberían serlo.

Kimberly Graetz Herbert

Un día de playa

Dios tomó un puñado de viento del sur, sopló sobre él y creó al caballo.

Leyenda beduina

"Tenemos que ir a la playa", dijo Martha. Ella tenía razón. Más que nada, en ese momento necesitábamos ir a la playa. Eramos tres amigas, en la mitad de la vida, viviendo en los suburbios de clase media, con caballos. Habíamos montado juntas durante años y no teníamos intención de dejar de hacerlo.

Martha era la mejor jinete. Era alta, ágil y fuerte. Su rostro estaba bronceado y sus ojos brillaban de emoción. Tenía los recursos para comprar los mejores caballos y el talento y la voluntad para sobresalir en las competencias. Su caballo se llamaba Marte, y con Martha montándolo, su cuerpo musculoso brillaba y se tensaba.

Kerry era una mujer sin miedo, con voluntad de hierro y opiniones fuertes. Era capaz de echarse al hombro un saco de 50 libras sin mayor esfuerzo. Toda su vida la había pasado con caballos y tenía la solución a cualquier problema relacionado con ellos. Ella montaba a Shasta, una gran yegua Hanoveria moteada con una actitud similar a la de Kerry. Shasta era inteligente (demasiado inteligente para mi gusto) y sabía cuáles eran sus limitaciones.

Yo era la más ocupada de las tres. Trabajaba duro, criaba a dos hijos y estaba involucrada en un montón de actividades comunitarias. Había pasado toda mi vida adulta tratando de reservar algunos momentos libres para montar. No tenía un caballo, así que siempre estaba tratando de convencer a alguien para que me prestara el suyo. No era la mejor jinete del grupo, pero sí la más relajada. Cuando tenía tiempo para montar un caballo, sentía una paz absoluta. Había estado montando a Cort, un bayo muy trabajador que pretendía, sin convencer a nadie, que odiaba a todos los humanos. Se volvía un tonto dócil a cambio de una galleta de jengibre y que le rascaran el cuello. Igual que yo, también estaba en la mitad de la vida, pero a veces se creía que era un jovencito ardoroso y actuaba como si lo fuera.

Esa primavera, las tres habíamos pasado por momentos muy difíciles. La situación de Martha era la más triste. Su marido acababa de morir de cáncer y ahora tenía que enfrentar la vida sola. Kerry, que jamás había sentido miedo de un caballo, recientemente había montado el pony de un vecino en un establo helado. El pony se encabritó y resbaló en el hielo y Kerry cayó de espalda. Con dos vértebras rotas y a dos milímetros de la parálisis, le ordenaron que jamás volviera a montar. Pero ella no hizo caso. A mí me acababan de despedir de un trabajo que había tenido durante doce años, debido a la mala economía, y no podía dormir de noche. Me preocupaba el dinero y, más todavía, la pérdida de mi identidad profesional.

Necesitábamos ir a la playa. Vivíamos a 30 minutos del océano, y de una amplia playa con hermosos bancos de arena cuando bajaba la marea. Así que, en esa mañana de marzo, subimos nuestros caballos en un gran *trailer* y nos dirigimos hacia allá. En el estacionamiento junto a la playa, el viento rociaba el asfalto de arena y el olor a salitre del océano hizo que los caballos resoplaran de emoción. Mientras los sacábamos, no dejaban de moverse y de patear el suelo. Su entusiasmo era contagioso y pronto nos sentimos tan emocionadas como ellos.

Empezamos a trotar por la arena como si fuéramos los tres mosqueteros, en una hermosa alineación: negro, gris y bayo. Las gaviotas volaban por encima de nuestras cabezas y los perros ladraban detrás de nosotros. Nos reímos de placer, imaginándonos en una escena de una película en la que nada jamás terminaba mal.

Pero éste no iba a ser un día perfecto como en las películas. Kerry movió a Shasta hacia el agua, para evitar una parte rocosa del terreno, pero la yegua decidió que el agua estaba demasiado helada y volvió a salirse. Empezó entonces una pequeña batalla entre ambas. Martha y yo mirábamos divertidas mientras caballo y jinete empezaron a hacer un zig-zag: hacia el agua, hacia la arena, hacia el agua, hacia la arena. Cuando la obligaron a ir una vez más hacia el agua, Shasta se hartó. Miró hacia Kerry y lentamente se dejó caer hacia un lado, en una protesta pacífica. Kerry saltó en el último momento y se quedó ahí, hundida hasta las rodillas en el agua, sosteniendo las riendas de su terca yegua. Shasta había logrado comunicar su mensaje y pronto se paró, se sacudió el agua y se acercó a Kerry alegremente en busca de una golosina.

Felices de que nadie hubiera resultado herido, seguimos caminando hacia una parte de la bahía donde la arena estaba llena de conchas rotas y que terminaba casi en el horizonte, en un faro abandonado. Caminamos y conversamos casi hasta el final, y luego regresamos hacia la playa. Ahora fue Cort, mi viejo caballo, el que decidió actuar como un jovencito alocado y ponerse a correr. Bajó la cabeza e ignorando mis órdenes, se puso a galopar. No había forma de detenerlo. Cuando pasé a mis dos amigas, las vi riendo. Mi paz absoluta quedó más o menos a un cuarto de milla de distancia y me aferré a mi caballo en total pánico. Cuando llegamos a la playa principal, Cort disminuyó el paso por decisión propia y esperó tranquilamente hasta que los otros nos alcanzaran. Podría jurar que lo vi guiñarle el ojo a los otros caballos.

Ya casi era hora de volver a casa. Pequeñas pozas de agua, de un par de pulgadas de profundidad, se habían formado en todas partes. Martha dirigió a Marte hacia un pozo grande, y lo detuvo. Mientras Kerry y yo mirábamos, Martha enderezó su espalda y movió las riendas en sus manos. Marte apretó sus músculos y empezó un *piaffe*, uno de los movimientos más hermosos de exhibición, en el que un caballo trota en el mismo lugar, casi en cámara lenta, con sus pies subiendo y bajando en el mismo lugar. Marte era increíble. Era una sombra negra en la arena, moviéndose en una secuencia de ensueño. En el lugar en que lo había puesto Martha, con cada paso, un poco de agua saltaba de sus herraduras. Vi el rostro de Martha. Sus ojos estaban mirando a lo lejos y pude ver que su alma estaba volando libre.

El aire se había puesto frío. El sol estaba poniéndose y los perros y sus dueños habían vuelto a casa. Rápida y silenciosamente montamos los caballos en el *trailer* y nos metimos en la camioneta. Sin decir mucho, sabíamos que nuestros problemas habían quedado en el olvido, por lo menos por un día. Mañana íbamos a tener que enfrentarnos a la soledad, los problemas de salud y de dinero. Pero no hoy.

"Oye, Kerry", dijo Martha.

"¿Si?"

"¿Qué hacen las personas que no tienen caballos?"

Tracy Van Buskirk

Una damisela con botas de trabajo gastadas

Que Dios no permita que yo vaya a un cielo donde no haya caballos.

R. B. Cunningham Graham

Cuando tenía cuarenta y tantos años, dejé una carretera bien pavimentada, segura y descolorida y emprendí una ruta que representó un gran descubrimiento personal. El lugar donde me detuve a descansar y a recargar energías fue un rancho de cinco acres en un tranquilo camino de campo. Se convirtió en mi nuevo hogar. Me dio serenidad, curó mis heridas y me brindó la compañía de la naturaleza.

No demoré en acondicionar la casa. Desempaqué con una sensación de permanencia. Todo fue encontrando el lugar que le pertenecía. Trabajaba duro durante el día y comencé a dormir plácidamente de noche. El día que mi hijo dijo que nuestra nueva casa se sentía como un hogar, respiré aliviada. Fue la primera señal de que íbamos a estar bien. Formamos un nido naturalmente y en cuanto sentimos que la casa era cómoda y segura, me concentré en el resto de la propiedad. Era hora de traer a mis caballos.

Mis caballos se mudaron el día que llegó el heno. Subí a un cerro de alfalfa de catorce pies de alto para coger unas pacas y al llegar arriba me di cuenta de que no podía bajar. Llamé a mi hijo de once años y él sujetó una escalera mientas yo bajaba temerosa. No teníamos herramientas para cortar alambre, así que abrí las pacas con un palo de escoba, torciendo el alambre hasta que cedió. Como no tenía tampoco dispensadores de grano ni aguaderos, puse el heno en el piso y llené grandes baldes con agua. La mañana siguiente, en cuanto amaneció, alimenté a mis caballos por primera vez.

Con mis manos delicadas, tomé la horquilla de acero para sacar el excremento, pero mis movimientos eran incómodos. En cada ocasión, la horquilla golpeaba el piso y el excremento no llegaba al tarro de basura. Me dolían los brazos y se me formaron ampollas en las manos. Hice una pausa para estirar la espalda y recuperar el aliento. Mis caballos estaban comiendo felices. Yo podía escuchar claramente el ruido de su masticación metódica y sus resoplidos para liberar sus fosas nasales de restos de alfalfa. El excremento tenía un olor saludable. Mis pobres caballos estaban metidos en corrales improvisados con simple alambre. Parecía que se habían mudado a una casa de pobres. ¿Dónde estaban las hermosas cercas blancas y el pasto fresco a los que estaban acostumbrados?

En mi vida anterior en Riley, teníamos un rancho hermoso, con muchos trabajadores. En mis años de casada, había aprendido que si uno tenía caballos, contrataba el personal necesario para cuidarlos. Se suponía que uno de nuestros empleados se iba a mudar con nosotros, pero yo no podía pagarle, así que estábamos solos. Los utensilios de cocina y las tijeras encajaban perfectamente en mis manos. Pero las palas y las carretillas no. Me sentí físicamente derrotada ante la tremenda tarea de cuidar a mis caballos. Sentí que era injusto y esperaba que alguien me rescatara.

¿Dónde estaba mi Príncipe en botas de trabajo cuando lo necesitaba para alimentar a los caballos, cepillarlos, sacar excremento o reparar alguna cosa? Aun más importante, ¿de dónde iba a sacar el dinero para hacer todas esas cosas? Buddy, mi caballo de tiro de siete años, se convirtió en el cordero del sacrificio financiero. Me consoló el saber que se iba a un buen hogar. Yo sabía que lo iban a cuidar bien y que, al mismo tiempo, Buddy se convirtía en el benefactor que nos permitía adquirir cercas nuevas y seguras, cobertizos contra el sol y la lluvia y espaciosos corrales con aguaderos y dispensadores de comida automáticos.

Mi reloj biológico se ajustó a las horas del ganado. Reemplacé mis jeans de marca por Wranglers y botas de vaquero. Cada mañana, los perros lideraban el camino hacia el establo. La carretilla se convirtió en mi herramienta más valiosa y la usaba para trasladar heno, excremenos, suplementos alimenticios, herramienta, basura y madera para el fuego. La necesitaba más que al automóvil de lujo que estaba en mi garaje. Era tan imprescindible para mí como las llaves para un mecánico, las medicinas para un doctor o una biblioteca legal para un abogado. No podía hacer nada sin ella.

Un día, mientras estaba trasladando tarros pesados con excrementos a la basura, me di cuenta de que ya no me dolía el esfuerzo. Me había vuelto eficiente en todas mis tareas. Podía lanzar el excremento de un lado a otro del establo de doce pies de largo sin hacer un desastre, o mover el heno sin que cayera sobre mi pelo o mi ropa. Podía alimentar y limpiar a los animales en menos de una hora. Me di cuenta de que si estaba dispuesta a hacer este tipo de trabajo, debía ser algo que me llenara el alma. Pensé en mi vida anterior, una mujer de sociedad que tenía la agenda llena de eventos, y me di cuenta de que en ninguna parte mis necesidades quedaban tan satisfechas como en la compañía de mis caballos. Gracias a ellos, aprendí a trabajar y estaba orgullosa de eso.

El primer invierno, combatí contra el clima. Llovió muchísimo, se formó gran cantidad de barro que se me pegaba en las botas con cada viaje al establo y el recipiente del excremento se desbordó. Dos veces al día, me arropaba y salía reticentemente de mi casa cálida para cuidar a mis caballos.

Al acercarse el siguiente invierno, con el recuerdo atroz del anterior todavía fresco en mi mente, tuve cierta ansiedad. Pero decidí enfrentar los rigores del clima como si fuera un parto y me preparé mejor para la segunda vez. Tenía montañas de heno en el granero y cómodas horquillas para moverlo. Tenía camisas gruesas e impermeables con gorro, botas de goma, guantes gruesos e incluso orejeras. Mi cuerpo era más fuerte y mis manos, ágiles. Lo más importante es que ahora disfrutaba el contacto diario con mis caballos. Me encantaba oírlos relinchar cuando me saludaban y ver sus ojos mientras me miraban andar con una carretilla. Traté de explicárselo a mi mamá: "Cuando mis caballos están cubiertos por una frazada, comiendo su cena en establos limpios, cuando escucho que están cómodos y satisfechos, me recuerdo de las madres que amamantan a sus hijos hambrientos. Me alimenta el espíritu y me da un fuerte sentido de comunión con las madres en todas partes".

Temprano una noche, mientras sacudía el barro de mis botas de regreso a la casa, sentí que mi vida era familiar. Se sentía honesta y auténtica. Me quité mi abrigo y mis botas y me paré en medio de la cocina en plantilla de medias. Mi hijo estaba concentrado en su tarea, nuestra cena casi lista en el horno, y me sentí tremendamente feliz. Sentí que había entendido la definición que dio Kahlil Gibran de la placidez: "Ese fuerte rey que entra a un hogar como huésped y se convierte primero en anfritrión y luego en amo". Entonces supe que había llegado a casa.

Paula Hunsicker

Cabalgando por el camino a la recuperación

Al cumplir los 49 años, la vida de Jane no podía ser más perfecta. Tenía una carrera en la Fuerza Aérea, donde había obtenido el rango de sargento primero, y estaba felizmente casada con un gran hombre. Era una música y equitadora excelente, sus amigos valoraban su calidez, generosidad y humor, y sus colegas admiraban su disciplina, determinación y concentración.

Sólo tres años antes, Jane había obtenido el puesto de primer violín en el Conjunto de Cuerdas de la Fuerza Aérea. En los casi 50 años de historia del grupo, era la primera vez que esta importante posición la ocupaba una mujer. Como parte de ese conjunto de músicos talentosos, ella tocó en la Casa Blanca y en funciones diplomáticas en todo el mundo.

Jane pasaba buena parte de su tiempo libre en el establo, con su caballo Clear Screen, apodado Leroy. Formaban una pareja elegante, el pura sangre oscuro de quince años, que medía 17.2 manos de alto, y la jinete de cinco pies y nueve pulgadas. Juntos tuvieron gran éxito en presentaciones y competencias.

Todo andaba bien hasta abril del 2000, cuando el destino trazó otro plan para esta mujer hermosa y determinada. Repentinamente, su pasatiempo favorito se convirtió en la forma de enfrentar una enfermedad potencialmente fatal.

En su familia había una historia de cáncer de mama y ella sabía que, por eso, tenía alto riesgo de sufrir esta enfermedad. Ella siguió los planes de detección temprana recomendados, que incluían exámenes regulares del pecho y mamografías. Hasta el día en que descubrió una protuberancia en su pecho, los exámenes siempre habían resultado negativos.

Después de realizarse gran cantidad de exámenes, fue referida a varios especialistas. Empezó el agonizante proceso de identificar el nódulo que estaba en su pecho y de determinar el tratamiento adecuado. Igual que en la equitación, su determinación y paciencia dio buenos resultados. Los días que tuvo que pasar esperando los resultados de exámenes parecieron una eternidad. La mala noticia (que tenía cáncer) fue acompañada de una buena noticia (había sido detectado en una etapa temprana).

Aunque su cáncer fue diagnosticado en la Etapa I, ella optó por un tratamiento muy agresivo, que incluía cirugía, radiación y quimioterapia. Por su historia familiar, no quería correr riesgos.

A comienzos de mayo, le hicieron una lumpectomía y una biopsia. La primera pregunta que le hizo a su médico después de la operación fue si iba a poder competir en una exhibición de caballos, dieciocho días después. Cuatro días después de la operación, Jane estaba montando de nuevo, pero lo peor no había pasado. Exámenes adicionales mostraron que las células malignas estaban más extendidas de lo que habían pensado originalmente. Como resultado, cambiaron su diagnóstico a cáncer de mamas en la Etapa II.

Además de ser una buena jinete, Jane era una atleta en excelente condición física, pero no estaba preparada para un golpe emocional así. En una de las pocas ocasiones que expresó sus dudas, me dijo: "Sentí que la reclasificación de mi enfermedad de Etapa I a Etapa II fue el momento más oscuro de mi vida. Me sentí totalmente derrotada, como si esto fuera el fin del mundo. ¿Cómo podía haberme traicionado mi cuerpo? Si mi tumor era pequeño y fue descubierto muy temprano, ¿entonces cómo se pudo extender el cáncer tan rápidamente?"

A fines de mayo, comenzó la etapa de la quimioterapia: ocho tratamientos, con tres semanas de separación, que concluyeron con seis semanas de radiación, cinco días a la semana. Todo ese tiempo, Jane estaba pensando en el calendario de presentaciones, porque el año anterior ella y Leroy habían ganado en prestigiosas competencias, incluyendo el Pennsylvania National, el Washington D.C. International y el National en el Madison Square Garden, en Nueva York.

Ya durante el segundo tratamiento, Jane perdió su pelo. Esto no le molestó tanto como había esperado, y usar pelucas tenía ciertas ventajas. Ella, de pelo castaño desde niña, comentó: "¡Siempre quise ser rubia!"

Jane mantuvo su actitud optimista y la equitación, que siempre había sido un escape de las presiones diarias, ahora también le servía para mantener control sobre al menos una parte de su rutina normal.

Con la aprobación del doctor, siguió montando tanto como pudo. Saber que Leroy la estaba esperando en el establo la hacía mantenerse activa. Desde que había comprado a Leroy, cuando él tenía cuatro años, se había formado un lazo muy fuerte entre ambos. Recuerdo que ella me dijo: "Sentí que Leroy se impuso ser fuerte por los dos. En vez de yo cuidar de él, como en el pasado, los roles se invirtieron, y ahora él me estaba cuidando. Cuando yo estaba enferma, deprimida o débil, él mostraba especial cuidado".

Jane tomó el camino a la recuperación un día a la vez. Montar y competir con Leroy siguió siendo una de sus metas principales. Jane se puso como objetivo volver al circuito de competencias sólo cuatro meses y medio después de que le diagnosticaron el cáncer.

Cuando llegó el gran día, Jane transportó a Leroy al torneo de caballos Middleburg Classic en Virginia. El momento que había esperado con ansiedad resultó ser incómodamente largo, caluroso y lleno de polvo. Aunque no ganó un premio ese día, sus amigos y los otros competidores la consideraron una ganadora y la aplaudieron mucho.

La batalla de Jane con el cáncer siguió y ella enfrentó muchos obstáculos. "Cuando uno tiene cáncer, el temor principal es que la enfermedad lo va a cambiar todo y el mundo de uno va a quedar fuera de control. Montar es la mejor terapia porque pone las cosas en perspectiva. Sé que sigo siendo yo", me contó.

Dos años después de su diagnóstico, ella volvió al Middleburg Classic. Su salud ya estaba bien y se sintió suficientemente fuerte para competir en tres categorías.

La victoria fue especialmente dulce cuando le dieron la cinta tricolor a ella y al compañero que la había acompañado en todo el camino, su caballo Leroy.

Lisa B. Friel

¡Vuela, Misty, vuela!

¿Por qué soy tan tonta, Misty?

Era un reluciente día de invierno cuando salí a montar. En las altas montañas de Idaho, la equitación normalmente es un deporte de verano. Montar durante el invierno requiere cierta preparación y resistencia y, en ese momento, yo no tenía ninguna de las dos cosas. Pero tenía que salir un rato, de mi casa y de la rutina de mi vida. Así que me dirigí a la granja y monté a Misty, mi antigua yegua. Estaba a mitad de mi primer año de secundaria y las cosas no andaban nada bien.

"No entiendo por qué una palabra está mal si uno la escribe un poco distinta. ¿Acaso no saben que lo importante es lo que quiero decir, no cómo lo escribo? ¿C-a-s-a o c-a-z-a? Hay ciertas palabras que no puedo diferenciar, sin importar cuántas veces me pongan mala nota. Soy muy estúpida".

Le puse un cabestro a Misty, cepillé su cabellera y calenté el bocado entre mis manos, para que el metal frío no le "mordiera" la lengua. Por muy molesta que estuviera con mi vida, no había olvidado ninguna de las lecciones que había aprendido sobre cómo cuidar a un caballo. Me las había enseñado el señor Codding, el dueño de la granja donde se alojaba Misty. El guardaba caballos de los niños que vivían en el pueblo, pero jamás olvidábamos que él decidía cómo había que tratarlos.

¿Importa mucho si confundo el símbolo de "mayor que" con el de "menor que", o si pongo el punto del decimal en 00.1 o 0.001? Si lo digo en voz alta, me doy cuenta de la diferencia, pero se ven iguales. Entiendo la matemática, pero no puedo poner por escrito lo que entiendo. Y cada vez que mi profesor me llama a la pizarra a resolver un problema, todo el mundo se puede dar cuenta de lo tonta que soy. Si tengo que ir una vez más a la pizarra, creo que me voy a morir. Mi mamá me va a matar si repruebo la clase de matemática. En realidad, no me va a matar, pero va a estar tremendamente decepcionada de que yo no sea tan inteligente como ella.

El señor Codding me había mostrado cómo calentar un bocado antes de ponerlo en la boca del caballo. Uno se saca los guantes y lo calienta con las manos. Es preferible que las manos de uno se enfríen un poco a que uno hiera la boca de un caballo, que es muy sensible.

No estoy segura de que a él le habría gustado que yo sacara a montar a Misty ese frío día de invierno. Aún con las herraduras apropiadas, un caballo podía resbalar fácilmente en un camino nevado. Pero yo tenía que salir y alejarme lo más posible de mis problemas. No le había dicho a nadie a dónde iba. Necesitaba sentirme mejor y, afortunadamente, tuve la buena idea de buscar a un caballo para hacerlo.

Por supuesto que mi papá opina que la única razón para enviarme a la Universidad es para poder obtener mi título de "S.r.a". Ojalá no se hubiera reído tanto con toda esa gente en su fiesta cuando les dije que no se trataba de obtener un título, sino que quería aprender. Tal vez mi papá tiene razón. Soy demasiado tonta para ir a la universidad. Tengo mala ortografía y soy mala en matemáticas.

Qué bueno que no le he dicho que quiero ir a la universidad a estudiar ciencias. El se reiría mucho de mí. Me recliné contra el cuello musculoso de Misty, enterré mi cara en su crin e inhalé su dulce aroma de caballo. Su fuerza y su calmada presencia me hicieron sentir mejor. Decidí montar alrededor de la sección. Una sección mide una milla cuadrada, y ésa es la manera en que están trazadas nuestras carreteras del condado. Donde yo crecí, los niños montábamos en los campos o a lo largo del "surco para carretillas" de las carreteras. Nadie sabe por qué en el sur de Idaho llamamos "surco para carretillas" a la franja de seguridad junto a las carreteras, pero ésa es la expresión que todos usamos. Este no es el mejor lugar para montar, porque muchas veces está lleno de basura, pero a veces no había alternativa. Por supuesto, la mejor posibilidad era un camino de tierra. Y por eso es que decidí ir alrededor de la sección. La milla trasera, que iba paralela a la granja de Codding, era totalmente de tierra. Y había sólo dos granjas en el trayecto, por lo que había mucho espacio para que pudiéramos correr y realizar todas las clases de juegos que podía imaginar una niña adolescente. Por eso era mi lugar favorito para montar.

Pero ese día, no estaba con ninguna de mis amigas y yo no estaba de humor para juegos.

Si no puedo sumar o restar, no puedo ser una científica. Eso es lo que dice mi mamá. Ella dice que una científica necesita poder medir y probar cosas.

Me subí a la cerca y monté el lomo sin silla de Misty. En el invierno es mejor montar sin silla, porque las piernas de uno quedan junto al cuerpo tibio del animal. Mi cuerpo se movió de inmediato al ritmo de Misty. Mis manos se conectaron con su boca y nos hicimos una entidad. Durante toda mi vida, yo había sido muy descoordinada. No podía atrapar una pelota si mi vida dependía de ello ni caminar sobre las cercas como lo hacían mis amigos.

Siempre yo era la última en ser escogida para cualquier equipo y la clase de educación física era una tortura. Pero la primera vez que monté un caballo, descubrí una coordinación misteriosa de la que carecía para cualquier otra actividad física que hubiera intentado. Sobre un caballo, yo tenía gracia y fuerza.

Sandy va a ir a la escuela de medicina. Ella saca puras "A" como calificaciones. John va a ser ingeniero. Para él, álgebra es tan fácil como caminar. Cuando hablamos del futuro, yo sólo les digo que voy a ser pastora de cabras. A ellos les parece divertido. Jamás le he dicho a nadie lo que realmente quiero ser. Se reirían si lo hiciera. Pero te lo digo a ti, Misty. Quiero ser una cienfíca y observar a los animales como Jane Goodall y quiero ser veterinaria. ¿No es una idea tonta? Es más difícil entrar a la escuela de veterinaria que a la escuela de medicina y uno necesita buenas notas. Jamás obtendré buenas notas. Si repruebo álgebra, jamás voy a ir a la universidad porque mis notas van a ser muy bajas, así que debería abandonar la clase antes de reprobarla. Pero si no puedo hacer la matemática, tampoco puedo tomar química, que es necesaria para ser científico. Como ves Misty, no tengo ninguna esperanza. Tengo un sueño estúpido.

Quiero que todo esto pase. Quiero tener alas para poder volvar. Tommy vuela todo el tiempo, sabes. De nuevo está tomando drogas y dice que la sensación "de volar" es maravillosa. Dice que si yo me drogara, me sentiría feliz todo el tiempo, como él. Pero si tomara drogas, no podría venir a estar contigo, Misty. Tommy hace cosas estúpidas todo el tiempo cuando está drogado. No puedo arriesgarme a hacer algo estúpido y causarte daño. Ese es un riesgo que no voy a tomar.

Llegamos al camino trasero. Era una milla de largo, con nieve amontonada sobre la tierra. Casi nadie pasaba por ahí y en ese momento no había nadie que yo conociera. Si yo me caía, pasaría mucho tiempo antes de que a alguien se le ocurriera buscarme allí. Pero la idea de que yo podía caerme de Misty no me cruzó la mente. Para mí, el resto de mi vida era peligrosa. Esto era real y necesario. Solté las riendas y las amarré con cuidado, para que Misty no se tropezara en ellas. No las iba a necesitar. El camino era recto y faltaba una milla antes de que llegáramos al otro camino, que iba de norte a sur. Misty se iba a cansar y disminuir la velocidad antes de que llegáramos ahí. Si era necesario, yo podía pedirle con mi voz que disminuyera la velocidad y confiaba en que ella me haría caso. En el pasado, cada vez que yo había perdido el equilibrio y había estado a punto de caer, ella había disminuido la velocidad y se había movido para mantenerme sobre su lomo. Misty no me iba a dejar caer esta vez. El resto de mi vida se estaba desmoronando: el divorcio de mis padres, mi fracaso escolar, mis amigos, mis creencias, mis sueños rotos. Pero Misty no me iba a dejar caer.

Puse ambos brazos alrededor de su cuello. Me incliné hacia delante y gentilmente le pedí que galopara. Ella se lanzó adelante, poderosa y fuerte. Mi cabello largo flotó hacia atrás en el viento, igual que el de ella.

Debajo de nosotras, el camino comenzó a hacerse borroso. El viento frío congeló las lágrimas sobre mi cara. Cerré mis ojos y sentí sus poderosos músculos accionando, mientas me llevaba. Ella iba ahora a todo vapor, emitiendo resoplidos rítmicos por las fosas nasales. Sonaba como un batir de alas. Más y más rápido, más y más lejos, Misty me estaba alejando de la desesperanza.

Vuela, Misty, vuela.

Volví renovada de esa cabalgata y decidida a seguir adelante. Un año y medio después, entré a la universidad. Mis padres vendieron a Misty a unos amigos de la familia que querían usarla para reproducir y para que su hija la montara. Así que Misty tuvo que cuidar otras almas, tanto humanas como equinas.

Mi camino fue más difícil. Entré a la universidad como estudiante de música, pero poco después me cambié a zoología. Ahí descubrí que mi madre tenía razón y que no tenía habilidades matemáticas para la química. De nuevo me cambié, esta vez a psicología, todavía con la esperanza de estudiar el comportamiento de los animales. Por suerte, los dormitorios universitarios estaban en el mismo lado del recinto que los establos, así que cuando las cosas se volvían abrumadoras, yo iba a mirar a los caballos. Los trabajadores del establo se acostumbraron a verme allí, pegada a la cerca, mirando a los caballos comer su cena. Obtuve mi título en psicología y empecé otra carrera, en ciencias animales. Esta vez, me acompañó Larkin, el hijo de Misty. El me llevaba a volar cuando las cosas se volvían demasiado difíciles.

Fue sólo cuando estaba haciendo mi maestría que descubieron mi problema de aprendizaje, llamado dislexia. El psicólogo que me hizo las pruebas, antiguo profesor mío, estaba asombrado con los resultados. "¿Cómo pudiste salir tan bien en mi clase con un problema de aprendizaje tan serio?", me preguntó.

Mientras estudiaba en la escuela de veterinaria, apenas tuve tiempo de montar. Sí, finalmente logré que me aceptaran en la escuela de veterinaria, pero no fue fácil, porque nadie creía que alguien con dislexia podría aprobar un currículum tan exigente. Después de horas de clase y estudio, volvía a casa y me iba al pastizal a buscar a Larkin. Me paraba junto a él, me reclinaba sobre su cuello musculoso, enterraba mi cara en su crin e inhalaba su dulce aroma de caballo. Su esencia poderosa me daba fuerzas para seguir adelante.

Montar caballos es fácil. Volverse a montar en la silla de la vida después de muchas caídas, eso es mucho más difícil. Yo seguí adelante porque mi madre creía en mí y porque mi amor por los animales y mi deseo de aprender sobre ellos era más fuerte que mi miedo al fracaso... y porque tenía un caballo que me llevara adelante.

Janice Willard

La risa vuela, como Pegaso

La primera vez que vi a un grupo de caballos de verdad, yo tenía diez años. Una docena de caballos apareció en una de las intersecciones más transitadas de la ciudad donde yo vivía con mi mamá, abuelos y muchos tíos, tías y sobrinos. Recuerdo claramente que cada uno de los caballos llevaba un letrero que decía "El mejor de Newark". Los escudos, las armas y botas se confundían con los caballos para crear figuras amenazadoras.

En Newark, la ciudad más grande del estado de New Jersey, había un gran descontento civil ese verano y habían surgido motines en toda la ciudad. El Gobernador había enviado a la Guardia Nacional y la policía montada para restaurar el orden. Como niño que era, me aterrorizaron los ruidos y las escenas de violencia, y mi primera impresión de los caballos quedó para siempre vinculada a desórdenes, violencia y saqueos. Pasó más de una década antes de que pudiera cambiar esa asociación.

Once años después, yo era una alumna universitaria que estudiaba periodismo y trabajaba tiempo parcial para un semanario. Una residente muy conocida de la comunidad decidió donar algunas horas cada semana de su tiempo libre para "sacar a caminar caballos" en favor de una organización sin fines de lucro. Había cierta conexión con niños minusválidos en sillas de ruedas. Mi jefe me dijo: "Cubre la historia. Probablemente da para un buen artículo".

Por alguna razón, no podía reconciliar las dos imágenes en mi mente: un grupo de niños frágiles y minusválidos con una manada de caballos salvajes. Iba pensando en esa contradicción mientras conducía hacia Crossroads Farms, en New Jersey. Al mismo tiempo, no podía evitar admirar el maravilloso paisaje, con suaves colinas, espacios abiertos e interminables cercas blancas. Era una visión muy diferente a la congestión de tráfico y caos urbano que yo asociaba con los caballos.

Cuando llegué a Crossroads Farms para mi entrevista, noté un autobús escolar equipado con un ascensor hidráulico para sillas de ruedas, estacionado junto a la entrada. Había seis niños en este vehículo, cada uno con su silla de ruedas motorizada. Mientras los profesores los sacaban del autobús, era evidente que los niños apenas podían contener su entusiasmo. Por todas partes se escuchaban risas, exclamaciones de alegría y aplausos. Incluso para el observador más casual, la expresión en sus rostros hacía pensar en el día de Navidad, un paseo a Disneylandia, o un visita a una fábrica de chocolates.

Un grupo de voluntarios, incluyendo la mujer que yo venía a entrevistar, estaban esperando para escoltar a los niños de las sillas de ruedas a un escenario especial. Mientras los voluntarios empujaban las sillas de rueda por una rampa, otros levantaban a los niños suavemente de los confines de sus aparatos móviles. Bajo la rampa, seis caballos esperaban pacientemente a que ese precioso cargamento montara sobre sus lomos.

Estaba completamente impresionada con la escena que trascurría ante mis ojos. Uno a uno, los niños montaron una silla especial. Tres voluntarios fueron asignados a cada niño: uno dirigía el caballo y los otros dos iban a cada lado del pequeño. Los caballos parecían darse cuenta de la fragilidad de sus jinetes y habían un esfuerzo especial para no agitar o sobresaltar a los niños.

Los pequeños, por su parte, estaban fascinados. Sus rostros no eran suficientemente grandes para contener sus sonrisas y sus cuerpos eran demasiado pequeños para contener su felicidad. Los caballos empezaron a caminar lentamente por los senderos rústicos. Sobre ellos, los niños iban exclamando felices: "Estoy volando", "amo a mi caballo", "me siento como un ángel", "estos caballos parecen tener alas".

Era fácil entender a qué se referían. Mientras montaban un caballo, quedaban libres del metal, las barras y los brazos de las sillas de ruedas que los rodeaban casi perpetuamente. Además, a bordo de un caballo, por primera vez quedaban a la altura de los adultos que los cuidaban. Nadie los tenía que mirar hacia abajo. Durante 30 minutos, eran más altos, o igual de altos, que sus cuidadores y su risa se expandía hacia el cielo.

Seguí mirándolos, pensando en la comparación con las alas de los ángeles. Aunque estos niños todavía estaban confinados a las limitaciones de una existencia física en la Tierra, sus caballos eran, en realidad, como alas de ángeles: les daban la oportunidad de experimentar una libertad que no se habían imaginado.

Mientras se prolongaba su risa, me acordé de la leyenda griega de Pegaso: el caballo alado blanco. Esta criatura, la más hermosa del mundo antiguo, era tan reverenciada que Zeus, el rey de los dioses, creó una constelación del caballo alado para iluminar el cielo durante la noche. Estoy feliz de informar que los descendientes de Pegaso viven aún, en New Jersey. Y que del mismo modo que Pegaso transportaba los truenos de Zeus por el cielo, estos caballos "alados" transportan una carga todavía más preciosa: las almas de niños que, por un breve instante, pueden erguirse mientras su risa se eleva hacia el cielo.

Barbara A. Davey

Regalito

Como su nombre español lo indica, Regalito era un regalo especial, y lo era de muchas maneras.

Las niñas enamoradas de los caballos sueñan con montar grandes corceles blancos, de largas crines y colas. Aunque estoy en la mitad de mi vida, jamás he dejado atrás ese sueño de niña. Mi marido, Arthur, me dio a Regalito para nuestro trigésimo aniversario de boda. Regalito es un semental andaluz. Es hermoso, noble y, sobre todo, muy cariñoso.

He montado caballos desde que tengo cuatro años. Ellos son la pasión y el amor de mi vida... aparte de Arthur, por supuesto.

Después de su viaje de cinco días desde California, Regalito llegó a nuestra granja en Louisiana. De inmediato se sintió como en casa. Era orgulloso y noble. Pero, con gran tristeza, yo sabía que jamás me iba a subir a su lomo ni a compartir la maravilla de sus gráciles movimientos, pues cuando Regalito se mueve es como si bailara.

Durante los últimos cinco años, yo no había podido montar debido a una enfermedad terrible llamada fibromialgia, que me causaba un gran dolor y falta de movilidad. Este mal te roba la alegría del movimiento. Cada paso se convierte en un esfuerzo doloroso.

Como no podía montar caballos, empecé a pintarlos en acuarela. Expresé mis sentimientos hacia estas maravillosas criaturas en tonos verdes y azules, cobres y plateados, turquesas y dorados. He vendido muchas de mis pinturas, pero me he quedado con una: el retrato de Regalito que pinté un año antes de que yo siquiera supiera de su existencia. Creo que anticipé de algún modo extrasensorial su llegada. El fue, de hecho, el caballo mágico que me cambió la vida.

Después de que Regalito llegó a la granja, contraté a un estudiante para que viniera a montarlo. Le enseñé a Bobby ciertos trucos ecuestres, y él se los enseñó a Regalito. Durante días, meses y luego un año vi a Bobby montar mi hermoso semental blanco. Algunas veces sentía como si mi corazón fuera a estallar de ganas de montarlo. Los observaba día y noche, pensando: *ojalá fuera yo el jinete.*

Hasta que un día, mientras estaba en el lugar donde siempre me sentaba a observar y darles instrucciones a Regalito y a Bobby, junto al corral de prácticas, se me ocurrió pensar, *¿Y por qué no yo? ¿Por qué no yo?* Regalito es el caballo más gentil y amable que existe. Habíamos desarrollado un fuerte vínculo en el año que había estado con nosotros. Yo sabía que él jamás me haría daño. De alguna forma, él sabía que yo era frágil.

Este es el día, pensé. *¡Si no lo monto hoy, voy a explotar de emoción!.*

Le grité a Bobby: "Espera un minuto mientras me pongo los pantalones de montar. Voy a montar a Regalito".

La sorpresa de Bobby, por supuesto, fue enorme, y me preguntó si yo estaba segura.

"Nunca he estado tan segura de algo en mi vida", le respondí. "Llegó el momento".

Logré subirme a Regalito con ayuda del cajón de monta. Bobby sujetó la cabeza del semental, aunque no era necesario, pues Regalito se quedó parado como una estatua. Parecía estarme diciendo: "¿Por qué tardaste tanto tiempo?"

Sobre su lomo, me sentí completamente en casa, casi como si hubiera metido mi pie en un zapato usado. Regalito y yo estábamos hechos el uno para el otro. Me senté en la silla y todas mis emociones contenidas salieron a flote. Lágrimas de alegría me corrían por las mejillas. Había hecho lo que un año antes creía imposible. Estaba montando a mi hermoso semental blanco.

Me demoré unos segundos en calmarme. Regalito se quedó ahí, totalmente quieto, esperando, y luego caminamos hacia esa tierra donde caballo y humano se funden. Sentí que no pesaba nada. No sentí dolor alguno y, durante esos momentos en su lomo, sentí que nuevamente estaba sana.

Regalito me dio un segundo regalo especial: el de ser yo misma. Con gran generosidad de espíritu y enorme cuidado, me condujo al ruedo para hacer complicados movimientos de exhibición con gracia y sutileza.

Desde entonces, bailé todos los días con mi caballo, mi cuerpo se movía cada día con él y se volvía más fuerte. Recuperé gran parte de mi amplitud de movimiento y ciertamente la alegría y la pasión en mi vida.

Gracias, Arthur, por ese maravilloso regalo especial. Gracias, Regalito, por cumplir la promesa implícita en tu nombre y por darme el mayor presente de todos: una razón para levantarme en las mañanas y hacerme sentir, una y otra vez, la alegría que montar produce en mi vida y el efecto curador que trae a mi alma y mi cuerpo.

El lazo
Para Regalito

Lo miré a los ojos y vi su alma.
El me miró a los ojos y vio mi alma.
El era mi caballo y yo era su persona.
Sabíamos lo que ambos pensábamos,
lo que ambos sentíamos.
Nos teníamos confianza mutua.
Disfrutábamos estar juntos.
Él era mi caballo. Yo era su persona.
¡Compartíamos un lazo, un lazo de amor!

Diana Christensen

Tocada por un caballo

Emma llegó al rancho una típica mañana de sábado, dos años y medio atrás. Tenía cinco años y era absolutamente hermosa, con ojos verde-azulosos, cabello dorado por el sol y una sonrisa que derretía hasta el más frío de los corazones. Emma vino donde nosotros porque le habían diagnosticado autismo, una complicada enfermedad que normalmente se manifiesta durante los tres primeros años de vida. Esta niña precoz actuaba como un juguete de cuerda.

"Emma, ven para acá", "sal de ahí", "no, no te comas la pelota", "Emma, siéntate", "Emma, NO", su madre le decía todo el tiempo. Se necesitaban dos personas para hacer que Emma se quedara quieta. En más de una ocasión, ella entró a uno de los establos y trató de comerse los tapetes de goma de los caballos. Emma, para decirlo de una manera delicada, vivía en su propio mundo.

Jamás olvidaré el día en que ella se montó sobre Angel Dottie. Cuando Dottie la empezó a pasear por el ruedo, la transformación fue inmediata. La niña incontrolable desapareció. En su lugar, apareció una niña feliz, relajada y llena de confianza. ¡Increíble!

Desde que conozco a Emma, ella sólo había pronunciado

palabras ininteligibles. "Vi Pa am nes pala nom", decía, riendo. Yo quería entender lo que estaba diciendo, y podía ver en sus ojos que ella quería que la entendiera. Gracias a Dottie, nos comunicamos en un nivel distinto. Desde su primera visita, Emma ha estado montando todas las semanas. Es una jinete excelente. Le encanta montar y no siente miedo. Merezco algo de crédito por sus habilidades y valor ecuestres, pero el verdadero mérito es de Dottie.

Emma había estado montando cerca de 18 meses cuando llegó a su lección regular un día sábado, inusualmente caluroso y húmedo. Nadie tenía ganas de trabajar en un día así, especialmente esta servidora y nuestra querida Dottie. Pero en cuanto la sacamos a la arena, le dije a Emma que le diera un golpecito y le dijera "camina", como yo lo había hecho tantas veces antes. Le di un pequeño tirón a la cuerda de Dottie y empecé a avanzar cuando, de pronto, oí una vocecita decir "camina". Me quedé paralizada. Dottie también, las orejas echadas hacia atrás. "Dios mío, Emma, dijiste 'camina'. ¡Dijiste *CAMINA!*", grité a todo pulmón. "¡Tu primera palabra, Emma, tu primera palabra! Y Dottie y yo la escuchamos". No sé cuál de las tres estaba más emocionada por esa fantástica palabra: Dottie, Emma o yo. Emma estaba sonriendo y aplaudiendo. Ella sabía. Las lágrimas me corrían por la cara y Dottie, bueno, ella caminó tranquilamente como le habían ordenado. Sentí una enorme alegría y gratitud por ese momento increíble y ese maravilloso caballo. De todo corazón, creo que ella es la razón por la que Emma habla en la actualidad.

El vocabulario de Emma se ha expandido para incluir las palabras arre, sí, no, mantequilla de maní, rojo, azul, amarillo, verde, los números uno al diez y el favorito mío y de Dottie: "Te quiero".

Melody Rogers-Kelley

Yendo donde los caballos jamás han estado

La primera vez que me invitaron a traer caballos miniatura al hogar de ancianos, le pregunté al coordinador de actividades si ella quería fijar una fecha alternativa, por si había mal tiempo ese día y los residentes no podían salir a mirar los caballos.

Quedé muy sorprendida cuando ella me dijo: "Ah, pero yo pensé que los caballos entrarían. ¿Acaso no pueden?". Así que entraron.

Una vez dentro, le entregué una escoba y una pala para recoger excrementos a la empleada más cercana y le pedí que nos siguiera. Ni siquiera vaciló.

Casi de inmediato, nos rodearon empleados y residentes que probablemente jamás pensaron en tener la oportunidad de ver o tocar un caballo. Una vez que surge, el amor por los caballos es eterno, pero en los hogares de ancianos que hemos visitado hemos recibido todo tipo de reacciones a los caballos.

Durante una visita, trajimos a dos de nuestros caballitos a una habitación donde la gente estaba en un semicírculo, en sillas, sillas de ruedas y camas de hospital.

Les hablamos un poco sobre cada animal, y luego hicimos caminar a los caballos por el centro del semicírculo. Si alguien extendía la mano, acercábamos el caballo para que lo tocara, pero nos manteníamos lo suficientemente lejos para que nadie tuviera que tocar un caballo si no quería hacerlo.

La señora que estaba sentada en la primera silla de ruedas me miró y yo pensé que iba a decir algo, pero no lo hizo, así que seguí de largo. Cuando volví donde ella, de nuevo me miró como si fuera a decir algo, pero se quedó callada. Inesperadamente, mi yegua Taj se le acercó y puso su cabeza sobre las manos cruzadas que la mujer tenía en su falda. Vi que ella movió un dedo bajo la suave nariz del caballo. Luego vi lágrimas en el rostro de la mujer. Yo no me había dado cuenta de que ella estaba paralizada, y no podía hablar o moverse. Pero Taj se había dado cuenta, instintivamente, de lo que ella quería.

Las historias que nos cuentan los residentes de sus experiencias –los días que pasaron galopando, el día que se quemó el establo, o la yegua que se fugó– nos dan claras imágenes de sus "buenos tiempos" y nosotros las disfrutamos tanto como ellos a nuestros caballos.

Es fácil quedarse atrapado en los maravillosos recuerdos de esas visitas, pero para volver al mundo real lo único que tengo que hacer es recordar a un silencioso hombre el verano pasado.

El estaba sentado en un sillón, en el círculo de residentes, mirando tranquilamente todo el torbellino de actividad mientas los caballos daban su última vuelta por la habitación. Yo pregunté si alguien tenía preguntas que hacernos antes de que nos fuéramos, y él me miró y dijo: "Sí, claro, ¿sabe a qué hora es el almuerzo?".

Por lo visto, la vida de todo el mundo no gira alrededor de los caballos.

Carole Y. Stanforth

5

SOBRE COMPAÑÍA Y COMPROMISO

¿Es el aroma único de sus cuerpos mientras abrazo sus largos cuellos o la profundidad de sus miradas mientras descansan felices? No, es simplemente estar junto a ellos lo que me gusta más.

Teresa Becker

Un caballo en la casa

Más de dos décadas atrás, poco antes de Pascua, mi familia estaba a la espera de que Martha, nuestra yegua Quarter Horse de color crema, diera a luz a su potro anual. Toda mi familia (mi marido, Arthur, y nuestros hijos Marc, de diez años, y Karla, de doce) considerábamos el nacimiento de un potro un gran acontecimiento en nuestra granja en Mandeville, Lousiana.

Ese año, Martha se estaba tomando su tiempo. Debía haber dado a luz tres semanas antes. Cuando mi marido tuvo que viajar por negocios, quedé sola a cargo de supervisar el parto. Pasé muchas noches durmiendo en el establo junto al cubículo de Martha, preguntándome si esa finalmente iba a ser la noche.

La noche antes del domingo de Pascua, Martha finalmente entró en parto. Cuando la escuché moverse alterada, me levanté de mi catre y corrí hacia ella. Quince minutos después, dio a luz a un potro color dorado. Martha lamió al recién nacido y se acostó a descansar.

Pero diez minutos después, ella empezó a caminar y a dar vueltas inquieta, como si fuera a dar a luz por segunda vez. Los mellizos equinos son muy poco comunes y, por lo que yo sabía, cuando una yegua está embarazada con dos potros, normalmente tiene un aborto o uno de ellos nace muerto. Pero Martha dio a luz a otro potro, de color café oscuro con tres calcetines blancos en las patas y una gran marca blanca en la frente.

Aunque los potros eran pequeños, yo respiré aliviada de que ambos estuvieran vivos y parecieran sanos. Después de poco tiempo ambos se pararon y empezaron a competir por llegar a la leche de su madre. En cuanto ellos se alimentaron, volví a la casa a dormir, pensando que mis problemas habían terminado.

La mañana siguiente, mis hijos y yo sacamos a Martha y a sus potros al pastizal. Nombramos Amber al de color dorado y a su hermana más oscura la llamamos Ebony. Estábamos felices de verlos empezar a caminar y explorar el mundo.

Pero pronto nos dimos cuenta de que Martha no estaba aceptando a Ebony. Cuando Amber corría, Martha galopaba a su lado, en actitud protectiva, pero cuando Ebony trataba de seguirlos, la yegua la alejaba. Luego, con horror, vimos que la pateó, pegándole en la cabeza.

Aunque Ebony perdió el equilibrio, la pateadura no pareció causarle mayor daño. De hecho, siguió persiguiendo a los otros dos caballos. Pero poco después de esa mañana, entró en convulsiones. Una y otra vez, sus piernas se ponían tiesas, su cuerpo se arqueaba y se desplomaba. Cada episodio la dejó más débil y desvalida. Era terrible verla pararse con esfuerzo, sólo para volver a colapsar unos minutos después.

Desesperada, llamé a todos los veterinarios que pude. Sabía que si Ebony se debilitaba al punto de que no pudiera mamar más, moriría. Pero era domingo de Pascua y la mayoría estaban descansando u ocupados con otras llamadas de emergencia. Finalmente, a las seis de la tarde, localicé a uno. Le conté lo que estaba pasando y él vino de inmediato donde nosotros.

El veterinario sospechaba que la patada en la cabeza le había producido un coágulo de sangre, que estaba presionando el cerebro de Ebony. Pensaba que eso era lo que le estaba produciendo las convulsiones y le inyectó esteroides para ayudar a disolver el coágulo. Durante horas, nos quedamos mirando a Ebony en el helado establo, esperando ver alguna señal de recuperación. Pero ella seguía débil y desvalida. Finalmente se hizo tan frío que decidí que sólo quedaba una cosa por hacer: traerla a la casa.

Pusimos toallas y almohadas en el piso de mi habitación y entramos a Ebony. El veterinario me dio leche y una mamadera para que alimentara a Ebony. Luego, tras hacer todo lo que podía, me dejó sola.

Ebony tenía que comer cada 20 minutos. Entre medio, me acostaba en mi cama, para tratar de descansar un poco. La situación era terrible y yo me sentía muy desesperanzada. Estaba agotada tanto física como emocionalmente con el esfuerzo de tratar de mantener a Ebony viva.

Debo haberme quedado dormida, porque lo próximo que recuerdo es que me despertaron un resoplido y el suave roce de una nariz húmeda.

Era Ebony. Se había levantado y había llegado a mi cama en busca de su botella. Aunque todavía estaba débil, yo estaba feliz de verla parada. Mientras la veía mamar desesperadamente de su botella, desapareció mi fatiga y me sentí inundada de alegría. Parecía que, después de todo, Ebony iba a vivir.

Tres días después, Ebony había recuperado su salud y su fuerza y estaba galopando como cualquier otro potro. Pero cuando tratamos de acercarla a Martha, la yegua de nuevo la pateó. Era claro que ahora yo tenía otra hija, una hija ecuestre, que criar.

En ese punto, Ebony tenía que comer cada media hora. Para facilitar su alimentación, la mantuvimos dentro de la casa y abrimos la puerta del patio para que ella pudiera entrar y salir a su gusto. Cuando tenía hambre, iba a la cocina en busca de su mamadera.

Mi hijo Marc se convirtió en su compañero de juegos. Todos los días después de la escuela, mi hijo Marc y Ebony salían a galopar. Cuando Ebony se cansaba, entraba a la casa y se acostaba en la alfombra del living, a dormir la siesta o mirar televisión. Parecía totalmente natural tener a este gran animal compartiendo nuestra casa.

Cuando Ebony creció demasiado, la empezamos a acostar en el establo y redujimos gradualmente las mamaderas. Pero durante el día, ella seguía en la casa. Como la mayoría de los niños, ella era curiosa y le gustaba curiosear, así que iba de pieza en pieza, en busca de cosas con que jugar. Un día encontró una tarea de Marc en la mesa de la cocina y se la comió. La profesora dijo que la disculpa de Marc ("mi caballo se comió mi tarea") era una que ella nunca había escuchado. Otro día, la encontré halando con la boca los Kleenex que yo tenía en la mesita de noche. ¡Qué desastre armó!

Cuando Ebony cumplió tres meses, decidimos que era hora de que dejara de beber de una mamadera y que empezara a actuar como un caballo. La llevamos al pastizal y dejamos que jugara con su hermana Amber y los otros caballos. Al comienzo, Ebony protestó pero luego se ajustó a su nueva vida y se convirtió en parte de la manada.

Durante muchos años, consideré a Ebony como si fuera mi hija, aunque se transformó en una yegua sana y fuerte, capaz de cuidarse sola.

Por eso me alegró descubrir que el sentimiento es mutuo porque cada vez que dejo la puerta abierta, ¿adivinen quién entra? Nuestros invitados pueden sorprenderse, pero para nosotros Ebony, nuestro caballo en la casa, siempre será bienvenida.

Diana Christensen

Lado a lado

Había sido un día excelente en la granja. El sol brillaba y todo iba perfectamente bien cuando sonó el teléfono y volví a la realidad de mi trabajo, como dueño de una operación de rescate de caballos.

Era casi medianoche cuando los nuevos caballos a mi cargo llegaron después de un viaje de casi 24 horas. Recuerdo haberle dado la vuelta al *trailer* para examinar bien a las dos yeguas viejas, que habían sido confiscadas de sus dueños por las autoridades.

Ellas me miraron con recelo. Abrimos el *trailer* y las sacamos, sin separarlas una de la otra para ayudarlas a sentirse seguras en su nuevo medio ambiente. El miedo en sus ojos parecía gritar: "¿Cuánto más tenemos que aguantar? ¿Hasta cuándo va a durar esta pesadilla?".

Lentamente las condujimos a lo largo del pasillo del establo, ante las miradas curiosas de los demás caballos, y las pusimos juntas en un establo. Se metieron enseguida en una esquina, temblando y con la cabeza baja. Sólo ocasionalmente una de ellas, Dee, se atrevía a mirar a su alrededor. Rosie, su compañera, parecía la más traumatizada. Ni siquiera levantaba la cabeza y su mirada era vacía y distante. En un estado casi letárgico, se negaba a mirarnos. Las dos yeguas rechazaron el heno y el agua que les ofrecimos. Yo me quedé en el establo para vigilarlas durante la noche, pero nada cambió en su comportamiento. Me habían contado la historia de Dee y Rosie, y era una historia triste. Cuando las autoridades llegaron a investigar un informe de abuso de caballos, no encontraron heno, grano ni ningún tipo de alimento en la granja. Las yeguas literalmente se estaban comiendo la madera de la granja para tratar de sobrevivir. Ellas habían estado no sólo en el mismo establo, sino en el mismo cubículo, durante 28 años. Mañana iba a empezar mi verdadero desafío: tratar de mostrarles a estos caballos aterrorizados un tipo de vida que no habían conocido.

Durante las primeras dos semanas, traté de ganarme su confianza, pero mis movimientos lentos y cuidadosos sólo las asustaron más. Finalmente, unos días después, entré a su establo y al acercarme vi a Rosie mirando hacia fuera por sobre la puerta de su cubículo. Cuando me vió, comenzó a gemir tiernamente. Me le acerqué, hablándole suavemente, y vi una leve chispa en su mirada. Ni ella ni Dee dejaron que las tocara, pero habían empezado a mostrar interés en lo que las rodeaba y a mostrar señales de vida.

Colgué dos baldes con grano en el cubículo, uno cerca del otro, para que Dee y Rosie se sintieran juntas mientras comían. Pero se negaban a comer a menos que pudieran compartir el mismo balde de heno. Lo mismo pasaba con el agua.

Pasaron cinco semanas antes de que ellas confiaran en mí lo suficiente para intentar sacarlas. Con una cuerda en cada mano, las puse lo suficientemente cerca para que se pudieran tocar y así se mantuvieran calmadas. Sus ojos estaban llenos de miedo pero me siguieron con reticencia. Me habían dicho que ninguna de las dos había tocado un pastizal desde que tenían seis meses. En cuanto sus cascos entraron en contacto con la hierba, sintieron pánico. Pusieron los ojos en blanco y empezaron a resoplar y relinchar agitadamente, mientras trataban de levantar las cuatro patas al mismo tiempo. Rápidamente las llevé de vuelta al establo. Una vez ahí, de nuevo se refugiaron en su esquina, temblando de miedo. Había perdido todo el terreno que había ganado, pero sólo momentáneamente.

Una semana después, lo volví a intentar. Aunque la experiencia seguía siendo traumatizante para ellas, confiaban en mí lo suficiente para caminar una distancia corta. Durante los próximos quice minutos, descubrí que le temían a los pájaros, las mariposas, los charcos de agua y los vehículos. Desde ese día, una caminata diaria iba a ser parte de nuestra rutina.

Pronto, confiaban tanto en mí que yo podía abrir la puerta de su establo y ellas salían corriendo, daban dos vueltas y luego volvían juntas al establo. Era un espectáculo hermoso verlas tratando de acostumbrarse a una nueva situación en un mundo que había sido tan cruel con ellas.

Pasaron dos meses antes de que pudiera separarlas y darles un cubículo a cada una. Los cubículos estaban juntos y ellas podían mirarse y tocarse. Les puse bolsas de heno pegadas una a la otra, para que pareciera como si estuvieran comiendo juntas. Ambas tenían más que suficiente heno, pero las dos estaban preocupadas de que la otra pasara hambre. Rosie daba una mascada de heno y luego tiraba un poco al suelo, y con su nariz lo empujaba hacia el establo de Dee.

Cuatro meses después de que llegaron las niñas (así las llamaban todos en la granja), decidí que era hora de tratar de ponerlas junto con otros caballos. Pero la experiencia no resultó bien. Ellas sólo se habían visto una a la otra en su vida y en cuanto sus compañeros de establo empezaron a acercarse a la cerca que bordeaba el pastizal, de nuevo sintieron pánico. Se echaban a correr a toda velocidad alrededor del potrero y luego se quedaban junto a la puerta, temblando, esperando que yo las salvara de este nuevo peligro. Cada nueva experiencia era un obstáculo insuperable para ellas, pero la paciencia y la repetición funcionaron en cada ocasión.

Después de trece meses, llegó el momento de juntarlas con otros caballos y ver si podían tener una vida normal. Las llevé a un pequeño campo con otros cinco caballos. Durante los primeros días, Rosie y Dee se quedaron juntas. Después, Rosie empezó a socializar y parecía estar feliz con su nueva vida. Ella corría y "conversaba" con cualquiera que estuviera cerca. Dee, en cambio, era tímida y le temía a los otros caballos. Pero, como siempre, Rosie y Dee comían juntas y Rosie siempre se aseguraba de que Dee tuviera suficiente alimento. Al final del mes trece, Dee también empezó a socializar con los otros y a llevar la vida de un caballo normal.

El comienzo del mes catorce trajo nuevos desafíos para todos los que trabajábamos en el rescate de caballos. Durante tres años, habíamos arrendado un lugar y ahora compramos nuestra propia granja. A los 18 caballos que teníamos entonces les encantó el nuevo terreno: 70 acres de cerros para correr, comer y disfrutar la vida. Rosie y Dee estaban felices en el nuevo pastizal, y dejaron la pesadilla en el pasado. Finalmente, los ojos de Rosie se volvieron a iluminar y yo pude sentir el espíritu y la pasión encenderse en ambos corazones.

El mundo no podía haber sido mejor, por lo menos hasta el domingo por la mañana cuando fui a alimentarlas y Rosie no salió. Esto era inusual, porque ella siempre era la primera en salir. Alimenté a los otros caballos y luego fui a buscar a Rosie. No tuve que buscar mucho La encontré junto a la cerca, a sólo 50 metros de la casa. Estaba acostada y cuando la llamé, gimió y trató de levantarse, pero sin éxito.

Cuando me escuchó decir su nombre, trató de levantarse otra vez, pero no pudo. Lo intentó una y otra vez, hasta que colapsó agotada. Tras examinarla rápidamente, no pude encontrar la razón por la que no se podía parar, pero al inspeccionarla más de cerca, vi lo que parecía ser una herida de bala entre sus ojos, cubierta por su crin.

Llamé al veterinario y después de examinarla cuidadosamente, dijo lo que yo temía: teníamos que ponerla a a dormir. Tanto él como el sheriff confirmaron que ella había recibido un disparo de un rifle de alta potencia con mira telescópica. Un francotirador con un rifle prohibido en nuestro estado había conmocionado una vez más el mundo de Dee y le había robado a Rosie su vida recién descubierta.

Pusimos una recompensa y comenzó la búsqueda del asesino del hermoso caballo blanco que, después de sobrevivir décadas de abuso, finalmente había aprendido a vivir. El sheriff nos dio que había que dejar a Rosie en el campo por lo menos durante cuatro días. Si encontraban al culpable, tendrían que extraer la bala del cerebro de Rosie como evidencia, para compararla a un rifle.

Me preocupé por Dee, que había vivido con Rosie durante 28 años. ¿Cómo iba a sobrevivir ahora? Cubrí a Rosie con una pesada lona y la amarré bien, para proteger tanto su seguridad como su privacidad. Cuando regresé al día siguiente, Rosie estaba descubierta y Dee estaba haciendo guardia a su lado. Puse grano en sus baldes, y Dee se puso a relincharle a Rosie y a llamarla a comer. Cuando Dee terminó de alimentarse, siguió con su labor de guardia.

Durante cinco días, cubrí el cuerpo de Rosie y al día siguiente siempre lo encontraba descubierto, con Dee haciéndole guardia al lado. El quinto día enterramos a

Rosie, pero casi dos semanas después Dee seguía haciendo guardia en ese lugar, y llamando a Rosie para que fuera a comer. Han pasado cinco años desde la muerte de Rosie. Jamás encontramos a su asesino, y otros caballos en un radio de diez millas de nuestra granja también sufrieron disparos y tuvieron que ser puestos a dormir. Dee, que tiene ya 38 años, es artrítica pero tiene buena salud. Ella sigue viviendo en los pastizales de nuestra granja. La confianza de Dee en nosotros ha seguido creciendo. Ella viene cuando la llamo y es tan fácil de manejar como un gatito recién nacido. El dolor parece haber quedado en el pasado, aunque a veces cuando la veo mirar al horizonte, me pregunto qué está pensando. ¿Acaso está buscando a Rosie en los pastizales? ¿No sabe que no tiene que ir lejos para encontrarla? Rosie siempre va a estar a su lado.

Sissy Burggraf

Mi amigo Bob

Yo era baja. El era alto.
Yo era blanca. El era negro.
Mi vocabulario era superior al de un alumno típico de tercer grado. El suyo . . . bueno, yo era la única que lo entendía cuando él hablaba.
Yo era una niña de nueve años. El era un precioso caballo de paso Tennessee de seis años, registrado con el nombre de Bob's Merry Legs. Tenía el pelaje negro más suave que yo haya visto. Sus cuatro botines blancos y la mancha blanca en la frente lo hacían verse incluso más negro de lo que era. Medía por lo menos 16 manos de alto, mucho más que yo.
Yo me enamoré de él desde que lo vi en la subasta. Mi papá me había llevado ahí, pero estoy segura de que él no se imaginaba lo que iba a ocurrir.
Yo no podía quitarle la vista de encima a este hermoso animal. Yo estaba segura de que mi vida sería completamente feliz si lo tenía a él y, por el contrario, sería totalmente miserable si no lo tenía.
Yo sabía que rogar y suplicar no me iba a llevar a ninguna parte. En mi familia, uno hacía una petición simple y luego esperaba la decisión paterna.

"¿Cómo lo vas a cuidar?", me preguntó mi padre. "Míralo, es enorme. Ni siquiera vas a poder montarlo". El continuó: "Cuesta 125 dólares. Eso es mucho dinero, pero además tendríamos que alimentarlo y pagarle al veterinario. Estamos hablando de algo muy caro".
Lo miré directamente a los ojos: "Puedo darte toda mi mesada, hasta cubrir todo el costo".
Hoy me pregunto cómo papá logró contener la risa.
"¿Y a cuánto asciende tu mesada?", me preguntó muy serio.
"Veinticinco centavos a la semana", le respondí.
"Bueno, si mis cálculos son correctos, te llevaría casi 14 años pagar por él", me dijo. "Eso es mucho tiempo".
Bajé la cabeza y hundí la mirada en el suelo. Mi sueño de ver todos los días al hermoso caballo negro en los pastizales de nuestra pequeña granja se estaba desvaneciendo. Traté, al menos, de no ponerme a llorar.
"¿Estás segura de que quieres esto?", me preguntó mi papá. "Un caballo es mucha responsabilidad. No es como tener un perro o un gato".
Asentí con la cabeza y él respondió: "Bueno, anda donde el hombre de la camisa a cuadros, el que está recostado a la cerca. Pregúntale si el caballo todavía está a la venta por 125 dólares y pregúntale si lo puede enviar a nuestra granja".
Mi sonrisa de felicidad apenas cabía en mi rostro. Corrí hasta donde estaba el hombre, y le hice dos preguntas, señalando primero hacia Bob y luego hacia mi padre. El respondió que sí a ambas preguntas. Empecé a correr a donde mi papá, pero enseguida cambié de opinión. Sabía que él se encargaría de la transacción. Lo que tenía que hacer era presentarme a Bob.
El gran caballo negro había sido llevado a un corral más pequeño. Me encaramé a la cerca con agilidad para hablarle.

"Hola, Bob, eres hermoso", le dije. "No me conoces aún, pero te quiero. Lo vamos a pasar muy bien juntos". El caballo volteó la cabeza y se me acercó. A tres pies de distancia, alargó su cuello y me olió. Extendí mi mano lentamente. El olió mi palma y su respiración cálida era la sensación más maravillosa que he sentido en mi vida. Supe de inmediato que seríamos inseparables. No era necesario nada más. Bob se instaló en la granja inmediatamente, sin problemas ni fanfarrias.

Mis padres fijaron límites a la libertad que podíamos disfrutar. No podíamos pasarnos de la vía del ferrocarril, una milla hacia el este, ni del puente, tres cuartos de milla hacia el oeste. Pero podía montarlo a mi antojo por las numerosas carreteras de tierra que atravesaban nuestra granja.

Bob se aprendió enseguida mis horarios. Entre las 4:05 y las 4:15 de la tarde, se ponía agitado y empezaba a relinchar, pero mi papá lo hacía esperar hasta las 4:20 antes de abrir la puerta del corral. El salía caminando sólo, sin brida ni jinete, por el largo camino de entrada a nuestra granja, y se quedaba esperando al final, mirando en la dirección en que sabía que aparecería el autobús de la escuela. Apenas podía contenerse cuando se abría la puerta del autobús y yo me bajaba.

Mi papá no salía a ninguna parte sin su sombrero de fieltro, que le encantaba a Bob. El esperaba que mi papá pasara a su lado y, a la velocidad de la luz, le sacaba el sombrero de la cabeza con sus dientes. El caballo parecía echarse a reir, sabiendo que le había dejado al descubierto la cabeza calva. Por fortuna, mi papá aprendió rápidamente que perseguir a Bob no era una buena idea: el caballo siempre ganaba. Mi papá simplemente ignoraba la situación y trataba de no mirar a Bob, mientras éste corría con su sombrero en la boca. Eventualmente, al sentirse ignorado, Bob se acercaba y le dejaba el sombrero junto a los pies.

Tres años después de que Bob se vino a vivir con nosotros, mis padres nos dieron permiso para montar más allá de la vía del ferrocarril y del puente. Lamentablemente, yo no pude convencer a Bob de que teníamos permiso para expandir nuestro universo. Se negaba rotundamente a cruzar el puente o los rieles. Esto era frustrante y humillante al mismo tiempo. Finalmente, mi papá nos acompañó y, conmigo a bordo, lo hizo cruzar ambos límites. De algún modo, Bob comprendió que había recibido autorización de una figura de autoridad.

Fui a mi primera cita montando a Bob, me gradué de la primaria y pasé a la secundaria. pero a diferencia de otras niñas, no dejé de lado mi pasión por los caballos y, especialmente, por Bob.

El seguía siendo mi mejor amigo y todavía nos juntábamos todos los días a la entrada de la granja. Rara vez dejábamos de montar pero cuando eso ocurría, yo me sentaba un rato con él en el pastizal. Nuestras conversaciones eran largas y profundas. Yo le contaba todos mis secretos y él los guardaba celosamente.

Yo estaba a punto de terminar la secundaria y Bob tenía ya 16 años. Su pelaje seguía siendo de un negro intenso y su paso aún tenía la fogosidad y el brío de un caballo mucho más joven. Yo lo visitaba cada día, antes de tomar el autobús de la escuela, pero esa mañana algo parecía andar muy mal.

El estaba en su corral, empapado en sudor. Sacudía su hermosa cabeza hacia los lados, y trataba de morderse. Era claro que tenía un fuerte dolor de estómago. Me miró y supe que me estaba pidiendo ayuda.

Corrí a la casa, tiré la puerta detrás de mí, y casi tumbo el teléfono de la pared para llamar al veterinario. Mi mamá salió de la cocina, secándose las manos con un paño.

"¿Qué pasa?", me preguntó.

"Es Bob. Cólicos. Llamé al veterinario", le contesté, con

la respiración agitada por la carrera, el miedo y mi esfuerzo por contener las lágrimas.

Mi mamá se acercó y me dio unas palmaditas en el hombro. "Tranquila. Todo va a estar bien", me dijo. "Voy a buscar a papá para que nos ayude". Se subió al auto y lo fue a buscar al campo, donde él estaba trabajando en su tractor. Volvieron juntos.

"Tenemos que hacer que se pare, si es posible", me dijo él. Salimos a toda carrera hacia el corral. Papá amarró una soga al cabestro de Bob. "Pídeselo tú", me dijo. "A ti te va a hacer caso".

"Bob", le dije llorando. "Por favor, levántate. Por favor, por favor. Te necesito, Bob".

Con un enorme esfuerzo, el caballo se levantó. Cuando lo vi parado no podía creerlo: parecía como si hubiera perdido cien libras en una noche. Mi papá me pasó la cuerda. "Camina con él me dijo". Por su mirada y su tono de voz, supe que él creía que la situación era seria. Con lágrimas en los ojos, empecé a caminarlo.

El veterinario llegó y se bajó sin perder tiempo. Tomó un balde de acero inoxidable de la cama de su camioneta y lo llenó con aceite mineral hasta la mitad. Luego ajustó una pequeña bomba con un largo tubo de plástico en el balde, se acercó a Bob, le agarró la nariz y comenzó a pasarle el tubo por las fosas nasales, hasta llegar a su estómago. Entonces empezó a bombear el aceite a través del tubo, con la intención de remover la masa de alimento que le provocaba los cólicos a Bob. Bombeó y bombeó, pero nada ocurrió. Las patas delanteras de Bob empezaron a doblarse.

"No dejes que se acueste", gritó el veterinario. "Si lo hace, puede doblarse el intestino y si eso ocurre, no hay nada más que podamos hacer".

Con el corazón roto, sujeté a mi caballo del cabestro con todas mis fuerzas, sabiendo que él estaba sufriendo mucho. El ansiaba echarse, pero me mantuve firme. "Por favor, Bob, quédate parado", le dije. Y por primera vez desde que todo comenzó, me permití mencionar esa terrible palabra: "Por favor, Bob, por favor, no te mueras".

"No puedo hacer nada más", dijo el veterinario. "Traten de hacerlo caminar lo más que puedan".

Tanto Bob como yo estábamos agotados, pero lo seguí caminando, y acariciando. Finalmente, me tocó la cara con la nariz. Supongo que ya yo sabía qué iba a pasar. Supongo que no me sorprendió cuando la soga se soltó de mi mano y lo vi caer al suelo, como un millón de pedazos rotos de vidrio negro.

Estiró su cuello y yo me quedé ahí, acostada en el piso junto a él. "Te quiero, Bob. Has sido el mejor amigo que hubiera podido tener". El entendió lo que yo le decía. El siempre entendía.

Mi papá trabajó todo el día cavando una tumba para Bob, en medio de árboles y viñedos. El sabía que yo sólo iba a aceptar un buen funeral para mi amigo. Falté a clases durante toda la semana y lloré todos los días.

A pesar de los años que han pasado, mi corazón todavía siente un tirón de brida cuando pienso en mi amigo Bob.

Mi papá está muerto y mi mamá tiene más de 80 años.

Vendimos la granja hace años y hay muchas casas donde antes hubo pastizales y campos.

Sobre la tumba de Bob, ahora hay una casa.

Algunas veces, cuando visito a mamá, me imagino a la gente que vive en esa casa. Ellos no saben la historia que contiene esa tierra, pero me pregunto si a veces escuchan un relincho y ven un espectáculo ridículo: un gran caballo negro que corre con un sombrero de fieltro entre sus dientes, tratando de hacerle una broma a un hombre serio.

Diane M. Ciarloni

El pony de la alfombra mágica

El oro gitano no destella ni se agrieta. Brilla bajo el sol y relincha en la oscuridad.

Proverbio gitano

A los nueve años, yo había demostrado suficientemente mi determinación de montar caballos y mi papá decidió por fin buscarme un pony adecuado. Un día salió con 300 dólares en el bolsillo, por si encontraba el animal adecuado. En una granja, vio a un pony Welsh de trece manos de altura, con un hermoso y reluciente pelaje bayo. Papá pensó que sería fabuloso tener un pony como ése.

Después de buscar durante dos meses, se dio cuenta de que no se iba a conformar con menos. Pagó 800 dólares por Jupiter, una cifra que en esa época era exhorbitante. Pero estoy segura de que cuando encontré la nota en mi calcetín de Navidad ("querida Robin, estoy esperándote en el establo. Por favor, ven pronto. Jupiter"), él pensó que mi éxtasis bien valía los 800 dólares.

Cuando Júpiter y yo montábamos, era como si me hubieran dado una alfombra mágica. Júpiter me llevaba a

ENCUESTA AL LECTOR

A nosotros nos importa su opinión. Por favor tome un momento de su tiempo para llenar esta tarjeta y envíela por correo. Nosotros le enviaremos información sobre nuestros libros nuevos libros y **un regalo muy especial. Gracias.**

Por favor escriba en letra MAYÚSCULA.

Nombre |_____| Inicial. |__| Apellido |_____|

Dirección |_____|

Ciudad |_____| Estado |__| Zona Postal |_____|—|____|

Numero de Teléfono (|___|) |___|—|____| Fax # (|___|) |___|—|____|

Dirección de correo electrónico |_____|

(1) Sexo:
___ Femenino   ___ Masculino

(2) Edad:
___ 12 o menos   ___ 40-59
___ 13-19   ___ 60 o más
___ 20-39

(3) Estado Civil
___ Casado
___ Soltero
___ Divorciado/Viudo

(4) ¿Recibió este libro como regalo?
___ Si   ___ No

(5) En los últimos doce meses, ¿cuántos libros a comprado o leído?

	1-3	4-6	7-9	10 o más
En Español	___	___	___	___
En Ingles	___	___	___	___

(6) ¿Como supo de este libro? Por favor marque UNA solo CINCO.
1) ___ Recomendación
2) ___ Exhibición en librería
3) ___ Lista de los libros más vendidos
4) ___ Internet
5) ___ Anuncio
6) ___ Entrevista a un autor
7) ___ Reseña de un libro

(7) ¿Usualmente donde compra libros? Por favor seleccione sus DOS respuestas favoritas
1) ___ Librería
2) ___ Almacén religioso
3) ___ Internet
4) ___ Catalogo
5) ___ Clubs de ahorro (Cosco, Sam's Club, etc)
6) ___ Otros almacenes (Target, Wal-Mart, etc.)

(9) ¿Que temas disfruta más leer? Seleccione *Marque el #1 para su favorito, #2 para el segundo lugar, etc...*

	1	2	3	4	5
1) Paternidad, Maternidad/Familia	○	○	○	○	○
2) Relaciones humanes	○	○	○	○	○
3) Salud/Nutrición	○	○	○	○	○
4) Christianismo	○	○	○	○	○
5) Espiritualidad/Inspiracíonal	○	○	○	○	○
6) Auto ayuda para empresas	○	○	○	○	○
7) Temas para adolescentes	○	○	○	○	○
8) Deportes	○	○	○	○	○

(14) ¿Que le atrae mas de un libro? *Marque el #1 para su favorito, #2 para el segundo lugar, etc...*

	1	2	3	4
14) Titulo	○	○	○	○
15) Diseno de la portada	○	○	○	○
16) Autor	○	○	○	○
17) Contenido	○	○	○	○

BC1

Por favor de sellar en el centro; No engrapar

BUSINESS REPLY MAIL
FIRST-CLASS MAIL PERMIT NO 45 DEERFIELD BEACH, FL

POSTAGE WILL BE PAID BY ADDRESSEE

NO POSTAGE
NECESSARY
IF MAILED
IN THE
UNITED STATES

HCI EN ESPANOL
HEALTH COMMUNICATIONS, INC.
3201 SW 15TH STREET
DEERFIELD BEACH FL 33442-9875

DOBLE AQUI

(18) Generalmente, ¿que precio espera Ud. pagar por un libro?
1) ___ $ 5.00
2) ___ $10.00
3) ___ $15.00
4) ___ $20.00
5) ___ $25.00 o más

¿Tiene algún commentario o sugerencia que le gustaria compartir con nosotros?

Para mas información sobre HCI Español:
www.hcibooks.com (800) 441-5569
NO NECESITA ESTAMPILLA POSTAL.

donde yo quería ir, desde la tarima de los ganadores hasta el confín de mi imaginación.
Por supuesto, él lo hacía en sus propios términos. Júpiter era demasiado independiente para ser el lacayo de alguien. El me llevaba a todas partes, pero sólo despues de que yo pasaba una hora tratando de atraparlo. Cuando me caí, en mi primera caza de zorros, Júpiter siguió galopando, sin ningún remordimiento. Era como si dijera: "Si no eres suficientemente buena para mantenerte arriba de mí, ése es tu problema".
A Júpiter también le gustaba demostrar su independencia en el ruedo de competencias. De vez en cuando, él se negaba a saltar una valla, sólo para recordarme que para montar y ganar yo dependía de él. Pero la mayoría de las veces, me dejaba ganar: gracias a él tenía una pared entera cubierta de cintas y un cuarto lleno de trofeos de plata.
Si él se escapaba de mí en el pastizal, si me dejaba abandonada en el terreno de caza y se imponía a los demás caballos con sus patadas bien dirigidas, entonces ¿por qué lo queríamos tanto? Por su espíritu indomable. Cuando se trataba de dar ese esfuerzo casi sobrenatural en pos del oro, Júpiter no tenía rival.
El tenía lo que hacía falta para ser un campeón y lo sabía. Yo salté en ese pequeño pony un montón de cercas que hoy dudaría en saltar con un caballo más grande. Una vez mi papá lo vio saltar una cerca de cuatro pies para salir de un corral, correr un rato por la nieve y luego volver a saltar la cerca de regreso, sólo para divertirse. Su exuberancia era excesiva a veces, pero siempre entrañable.
Cuando crecí tanto que ya Júpiter resultaba pequeño para mí, papá habló de venderlo. Después de todo, los ponies son mascotas caras y viven una eternidad. Pero nunca lo vendió.
Mi amistad con Júpiter se profundizó en la escuela secundaria. Algunas veces yo iba a caminar con él por

todo el campo y conversábamos sobre las desilusiones de mi vida de adolescente. ¿Qué importaba si no me habían escogido como *cheerleader*? ¿Qué más daba si en la fiesta me había sacado a bailar el muchacho equivocado? Con un establo lleno de caballos, no tenía tiempo para agonizar por pasiones de adolescentes.

Luego entré a la universidad y me casé y empezamos a hablar de que nuestra futura hija podría montar a Júpiter. Pero en vez de tener una niña, tuve un divorcio.

En esa época, el divorcio todavía era un tanto escandaloso y tuve que luchar contra una sensación de culpa y fracaso. Una tarde, ensillé a Júpiter para una larga caminata. Con su tupido pejale parduzco de invierno, no se veía ya como la alfombra mágica de cuando yo era niña. Estaba en la mitad de la vida y se había calmado un poco, pero yo pensé que todavía podía salvar el Alamo. Y ciertamente, desde el momento en que lo monté y sentí su paso familiar, me inundó un sentimiento de seguridad.

Cuando empecé a crear una vida para mí, descubrí que Júpiter no era sólo un refugio en momentos difíciles, sino un modelo.

Júpiter jamás preguntó qué tan altas eran las cercas o a quién había que derrotar. El sólo saltaba. Y después de que derrotó a los competidores en su propia categoría, alegremente empezó a ganarles a caballos que medían un pie más que él. Una vez incluso me atreví a inscribirlo en una carrera de barril. Cuando salimos a la arena (una niña de mejillas rosadas con trenzas en el pelo, montada sobre un pony gordo con una silla inglesa) los vaqueros se rieron. Pero Júpiter voló por el ruedo y alrededor de los barriles. Ganó, derrotando incluso al campeón del estado en esa competencia. Era precisamente lo que yo esperaba de él, pero los vaqueros se quedaron con la boca abierta.

Me contagié con su actitud, y eso me ayudó a conseguir mi primer trabajo. Cuando llamé para pedir una entrevista, ni siquiera había una posición abierta en la revista local. Aunque yo era como un pequeño pony compitiendo contra caballos enormes, fui a ver al director, pues, igual que Júpiter, sabía que podía hacer el trabajo. La confianza debe haber funcionado, porque el director me contrató.

Años después, mi segundo matrimonio me dio la oportunidad de hacer muchas cosas, incluyendo recrear mi infancia feliz. Con gran alegría, fui a reclamar mi pony, que había estado en préstamo de una sucesión de niñitas. Cuando lo encontré, me asombró el efecto que los años habían tenido en él: estaba flaco, tenía una oreja aplastada y problemas en un ojo. Además, aunque era verano ya, no había mudado el pelaje pardo del último invierno.

Lloré todo el camino a casa y temí de que se me fuera a morir antes de que llegáramos al establo. Le di grano y llamé al veterinario. Después de dos días, Júpiter se veía mucho mejor.

Luego de una semana, no pude aguantar mis ganas y lo monté. Caminamos un poco primero y luego trotamos. De pronto, Júpiter se lanzó a un medio galope y, para mi sorpresa, rompió a correr. ¡Ay, mi incorregible pony!

Mi marido rápidamente se enamoró del pony y juntos lo cuidamos y alimentamos. Durante tres años, disfruté viendo a mi pony en el pastizal, recibiendo amor y buena atención.

Júpiter tenía 28 años cuando se tendió en una esquina tranquila del pastizal y murió.

Pasé el día haciendo arreglos para el funeral. Llorando, llamé a mi marido. Luego mi papá llamó y lloramos juntos, recordando momentos con él. Entre una llamada y otra, corté un trozo de su crin, como recuerdo.

Mi papá vino al funeral y contamos historias sobre Júpiter. Llegaron vecinos con tartas y jamones. Sacamos algunas fotos, pero las mejores imágenes las teníamos en la mente. Papá sacudía la cabeza y, de vez en cuando, se reía de algún recuerdo. También lloramos todos. Era la primera vez que veía a mi padre llorar. De hecho, me asombró un poco su prueba de sentimentalismo al manejar treinta millas de noche sólo para venir a hablar de un viejo pony.

"Siempre lo voy a recordar saltando la cerca del corral en la nieve", dijo mi papá. "Sabes, ese pony tenía más corazón que cualquier otro caballo que haya visto. Tenía que tenerlo, porque sus patas no eran suficientemente largas para saltar la mayoría de las cosas que saltó".

"¿Fue por eso que no lo vendiste nunca?", le pregunté. Papá se encogió de hombros.

Le recordé entonces su antiguo lema: "Jamás debes tener un caballo que no está a la venta".

El respondió: "Te equivocas. Sí le puse un precio a Júpiter, pero nadie jamás se interesó". Era la primera vez que yo escuchaba eso.

"¿Y cuánto pedías por él?", inquirí.

Mi papá sonrió y sus ojos volvieron a brillar. "Un día llegué a la conclusión de que la dicha de verte sobre ese pony, ganándole a todos los otros caballos, valía un millón de dólares. Quizá novecientos mil. No quería ser poco razonable".

Robin Traywick Williams

A Chutney, con amor

Hay un antiguo proverbio que recomienda "sujetar a un amigo de verdad con ambas manos". Siglos después de que eso fue escrito, ese consejo aún es aplicable. En nuestro mundo ocupado y caótico, un amigo verdadero es como una joya fina. Tengo la suerte de tener esa joya en mi vida: una hermosa yegua llamada Chutney.

Al comienzo, Chutney y yo éramos una pareja extraña. Yo era una adolescente tímida e insegura. Ella era una yegua apasionada y terca. Yo fui diagnosticada con escoliosis y tuve que usar un yeso en la espalda durante tres años. Era un aparato grande e incómodo, que me convirtió en el hazmerreír de mi clase en la secundaria. Con frecuencia los chicos se burlaban de mí cuando yo pasaba. Algunos incluso me golpeaban el yeso. Como es de imaginar, mi autoestima sufrió un duro golpe a consecuencia de eso.

Montar era mi escape de estos problemas. Empecé a montar a los trece años, más tarde que la mayoría de los jinetes. Al comienzo, monté un caballo pequeño y competí en la amistosa atmósfera de los espectáculos 4-H. Cuando avanzamos, mi pony y yo pasamos a la granja de equitación, donde mi falta de habilidad se hizo evidente. Yo apenas estaba en un nivel intermedio, cuando más, mientras que la mayoría de mis compañeros de establo eran jinetes elegantes que habían estado involucrados en este deporte desde muy pequeños. Muchos de ellos competían regularmente en torneos importantes, algo que iba mucho más allá de mis habilidades.

Chutney era la nieta de una leyenda en las competencias, la habían comprado en la prestigiosa venta Keeneland y la había entrenado desde entonces un profesional. Ella estaba acostumbrada a un jinete preciso, que lograba exhibir su talento y condición atlética. En esa época, Chutney era demasiado avanzada para mí. Pero me enamoré de ella a primera vista.

Ella era increíble, una yegua baya briosa con la cara más femenina y expresiva que jamás había visto, y un paso poderoso y elegante. Saltaba levantando las rodillas hasta su nariz y arqueándose de una manera que te sacaba de la silla. Me gustaba que ella fuera un desafío. Ella era una diva y alzaba las orejas cada vez que pasaba cerca de otro caballo.

Montar a Chutney fue una experiencia valiosa, aunque a veces frustrante. Ella no toleraba mis errores de novata. Si le pedía que saltara una valla, lo hacía, aunque la distancia no fuera la apropiada. ¿Cambios de dirección automáticos? Ni hablar de ello. Si le pedía algo con demasiada rudeza, corcoveaba; si se lo pedía con excesiva delicadeza, no obedecía. Esta yegua era una perfeccionista, igual que yo. Pero además de eso, nos complementábamos perfectamente: donde yo era débil, Chutney era fuerte. Donde yo era tímida, ella era osada.

Cuando la montaba en la forma que ella exigía que la montaran (relajada, con las piernas y las manos sueltas) ganaba fácilmente contra los mejores. Pero si yo cometía errores, ella mostraba su molestia, lo que normalmente nos dejaba fuera del círculo de ganadores. Nuestros resultados dependían de cómo yo había montado ese día, así que no era raro que ganáramos un fin de semana y no obtuviéramos absolutamente ningún premio el fin de semana siguiente.

Estas eran lecciones importantes más allá de los ruedos de competencia. Como todos sabemos, la vida es lo que nosotros hacemos con ella. También es una serie de altos y bajos.

Mientras yo estaba montando con un entrenador tremendamente difícil, que me dijo que Chutney y yo jamás seríamos una buena pareja, un jinete profesional muy conocido vino a visitar la granja. Montó a Chutney y estuvo de acuerdo en que era una yegua demasiado complicada para un aficionado. Pero en cuanto mi entrenador se alejó, me susurró: "Realmente me gusta este caballo. Los otros niños van a aprender a verse bien. Pero tú vas a aprender a montar". Con esas palabras, me sentí más decidida aun a montar este caballo bien.

Chutney había estado a mi lado en todos los momentos importantes de mi vida: mi fiesta de graduación, mis exámenes finales, la universidad, mi primer auto y cuando mi primer libro fue publicado. Mi padre murió de un ataque al corazón cuando yo tenía 18 años y yo busqúe consuelo en Chutney. Y cuando la presión de las competencias se hacía insoportable, nos íbamos a un campo abierto y galopábamos hasta recuperar la alegría en nuestros corazones.

Nos conocemos muy bien, como amigas de toda la vida. Sé que le gustan las mentas, pero no le interesan los cubos de azúcar. Sé que daría cualquier cosa por estar afuera durante una tormenta, pero que cuando no se siente bien, alza su labio superior. Ella sabe que yo a veces me tomo la vida, y sobre todo la equitación, demasiado en serio. Y cuando me siento triste o insegura, hundo mi cara en su maravilloso cuello y siento que nada en el mundo me puede hacer daño.

Después de quince años de ser mi amiga y compañera de equitación, mi querida yegua sigue enseñándome. Recientemente empecé a participar en un nuevo tipo de competencias, y empecé a poner presión sobre mí, como suelo hacer. Me puse tensa y Chutney, como siempre, reaccionó lanzando una fuerte patada justo frente al juez. Años atrás, probablemente habría llorado por eso. Ahora, no hize más que reírme. Era como si Chutney me estuviera diciendo: "Es sólo una exhibición. Relájate. Lo importante es nuestra amistad". Como siempre, ella tenía razón.

Juntas hemos compartido victorias y desilusiones, hemos celebrado amores y lamentado pérdidas, y hemos estado juntas en las buenas y en las malas. Y en el proceso, una adolescente tímida e insegura se convirtió en una escritoria segura; y una jinete novata se convirtió en una buena equitadora. Estaría mintiendo si no dijera que gran parte de ese éxito se debe a Chutney.

A pesar de mis logros, a veces me vuelvo a sentir insegura. En esas ocasiones, voy directo al establo de Chutney, abrazo su cuello y nuevamente me siento totalmente segura, ya que Chutney es ese tipo de amiga al que hay que aferrarse con ambas manos.

Kimbery Gatto

Una nueva vida para Rosie

"Mamá, mamá, por favor, ¿nos podemos quedar con ella?", me rogó mi hija, Jackie, mientras el hermoso pony blanco le registraba los bolsillos en busca de golosinas. Rosie era el sueño de toda niña. Tenía una cara hermosa con ojos grandes e inquisitivos y largas pestañas blancas.

"Estoy en apuros", dijo el dueño. "Me voy a la universidad en cuatro días y ella no se puede quedar aquí. Nadie puede venir a alimentarla. Necesito encontrarle una buena casa. Le juro que ella es un caballo bueno".

"Pero ni siquiera la hemos montado", protesté.

"Llévensela a casa y pruébenla. Le juro que no se van a arrepentir".

"Ay, por favor, mamá. ¡Yo la quiero! ¡No puedo creer que las dos tenemos diez años!".

Suspiré resignada. Eran tres contra uno.

Pusimos a Rosie en una antigua granja, donde el dueño jibilado arrendaba corrales para unos cuantos caballos. Durante los primeros días en el pastizal, no pudimos atraparla. Ella estaba feliz, galopando a toda velocidad con la cola levantada. Pero en poco tiempo, Jackie (y a veces su hermana menor, Chelsea) estaban montando a Rosie por todo el pastizal y por los caminos cercanos cubiertos de hojas secas, durante horas interminables de diversión. Jackie y Rosie eran una buena pareja. Se vestían elegantemente para el desfile de la ciudad y le llevamos al pony un delicioso puré de papas de regalo la mañana de Navidad.

Finalmente, los días se estaban haciendo más tibios y más largos y Jackie empezó a hacer planes para pasar el verano con Rosie. Ella se había convertido en integrante de nuestra familia. Rosie parecía feliz también. Había sido una primavera cálida y húmeda, por lo que el pasto estaba especialmente abundante y hermoso. Cuando Rosie no estaba de aventuras con Jackie y Chelsea, estaba comiendo. Comía muchísimo pasto pero no era el caballo más gordo del grupo, así que yo no estaba preocupada.

Un día recibí el llamado que todo dueño de caballos teme. "Venga a ver a Rosie", me dijo Roy, otro de los dueños de caballos. "No quiere caminar y se trata de sentar cuando está parada. Parece no querer apoyar las patas delanteras, pero no le veo ninguna señal de herida".

Me fui rápidamente a la granja. Vi a Rosie y después llamé a nuestro veterinario. Me dijo que la sacara del pastizal y la llevara a un lugar más pequeño hasta que él llegara. Después de observarla, le diagnosticó rápidamente laminitis, una condición que afecta las estructuras internas de los cascos. Ciertamente, los cascos de Rosie estaban muy calientes y ella se estaba apoyando en las patas traseras, para evitar poner peso en los cascos delanteros.

"¿Cómo ocurrió esto?", le pregunté al doctor Pickering.

"Marla, básicamente el caballo come demasiado comida muy rica, que no puede digerir normalmente. Ocurre un proceso de fermentación en los intestinos, y se produce una toxina que entra al torrente sanguíneo. El cuerpo entero es afectado, pero ciertas estructuras del casco son más sensibles al daño. Cuando el proceso avanza, el hueso dentro del casco puede soltarse y eso es muy grave".

Hizo una pausa y luego continuó. "A veces, el casco

incluso se puede caer. Afortunadamente, detectamos este caso muy temprano. Hay que hacerla tomar estos medicamentos y mantenerla en la dieta que he prescrito. Tienen que mantenerla en este establo pequeño durante las próximas semanas. Llámame si hay algún cambio y mantenme al tanto de cómo sigue, Marla".

A Rosie no le gustaba estar separada de su pequeña manada y odiaba su nueva dieta. En varias ocasiones, trató de explicarnos que todo era un error.

"¡Ay, mamá!", me dijo Jackie. "Ojalá hubiera una forma de explicarle que esto es por su propio bien".

"Sí, ya sé que es frustrante. Pero está mejorando mucho, y le podemos poner herraduras especiales y quizá montarla de nuevo si ella sigue mejorando".

Durante la sexta semana, Rosie empezó a usar herraduras con un acolchonamiento especial. Parecía como si fuera a pasar bien el verano. Pero lamentablemente, eso no ocurrió.

"Mira, mamá. Rosie está acostada", exclamó mi hija menor, Chelsea. Era un día cálido de mayo y era raro que ella estuviera acostada en medio del establo. Cuando nos acercamos, no nos miró siquiera.

"Algo está mal, muy mal. Voy a llamar al veterinario", dije.

El doctor Pickering recomendó que le pusiéramos toallas húmedas, para protegerla del calor, hasta que él llegara.

Nos alegró poder hacer algo útil mientras él llegaba. No tardó mucho. "Ella colapsó", dijo. "Yo esperaba que esto no ocurriera. Es imposible predecir cómo va a avanzar la laminitis. Esto no es bueno, Marla. Puede que sobreviva hoy, pero quizá sus patas jamás se recuperen. Tienes que considerar otras opciones. Incluso si ella sobrevive, puede ser incapaz de caminar el resto de su vida".

El doctor Pickering trabajó mucho con Rosie durante toda la tarde. Todos le ayudábamos pasándole aparatos, sujetando tubos y refrescando las toallas mojadas. Jackie pasó la mayoría del tiempo tratando de hacer que Rosie se sintiera mejor, aunque ella misma estaba llorando. "Por favor, niña, no te rindas. Vas a estar bien, yo te voy a cuidar", le decía. De vez en cuando, Rosie daba un gran suspiro. Sabíamos que estaba sufriendo mucho.

Horas después, cuando el sol se estaba poniendo, el doctor dijo que había que mover a Rosie a un sector cerrado cerca de la granja.

"Pero, ¿cómo vamos a trasladarla hasta allá?", pregunté.

"Tendremos que ayudarla lo mejor que podamos", contestó él.

Le rogamos que se levantara. Ella no quería apoyarse sobre sus cascos adoloridos y nosotros cuatro no podíamos levantarla. Como último recurso, el doctor le levantó una de las patas y empezó a moverlas hacia adelante una a una. Hicimos todo lo posible para incentivarla a andar y evitar que se volviera a echar hasta que, finalmente, llegamos al establo que iba a ser su hogar durante los próximos meses.

"Ahora van a tener que cuidarla bien. Ella necesita una inyección dos veces al día, además de los medicamentos orales. ¿Sabes inyectar?"

"No", dije yo. "Pero aprenderé".

"Otra cosa más", agregó el veterinario cuando mis hijas no estaban escuchando. "Puede llegar un momento en que le estemos pidiendo demasiado a Rosie. Puede ser mucho sufrimiento con pocas posibilidades de recuperación. Puede que sus patas se infecten. Los caballos no están hechos para estar tanto tiempo tendidos. Le pueden salir úlceras".

Le pregunté cómo iba a saber si ese momento había llegado.

"Rosie te lo hará saber", dijo él. "Ella va a gemir de dolor y va a ser incapaz de pararse. Ella te va a mostrar cuando

SOBRE COMPAÑÍA Y COMPROMISO

sea incapaz de tolerar el dolor".
Me sentí desesperanzada cuando el veterinario se fue.

"Ella va a estar bien, mami, no te preocupes", me tranquilizó Jackie cuando vio la expresión de mi cara. "Nosotros la vamos a cuidar. Yo la quiero mucho mami. Rosie tiene que mejorar".

"Haremos todo lo que podamos, te lo prometo, pero ahora tenemos que ir a casa a descansar. Ella ya está descansando tranquilamente".

Jackie y Chelsea pasaron esa noche decorando carteles con mensajes de buenos deseos para Rosie. A la mañana siguiente, fuimos a verla y le di sus medicamentos mientras las niñas colgaban sus carteles.

"Yo sé que ella no puede leer, mami", dijo Jackie. "Pero quiero que sepa que estamos pensando en ella cuando no estamos aquí. Le va a hacer sentirse mejor".

Durante las primeras dos semanas, no pareció estar interesada en nada, pero tampoco pareció empeorar. Las palabras del veterinario resonaban en mi mente: "Rosie te lo hará saber".

En la noche, como lobos acechantes, un grupo de coyotes nos miraban desde lejos. ¿Y si llegaban a la granja? Rosie era incapaz de defenderse en su condición actual. ¿Estaría segura?

Cada día, al llegar a la granja, inventaba una excusa para que las niñas se quedaran en el auto unos minutos mientras yo revisaba a Rosie. Quería protegerlas de la peor parte. Rosie me miraba casualmente desde el piso del establo, pero cuando veía aparecer a mi hija Jackie, hacía un esfuerzo por pararse y el brillo le volvía a sus ojos. Entonces yo sabía que este pony tenía una oportunidad. Durante todo el verano, sin embargo, no teníamos idea de lo que nos traería cada mañana.

Cada tres o cuatro días, teníamos que volver a vendar sus patas. Lo hacíamos rápidamente, para evitar causarle más dolor al tener que soportar más peso en una pata mientras le levantábamos la otra para vendarla. Después de un tiempo nos volvimos bastante buenas en esta rutina. Eramos tan rápidas como el equipo de mecánicos de un corredor de autos.

Un día le pedí a Jackie que mezclara los remedios de Rosie con su comida. Pero ella me dijo que ya se los había dado, que Rosie los comía de su mano si se los daba uno a uno.

Los remedios eran enormes y obviamente tenían un sabor terrible. La mayoría de los dueños de caballos tienen que buscar formas de disfrazar el sabor, pero Rosie se los comía enteros, porque se los daba Jackie. Todos, incluyendo al doctor Pickering, estábamos asombrados de cuánta fe tenía este pony en mi niñita.

Tomó más de un año, con algunos retrocesos en el proceso de curación, pero finalmente los cascos delanteros de Rosie se recuperaron. Requirió un veterinario dedicado, un herrador ingenioso y mucho amor para hacer que Rosie sanara. Y se requirió una niña pequeña, que jamás dejó de tener fe en ella y de alentarla. Se necesitó a Jackie.

Jackie compitió con Rosie en la categoría 4-H esa primavera. Cuando Chelsea creció, también empezó a montar a Rosie y juntas participaron en un par de torneos del Pony Club, que incluían saltos. Ahora, Rosie trabaja en nuestros campamentos ecuestres durante cinco semanas en el verano, y lleva a los pequeños a sus primeras aventuras a caballo. Sus pies todavía necesitan herraduras especiales y le prestamos mucha atención a lo que come.

Rosie y Jackie cumplieron 17 años juntas. No tengo ninguna duda de que la razón de que Rosie esté viva todavía con nosotros es la devoción y el amor total que le entregó Jackie, quien jamás se rindió y supo que el pony tenía una gran fortaleza de espíritu. Jackie podía ver ese espíritu de algún modo en los ojos de Rosie.

Chelsea, que está a cargo de cuidar a Rosie ahora que Jackie se está preparando para la universidad, lo expresa mejor que nadie: "Lo que aprendí de esta experiencia es bastante simple: que los animales saben cuando uno los ama".

Rosie está viva hoy porque mi hija confió en ella y porque ella confió en mi hija. Como cualquier mamá, siempre trato de ver cosas en mis hijas que me llenen de orgullo. Todavía recuerdo los carteles que mis dos hijas hicieron para Rosie y que ellas mantuvieron la esperanza, cuando la mía estaba fallando. Ellas demostraron compasión y aliviaron el dolor de Rosie. Y aprendieron que la confianza puede ser una medicina poderosa, cuando Rosie abría la boca y se tragaba los remedios que le daba mi hija.

Mis hijas le devolvieron la vida a Rosie. Rosie, a cambio, les enseñó a mis hijas poderosas lecciones de confianza y compasión que alumbrarán a quienes las rodeen durante el resto de su vida. Cuando traje a este pequeño pony blanco a nuestra vida, jamás imaginé el maravilloso regalo que mi familia iba a recibir.

Marla Oldenburg y Bill Gross

Lecciones de Lou

Mientras le hablaba a Lou sobre el niño, una lágrima se deslizó por su cara. Quizá me habría sorprendido esta demostración de emoción si Lou no hubiera sido mi caballo y si el niño no hubiera sido King, su hermoso potro de cinco semanas.

Mi marido había comprado a Lou, un caballo de carreras retirado, para mantenerme ocupada y distraída mientras yo salía de mi retiro temporal por razones médicas: un problema cardíaco menor. Lou tenía cuatro meses y medio de embarazo y las dos estábamos sofocadas por la falta de actividad. Pero ella necesitaba descansar un tiempo y aunque yo no podía montar, le di mucho amor.

Lou tenía una historia genealógica impresionante e incluso con su estómago deformado por el embarazo, tenía una postura de reina. Yo sabía que su potro iba a ser espectacular.

Pasamos los días juntas, en una rutina cómoda mientras mis hijos estaban en el colegio. Yo cepillaba a Lou, le acariciaba el estómago y le cantaba. Eso parecía calmarla. Cuando le cepillaba la cabeza, yo pegaba delicadamente mi nariz a la suya y soplada fuerte, para que respirara mi espíritu y mi alma.

Unas pocas semanas antes de la fecha del parto, visité a su anterior dueño. El me advirtió que ella podía ponerse de mal genio al parir y negarme todo contacto con el potro. No le creí. El conocía a Lou como un caballo de carrera. Para mí, ella era una querida amiga. Durante los días que siguieron me quedé junto a ella, esperando, porque quería estar ahí cuando diera a luz. Nuestro veterinario, que antes venía una vez al mes, y luego semanalmente, venía ahora a verla casi a diario.

Lou esperó hasta que salimos una noche para dar a luz. Cuando llegamos en el auto, las luces delanteras le alumbraron la cara. Parecía estarme llamando: "Ven a ver lo que hice".

Entonces lo vi. Era un potro minúsculo, con una estrella y una franja blancas en la cara y cuatro botines blancos en sus patas. Estaba escondido detrás de Lou y asomaba la cabeza para mirar por debajo de la barriga de ella. Fue amor a primera vista. Sentí como si fuera mi propio bebé. Luego caminé hasta la puerta del cubículo, conversando con Lou durante unos minutos. Poco a poco me acerqué a su lado. Ella me observaba todo el tiempo, pero no hizo ningún movimiento amenazador. Respetando aún la maternidad de Lou, me mantuve alejada de su bebé, aunque le hablaba como a cualquier otro recién nacido. El reconoció mi voz, se esforzó hasta pararse sobre sus patas débiles y se acercó a mí para olfatearme, mientras Lou miraba.

Lou, King y yo creamos un fuerte lazo. Eramos tres criaturas imperfectas, compartiendo un amor perfecto: un amor inocente, completo e incondicional. Pero al pasar los días, quedó claro que algo andaba mal. El cordón umbilical de King no estaba sanando como debía y no tenía la energía para amamantarse. Aunque seguía a su madre a todas partes, cada movimiento le costaba mucho.

Nuestro veterinario, que visitaba frecuentemente a King, trató de ser optimista pero dijo que, honestamente, sus posibilidades de recuperación no eran buenas. King tenía el mal del ombligo, una seria infección en la sangre que puede ocurrir en los animales recién nacidos cuando las bacterias penetran al cuerpo a través del cordón umbilical. El resultado típico es un debilitamiento rápido y casi siempre la muerte.

A las cinco semanas, era obvio que el dolor de King estaba empeorando. Su sufrimiento era comparable al de una persona afectada con artritis reumática seria. Las inyecciones de cortisona que le aplicaba el veterinario no aliviaban su dolor durante mucho rato. El veterinario amablemente me dio tiempo para pensar, pero en realidad no había nada que pensar. Yo quería a King demasiado para dejar que sufriera de esa forma. Yo lo había mantenido vivo hasta entonces porque abrigaba esperanzas, pero dejarlo así más tiempo habría sido cruel.

En una hermosa mañana de primavera, con la brisa de Houston en la cara y el mundo henchido de nuevos comienzos, decidí que era hora de terminar las cosas.

Primero, hablé con Lou. Ambas éramos madres y yo sentía su dolor. Dicen que nada duele tanto como perder a un hijo, y las dos estábamos perdiendo a uno. No sabía cuánto entendía Lou de lo que yo le decía, pero estaba muy triste. Y la manera ansiosa en que miraba a King me indicaba que comprendía demasiado bien lo que pasaba.

Caminé a su establo cubierto de heno mientras el veterinario hablaba suavemente con King. Los ojos inteligentes de Lou examinaron mi cara, llena de lágrimas, mientras le expliqué que King estaba muy enfermo y que el doctor iba a hacer lo mejor para él. Le dije que ella y yo lo íbamos a extrañar mucho. Juntas, vimos al veterinario darle la inyección que le iba a dar paz a King.

Acaricié la suave nariz de Lou y luego vi una lágrima deslizarse por su cara. Nos quedamos juntas mucho tiempo, con las cabezas pegadas.

Cuando King finalmente dejó de sufrir y su espíritu quedó libre, mi marido y yo llevamos su cuerpo a su tumba, debajo de un árbol al final del pastizal. Lou se quedó junto a mí, sin mover un músculo. Miró en silencio y tristeza cuando pusimos el cuerpo de su bebé en la tierra.

Me quedé llorando suavemente sobre la tumba y luego sentí el sonido de un galope que estremecía la tierra a mi alrededor. Lou le daba vueltas al pastizal, galopando con furia. Echó la cabeza hacia atras y se puso a relinchar al aire. Mi marido pensó que se había vuelto loca y me preguntó qué estaba haciendo.

Entre lágrimas, le contesté: "Expresa su dolor".

Pero me pregunto si quizá el pequeño potro, con una estrella en la cara y cuatro botines blancos, estaba corriendo junto a su mamá. Y si, quizá, Lou sentía el gentil espíritu de King corriendo junto a ella en el viento.

Edwina Lewis

Flechada, gracias a unas pinturas a dedo

Era una tarde de otoño cuando mi mamá y yo llegamos a la guardería infantil, a buscar a mi hermana como todos los días. El pequeño edificio estaba frente a una enorme granja, rodeada con una cerca blanca. Mientras los neumáticos crujían sobre la gravilla de la entrada, recosté la cabeza a la ventanilla del auto, cerré los ojos e invité a los cálidos rayos de sol a que bailaran en mi rostro. Los momentos siguientes eran tan predecibles que yo sabía que no tenía razón para abrir los ojos. El carro se iba a detener, mi hermana iba a salir por la puerta delantera, mostrándonos alguna obra de arte que había hecho ese día y cantando alguna canción de los dibujos animados que se repetiría en mi mente hasta que me quedara dormido. La puerta se abriría y el interior del auto se inundaría con un gorjeo de pájaros. Luego escucharía el ruido de mi hermana acomodándose en el asiento trasero. La puerta se cerraría entonces y nos alejaríamos, pero sólo después que mamá tocaba el claxon.

Pero ese día iba a ser distinto.

"Dios mío", escuché que mi mamá susurró. Abrí los ojos y miré hacia la puerta de la guardería infantil. Una niña con un vestido amarillo, el pelo rubio desordenado y la cara manchada de pintura, como un comando especial del Ejército extremadamente colorido, salió, de la mano del profesor. Cuando se acercaron, reconocí que la niña toda manchada de pintura era mi hermana.

"Mamá, ven a ver. ¡Hoy pintamos con los dedos!", dijo mi hermana emocionada.

"Ella es toda una artista", afirmó su profesor. "Sus obras maestras todavía están un poco húmedas, así que no se las puede llevar a casa, pero están en exhibición".

Indefensa ante las tácticas de convencimiento de la extraordinaria artista de la pintura a dedos, mi mamá estacionó el auto y siguió a mi hermana inquieta a la galería. Era mi oportunidad para explorar la granja. Los árboles frondosos prácticamente me estaban llamando, invitándome a subir a sus ramas. Supuse que mi mamá iba a estar un rato ocupada adentro, a juzgar por el entusiasmo de mi hermana, así que me aventuré más allá de los límites de la guardería.

Paseando por la granja como una mariposa que vuela entre invisibles corrientes de viento, terminé frente a una sólida puerta de madera. Al otro lado, había un campo de pasto de aroma fragante y decenas de caballos que me estaban invitando a entrar. En casa, yo a veces acariciaba los caballos de nuestros vecinos cuando ellos asomaban la cabeza por la cerca del patio para mirar lo que hacíamos durante nuestros picnics o fiestas familiares. Esa había sido toda mi interacción con estas bellezas con cascos.

Contuve mi impulso inicial de deslizarme bajo la cerca y caminar audazmente entre aquellos animales extraños para mí. En lugar de eso, me subí a la cerca y me senté en la parte de arriba de la puerta. Aunque traté de no hacerme notar, los caballos advirtieron mi clara falta de gracia y sutileza. Algunos de ellos levantaron su cabeza y me miraron suspicazmente. Pero estaban ansiosos de seguir comiendo, así que me dejaron seguir tranquila con mis observaciones.

Después de un rato, una yegua de color castaño y bastante gorda se acercó a darme la bienvenida. Yo no estaba segura de cómo responder a su gesto amistoso, así que me bajé de la cerca por si tenía que salir corriendo. Luego extendí mi mano y le toqué la nariz con los dedos. Me hizo cosquillas en la mano con sus bigotes. Sentí una oleada de valentía y me volví a instalar sobre la cerca. La yegua avanzó unos cuantos pasos, y guió mis manos hacia su cuello largo y musculoso. Ella recibió bien mis caricias y pronto nos entregamos a una conversación silenciosa.

Después de unos minutos de conversar con ella, desaparecieron mis inhibiciones y me pregunté cómo se sentiría agarrarle suavemente la crin a mi amiga, montar sobre su lomo y salir cabalgando por el pastizal.

Recuerdo que no sentí ninguna duda en ese momento. Me gusta pensar que el lazo entre nosotras se formó de inmediato y que con él me llegó una confianza que no tenía y una habilidad nueva.

Antes de que me diera cuenta de lo que hacía, mis acciones se adelantaron a mis pensamientos y monté mi pierna izquierda sobre el lomo polvoriento y rojizo de la yegua. El peso adicional de mi cuerpo no la molestó en lo absoluto. Simplemente se quedó ahí parada, esperando a que yo hiciera algo.

Estuve sentada sobre la yegua algo así como dos minutos antes de que llegara mi mamá a toda carrera y agitando los brazos. Con voz firme, pero tranquila, para no asustar a la yegua, me ordenó que me bajara. Yo quería obedecerle, pero no estaba segura de cómo hacerlo. Casi de inmediato, un hombre llamado Jack, el dueño de la granja, llegó y calmó a mi madre.

"Princesa la va a cuidar", nos tranquilizó a ambas. "Ella tiene mucha experiencia".

Sus manos rústicas me ayudaron y antes de que yo pudiera darle las gracias a Princesa con una palmadita, mi mamá me había tomado del cuello de la blusa.

Los minutos que siguieron transcurrieron como pueden imaginar. Mientras duró el regaño de mamá (que continuó luego en el carro y en la casa, bien entrada ya la noche) yo miraba sobre el hombro de ella y veía a Princesa parada en el lugar donde yo la había dejado, sin pestañar siquiera ante la conmoción.

Mi mamá me arrastró al auto y mi hermana nos siguió con lágrimas en los ojos. Me gustaría decir que, como hija obediente, escuché cada palabra de mi mamá, pero eso sería una mentira.

Esta vez, mamá cerró la puerta del carro y nos alejamos sin que tocara el claxon. Aunque no tenía idea de cómo esos quince minutos iban a cambiar nuestras vidas (y nuestra cuenta bancaria), ella notó algo distinto en mí cuando miré por la ventana, tratando desesperadamente de ver a mi nueva amiga por última vez. Si ella hubiera dejado de gritarme, probablemente le habría dicho que estaba flechada.

Todos los aficionados a los caballos conocen esa sensación. Es un flechazo que te da directamente en el corazón, hace lo suyo y no deja cicatrices. No te deja dolor ni ardor algunos, sólo una inexplicable pasión que le da forma a tus pensamientos, tus hábitos y tus sueños. El amor a los caballos era ahora parte de mi organismo.

Mientras mi hermana lloraba en el asiento trasero, le agradecí en silencio por sus pinturas a dedo que no se habían secado lo suficiente para traerlas a casa. Ese día, mi viaje con los caballos comenzó.

Tiernan McKay

Sus regalos especiales

Durante el verano de 1998, mi hija Liz, de once años, pasó de tener un pony a su primer caballo, al que llamó Koda. Como ocurre con tantas niñas y sus primeros caballos, Liz y Koda de inmediato se volvieron inseparables.

Ese otoño, después de montar un día con una amiga, Liz no cerró bien la puerta y a la mañana siguiente, descubrió que Koda se había metido donde estaba el grano. El no mostraba ninguna señal visible de haber desarrollado infosura, una deformidad interna del casco que es el resultado de una complicada serie de eventos que ocurren cuando un caballo come en exceso. Pero sí había comido mucho, así que pensamos que lo mejor era llamar al veterinario para que lo revisara. El nos dijo que teníamos que hacer que Koda se moviera constantemente. Si para el fin de semana no mostraba señales de enfermedad, entonces iba a estar bien.

Cuando llegó el fin de semana, pensamos que ya no había peligro. Pero el domingo por la mañana, Kora estaba débil y apenas se podía mover. Había contraído la enfermedad. El veterinario vino a darle un remedio y nos ordenó que camináramos al caballo cada dos horas y le pusiéramos inyecciones cada cuatro.

Liz estaba devastada. Su caballo estaba muy enfermo y era debido a un error suyo. Ella durmió con Koda mientras nos turnábamos en el sofá, y nos levantábamos cada dos horas para hacerlo caminar. Cuando llovía, ella lo hacía caminar dentro del establo. Liz hizo todo lo posible en el poder de una niña para alentarlo a comer. Pero Koda se puso cada vez peor.

Ni Liz ni este caballito estaban dispuestos a rendirse. El respondía solamente a ella. Sólo ella era capaz de hacer que él levantara su cabeza y se parara. Cuando ella no estaba, él la llamaba relinchando. Yo miraba por la ventana y lo veía con la cabeza en su falda, mientras las lágrimas de mi hija le bañaban la cara. Le pedí a Dios que por favor no los separara.

Después de dos semanas sin ninguna señal de mejora, el veterinario sugirió que pusiéramos a Koda a dormir. Pero mi hija se puso histérica y le pregunté al veterinario si podíamos hacer algo más. El nos habló de un herrero menonita llamado Martin, que vivía a tres horas de distancia y que había tenido cierto éxito salvando animales con este tipo de enfermedad.

Después de discutirlo con el abuelo de Liz, llamamos al señor Martin y le hablamos de la devoción que esta niña sentía por su caballo y de lo mucho que los dos estaban esforzándose para que él sanara. Le explicamos que él era nuestra última esperanza. Sin dudar, el señor Martin dijo simplemente: "Tráiganlo para acá y yo lo voy a examinar".

Al día siguiente, mi hija conoció a su héroe. Cuando llegamos donde el señor Martin, Koda no era capaz de pararse en su *trailer*. El examinó a Koda cuidadosamente y, en palabras que sonaron como música para nuestros oídos, dijo que creía que era capaz de salvarlo. Le explicó a Liz que iba a tener que esforzarse mucho, porque el caballo iba a empeorar antes de mejorar. Liz le dijo que estaba dispuesta a hacer todo lo que fuera necesario y, considerando todos los sacrificios que ya había hecho, yo no tenía ninguna duda de que era cierto.

Una vez escuchado el compromiso de Liz, el señor Martin y sus hijos soldaron placas de metal bajo las herraduras de Koda. Sobre sus cascos, le untaron un medicamento casero. Luego los cubrieron con algodón. Llevamos a Koda donde el señor Martin cada dos semanas para repetir el procedimiento. Esto siguió durante tres meses. Luego los tratamientos pasaron a ser cada cuatro semanas, y luego cada seis semanas, durante un año entero.

Liz siguió todas las instrucciones del señor Martin y Koda hizo todo lo que Liz le pidió. Con tiempo y mucho amor, Koda se recuperó totalmente y nadie hubiera podido decir que había padecido infosura. Ahora el señor Martin admite que no estaba seguro de que Koda fuera a sobrevivir. Lo que sí sabía era que Koda iba a esforzarse al máximo para quedarse junto a su niña.

Creo que Dios tiene un lugar especial en su corazón para las oraciones de una madre y para las niñitas y sus caballos. El le ha dado a hombres como el señor Martin un conocimiento extraordinario y la voluntad para hacer un gran trabajo, y nos ha bendecido con la capacidad de amar. Gracias a sus regalos especiales, hasta el día de hoy Liz y Koda son inseparables.

Debbie Hollandsworth

Un caballo en Harvard

Elle Woods, el personaje que representa Reese Witherspoon en la película *Legally Blond*, tiene un perro chihuahua llamado Bruiser. Yo tengo un caballo Hanover castrado llamado Donovan. Así que cuando me aceptaron en la escuela de leyes de Harvard, en el 2002, yo no tenía ninguna duda de que Donovan me iba a acompañar.

Cuando yo estudiaba en la Universidad Agrícola de California en Davis, un pequeño pueblo rural, siempre tuve mi caballo. Lo montaba todos los días y competía regularmente. Excepto por mi primer trimestre, que no por coincidencia fue el período menos feliz que pasé durante ese tiempo. Así que yo estaba acostumbrada a equilibrar competencias con ensayos, emergencias veterinarias con exámenes finales y entrenamiento con estudio diario. Pensé que siempre lo había hecho y que esta vez no iba a ser distinto.

Pero muchos pensaron que iba a ser diferente. Cuando le contaba a la gente que me iba a llevar mi caballo a Harvard, todos pensaron que era una locura, incluso algunos que montaban conmigo en Davis. "No vas a poder montar todos los días mientras estudias derecho, especialmente en Harvard", me dijeron. Cuando llegué a Harvard,

los otros alumnos, la mayoría de los cuales provenían de ciudades, se mostraron igual de incrédulos. "¡Un caballo, qué fino!", exclamaban con sorpresa. "¿Tendrás tiempo de verlo algunos fines de semana?".
"No", les contestaba yo. "¡*Voy* al establo seis veces a la semana!"

Siempre trataba de no dejar barro en el pasillo mientras iba del establo a mi dormitorio y quitaba el pelo de caballo de la lavadora, después de lavar mi ropa de montar.

Pero a medida que avanzó el semestre, llegué a preguntarme si todos ellos no tenían razón. Yo estaba tremendamente ocupada y la dueña de la granja me contó que le habían hecho apuestas sobre cuándo yo me iba a rendir. ¿Era una locura realmente hacer esto? Luego me di cuenta de que no importaba. Mis amigos de la escuela estaban abrumados con la presión diaria de tener que estar constantemente leyendo y escribiendo. Eso me pasaba a mí también. Yo me sentía terrible y pensaba que no había ninguna posibilidad de sobrevivir con toda esta carga de trabajo. Luego iba a la granja. Ahí estaba Donovan, esperándome con una expresión que parecía preguntar: "¿Por qué te demoraste tanto? Te he extrañado. ¿Dónde están mis terrones de azúcar?", parecía decir. Yo lo peinaba y mientras acariciaba su cabellera negra, la escuela de leyes parecía quedar cada vez más atrás. Luego lo iba a montar y dejaba de pensar absolutamente en la escuela y las clases.

Durante una hora al día, Donovan y yo éramos lo único que existia en el mundo. Hacíamos sutiles maniobras, nos lanzábamos a un trote contenido o paseábamos por el bosque. *Promissory stoppel, res ipsa loquitur, o en rem jurisdiction:* ¿a quién podía importarle nada de eso? Lo único que yo sabía era que estaba tranquila, enfocada y en paz. Que estaba completa.

Todos los días, después de regresar a mi dormitorio en Cambridge, sentía que el trabajo que tenía que hacer no era tan terrible, e incluso era más interesante. Cada día volvía a casa con una nueva serenidad y entusiasmo por mis estudios, algo que lamentablemente muchos estudiantes de leyes jamás encuentran.

Durante todo el primer semestre, que es considerado el período más difícil en la escuela de derecho, seguí montando a Donovan casi todos los días. Su entrenamietno siguió progresando. Dos veces nos juntamos con nuestro entrenador en New Jersey por un fin de semana de instrucción concentrada. Incluso manejé a Donovan, doce horas ida y vuelta, para ir a competir a Virginia en un campeonato final. Y ganamos el segundo puesto, a sólo una fracción de un uno por ciento del campeón.

Para sorpresa de todos, hice todo esto mientras seguía leyendo, haciendo mis deberes a tiempo, asistiendo religiosamente a clases y respondiendo adecuadamente cuando mis profesores me hacían una pregunta, en el temido método socrático.

Ahora que terminé el primer semestre, me doy cuenta de que no sobreviví ese período en Harvard *a pesar de* tener un caballo, sino *gracias* a que tengo un caballo. A diferencia de mis compañeros, tengo un escape de las presiones diarias de la escuela y la vida en la ciudad. Tengo algo que me relaja y me hace sentir joven y me entusiasma cada mañana. Por todo eso, soy muy afortunada. Gracias Donovan. Gracias por ayudarme a triunfar en la escuela de leyes de Harvard.

Jennifer Chong

Con mucha fe

Con sus cuatro libras y cinco onzas al nacer, el cordón umbilical enredado en el cuello y cinco semanas y media prematura, Ashley parecía haber llegado al mundo con tres strikes cantados. Le diagnosticaron el síndrome Turner y la enfermedad de Ollier cuando cumplió tres años, pero esta niña alegre daba pocas indicaciones de todo lo que había tenido que pasar con las visitas a los médicos y las inyecciones de hormonas diarias y las medicinas que tenía que tomar para mantener su tiroide controlada. Su pronóstico era bueno, pues aunque el síndrome Turner podía ser cruel, Ashley no sufrió sus peores consecuencias, y sólo le dejó una estatura baja y un trastorno de la tiroide.

Hasta el quinto grado, su vida parecía ser relativamente normal. Pero a la edad en que la mayoría de los niños crecen rápidamente, Ashley se quedó atrás. No sólo se sentía baja en estatura, sino que como muchos niños la molestaban, ella empezó a sentir que valía poco. Ashley comenzó a mostrarse retraída. Yo, su madre, estaba preocupada. ¿Lograría salir de este agujero emocional o seguiría hundida en él para siempre? Tenía que encontrar una forma de que ella se reencontrara y se sintiera feliz consigo misma.

Siempre habíamos tenido caballos. Antes de que Ashley y su hermana menor, Casey, nacieran, mi marido y yo habíamos criado caballos Quarter Horse. Después de nuestro divorcio, me quedé con cuatro preciosos caballos que eran como de la familia. Aunque eran animales muy dóciles, eran demasiado grandes para las niñas. Encontré a un profesor de equitación y las niñas empezaron a tomar clases de montar. Esto pareció ser una experiencia positiva para Ashley. A los caballos no les importaba que ella fuera más baja que los otros niños. Por el contrario, eso parecía agradarles.

Ashley había descubierto su pasión, pero aún faltaba algo. Cuando estaba con los caballos, ella era feliz y expresiva. Pero en el colegio, se aislaba de nuevo en su pequeño mundo. Ashley no tenía amigos y apenas aprobaba sus asignaturas. Entonces tuve una idea loca. Pensé que un pony propio podía ser el amigo que Ashley tanto necesitaba.

Empecé a buscar. Con mi ingreso de madre sola, con una hija que gastaba mucho en remedios y médicos, sabía que no podía comprar un pony de exhibición. Así que decidí comprar un compañero que fuera honesto y que formara un vínculo con esta niña que tanto necesitaba a un amigo. Después de días, semanas y meses no había tenido éxito en encontrar ese caballo especial. Rezaba todos los días, "Dios, yo sé que Tú lo sabes todo. Si Tú crees que esto es lo mejor para Ashley, por favor ayúdanos a encontrarle un pony que ella pueda amar y que la ame a ella. Y Dios, si puedes arreglarlo, a ella le encantaría que fuera blanco". Ya que iba a pedir algo, decidí hacer mi pedido completo.

Casi nos habíamos dado por vencidas. Yo estaba conformándome con comprar cualquier pony dócil, porque Ashley estaba perdiendo la fe. Ya ni siquiera estaba entusiasmada.

Una tarde, después del trabajo, íbamos a ir a ver un pony cuando un amigo se asomó a mi oficina y me dijo que una de sus amigas estaba vendiendo un pony. La señora Jones tenía varias yeguas embarazadas y ya no tenía espacio para el pony. La pony era una yegua de cría, pero no le gustaba mucho criar bebés, así que tendría que irse. De inmediato llamé a la señora Jones y fijé una cita para esa tarde. Ella me hizo varias preguntas por teléfono, para asegurarse de que el pony y su jinete fueran buenos el uno para el otro. Después de que le conté de Ashley, ella me dijo: "Lucy es definitivamente el caballo adecuado". También tenía el precio adecuado. Cuando le pregunté por el color de la yegua, conteniendo la respiración, ella me dijo que era casi completamente blanca. Traté de no emocionarme demasiado, porque no quería que Ashley sufriera otra decepción más.

Cuando llegamos a la granja de la señora Jones esa tarde, vimos a Lucy en toda su gloria. Estaba gorda y todavía no había mudado su larga cabellera de invierno. Parecía como si hubiera estado jugando en el barro. Aun así, yo vi el potencial en esta pony Welsh, pero mi hija no.

"Miremos de todos modos", le rogué. "Total, ya estamos aquí". Tratando de no decepcionar a una madre que trataba de complacerla, Ashley salió del auto reticentemente.

Como buena conocedora de las personas y los caballos, la señora Jones se dio cuenta de que Ashley sólo podía ver al caballo sucio que tenía enfrente. "¿Por qué no la atrapas y la cepillas antes de ensillarla para montarla?", le sugirió, tratando de entusiasmar a la niña. Eso fue todo lo que tuvo que hacer. Si esa mujer confiaba en que ella podía cumplir con esa tarea, entonces Ashley le iba a demostrar que estaba en lo cierto.

Lucy se portó extrañamente dócil. ¿Acaso esta pony sabía ya algo que nosotras no habíamos comprendido aún? Ashley la montó en una pequeña arena, y la yegua estuvo muy bien, pero todavía no logró entusiasmar a mi hija. "¿Por qué no se la llevan a su casa y la prueban una semana?", sugirió la señora Jones. "Creo que a Ashley le va a gustar Lucy si la monta unas cuantas veces". Acordamos que vendríamos a recoger a Lucy la noche siguiente.

Al día siguiente, al regresar del trabajo, le pregunté a Ashley si estaba emocionada. "Supongo", fue todo lo que dijo. ¿Acaso se había rendido? "Por favor, Ashley, confía en mí esta vez. Tengo la sensación de que nuestras oraciones han sido respondidas". Una vez más, Ashley decidió complacerme, pero sin emoción. Lo que ella quería, en realidad, era un pony caro de exhibición, con el que podría ganar premios y cintas azules, pero no teníamos suficiente dinero para comprar ese tipo de caballo.

Trajimos a Lucy a casa para la semana de prueba y, después de que Ashley la montó, la esperanza se convirtió poco a poco en amor. La compramos y comenzamos nuestro viaje. Cuando llegó la primavera, descubrimos que realmente había un pony blanco debajo de todo ese pelo percudido. Pusimos a Lucy a dieta para que recuperara su mejor figura femenina y ella y Ashley desarrollaron su sociedad.

Las llevamos a su primera competencia: un torneo de patio que podría ser un buen terreno de prueba para ambas. Ashley había tomado lecciones de equitación durante un año más o menos y habíamos averiguado que Lucy, años antes, había participado en competencias del circuito "A". Lucy ahora se había convertido en la instructora, porque las habilidades de Ashley tenían que mejorar para que pudiera montar a un pony con tanta experiencia.

Durante la primera competencia, contuve la respiración. Yo rogaba para que este pony cuidara a mi preciosa niña. Cuando anunciaron que Ashley había ganado el primer lugar, apenas pude contener mi emoción. Era la primera cinta de ganadora para Ashley. La expresión en su rostro valía todo el oro del mundo. Después de felicitarla, me fui a un lugar sola detrás de un *trailer* y dejé caer mis lágrimas de alegría. También susurré una oración de gracias.

Lucy ha estado en nuestra vida durante más de dos años. El lazo que ha desarrollado con Ashley es increíble. Juntas han ganado muchas cintas y este año ganaron el campeonato en su división 4-H en la feria estatal. Ashley descubrió un deporte en el que no importa la estatura y eso ha impactado otras áreas de su vida. Sus calificaciones subieron hasta que la incluyeron en el cuadro de honor. Es vicepresidenta del club 4-H. La eligieron presidenta del consejo escolar, fue escogida como *cheerleader*, y acabamos de enterarnos ayer que ha sido nominada como candidata a reina de la reunión anual de graduados.

En una época, era difícil hacer que esta niña fuera al colegio, y ahora está hablando de a qué universidad quiere ir. Pero una cosa no ha cambiado: Lucy sigue siendo su mejor amiga.

Mitzi Santana

6

¡PARTIDA!

*En los días más terribles de la depresión y de la guerra,
un caballo llamado Seabiscuit elevó
el espíritu de nuestro país y encarnó
las virtudes que adoramos en nuestros caballos:
alma, empuje, lealtad, amor y capacidad de juego.*

Con respeto dedicamos este capítulo al recuerdo de

*SEABISCUIT
23 de mayo de 1934–17 de mayo de 1947*

Un verdadero campeón que nos inspira hasta hoy.

Un trío esperanzador inusual

El buen sentido de los caballos es ese don que tienen que impide que le apuesten a la gente.

W.C. Fields

"Floss, por favor, cuéntame la historia de Biscuit de nuevo", le rogué. Hasta el día que ella murió, ninguno de sus nietos llamó a mi abuela "nana" o "abuela". Todos la llamábamos Floss, un diminutivo de Florencia, igual que el resto de la gente.

Floss se acomodó en la silla y en sus ojos vi algo que iba mucho más allá de nuestro saloncito en Filadelfia. Me senté a sus pies, lista para viajar en el tiempo con ella y revivir sus maravillosos recuerdos.

A comienzos del siglo XX, conseguir un lugar en el mundo para una hermosa joven católica irlandesa significaba casarse y formar una familia. Floss no era la excepción. Cuando la Gran Depresión arrasó nuestro país, Floss, como mucha gente, tuvo grandes dificultades para mantener a su gran familia. Pero su lucha tenía un ingrediente atípico: su marido la había abandonado por otra mujer.

¡PARTIDA!

En esa época, había pocas opciones para una esposa abandonada que estaba criando sola a seis hijos. Afortunadamente, sus vecinos le sugirieron una oportunidad poco usual y en poco tiempo Floss se había convertido en colocadora de apuestas. Su trabajo le permitía alimentar a su familia y creó conexiones con personas que la protegerían a ella y a sus hijos.

Cada vez que ella contaba una historia de su pasado, yo sentía una emoción agridulce que le llenaba el alma. Yo sabía que ella simpatizaba con los desvalidos, una simpatía que provenía de sus propias experiencias. Una simpatía que había nacido de tener que hacer lo que fuera para sobrevivir.

Estiré mi mano para coger la suya, y se la apreté tan fuerte como pude, en anticipación de la gran historia que ella iba a contar y para hacerle saber que yo estaba allí. Ella sonrió, me apretó también la mano, y comenzó.

"Biscuit era el caballo más feo que jamás hayas visto. Su primera carrera fue en Hialeah, en la Florida, y no ganó una hasta la decimosexta, pero pasaron casi 50 carreras hasta que se impusiera en una competencia importante.

"La primera vez que escuché el nombre Seabiscuit, era porque un tonto quería apostarle mucho dinero a ganador en la carrera de Rockingham. Era obvio que él no se podía dar el lujo de perder tanto dinero, pero acepté su apuesta pensando en mi comisión. Cuando me tocó pagarle al día siguiente pensé: *Tengo que echarle una mirada a este Seabiscuit*". Sus ojos brillaron al mencionar el nombre del caballo.

"En esa época, no era difícil entrar a las granjas y a los establos de entrenamiento. Cuando Seabiscuit iba a competir, yo iba a las carreras y comencé a prestarle atención a él y a sus preparadores. Muy pronto, mucha gente estaba haciendo lo mismo".

"Su entrenador parecía un fantasma: tenía olor a humo

y muerte recalentada. Ese caballo era muy difícil de manejar la mayor parte del tiempo y muy flojo el resto". Floss sacudió la cabeza ligeramente y soltó una risita. "Ese entrenador, Smith, tenía un don. Uno podía ver que el caballo y el fantasma conversaban sin palabras. Era como si los dos supieran que ésta era la última oportunidad que les quedaba.

"Tenían un jinete muy guapo, un chico pelirrojo llamado Cougar, que se ganaba la vida boxeando cuando no podía montar. Era muy duro y en sus ojos se notaba la desesperación. Yo conocía esa mirada: abundaba en esa época".

Floss hizo una pausa y, sin necesidad de que lo dijera, yo supe que ella también había sentido esa desesperación. Ella siguió con sus historia. "Resulta que Cougar era un irlandés que había terminado en Canadá. Su verdadero nombre era Johnny Pollard y no sé quién me impactó más, si el caballo o el jinete. En los ojos de ambos, había algo travieso", dijo, soltando otra risita.

"Cuando Pollard lo montaba, Seabiscuit se tranquilizaba. Pollard le conocía sus mañas y le daba su rienda. Corría como un pato y le gustaba molestar a los otros caballos. Algunos caballos disfrutan eso. Biscuit se aguantaba y los dejaba acercarse, y una vez que se emparejaban con él, y comenzaban a creer que podían ganarle, los miraba burlonamente y salía disparado como una bala". Floss se rió, esta vez con fuerza.

"Era un espectáculo ver a esos tres. Por supuesto, la mayoría de la gente sólo veía a Cougar y a Seabiscuit. Sólo los aficionados a los caballos le prestábamos atención a Smith.

"Gente que no sabía nada de caballos estaba apostando a ellos dinero que no tenían. La mayoría de las veces, yo me alegraba de aceptar apuestas por Seabiscuit. Ese caballo era una bendición en cuatro patas. Yo no sé qué habríamos hecho si él no hubiera existido. A la gente le gustaba apostar por el desvalido. Ser desvalido era algo que ellos entendían, con lo que se podían identificar".

Yo asentí.

"Seabiscuit no era una apuesta segura. Corrió en forma errática por mucho tiempo, hasta que encontró su ritmo. Creo que se aburría y le gustaba alterar las cosas de vez en cuanto. Y a veces ese Smith lo retiraba de carreras a las que miles de personas habían viajado cientos de millas sólo para verlo correr.

"Esos tres estaban obsesionados por ganar y pagaron un precio alto por ese deseo, pero montaban un gran espectáculo. En esa época, ellos salvaron a mucha gente. Sé que algunos opinan que esas almas estaban condenadas por pactar con el diablo al apostar un dinero que no tenían, pero ese caballo le dio esperanzas a la gente, una razón para entusiasmarse, algo con lo que soñar. Nunca vi a tantas personas sin esperanza entusiasmarse con un caballo".

Los ojos de Floss se enfocaron en un espectáculo que estaba mucho más allá de nuestra pequeña sala en Filadelfia.

"Sí, yo me enamoré de ese caballo. Jamás ha habido otro como él y, como sabes, chiquilla, yo he estado mirando caballos toda mi vida".

"Yo sé, Floss", le respondí.

"Nunca ha habido otro como él", repitió. "Ningún otro me llenó de esperanzas ni me hizo soñar como él".

Theresa Peluso

[NOTA DEL AUTOR: *En noviembre de 1938, 40 millones de personas escucharon la transmisión radial de la carrera en la que Seabiscuit derrotó a War Admiral. Seabiscuit estableció un récord en la distancia en que corrió en Pimlico, ganando por cuatro cuerpos en sólo un minuto y 56 segundos. Dos años después, obtuvo una victoria que le había sido negada hasta entonces en el Handicap de Santa Anita y se retiró en el rancho de Charles Howard, donde murió en 1947, a los 14 años.*]

Montando la Navidad

Cuando recibas tu tesoro, puede que sea un caballo.

Jan Jasion Cross

Fue una especie de acontecimiento cósmico el que me llevó hasta allí. Ciertamente no fui por el dinero o por la atmósfera. A fines de noviembre, Pocono Downs era bastante deprimente: durante las carreras de la noche la temperatura promedio era de apenas 25 grados. Además, tenía un agradable trabajo esperando por mí en la Florida durante los meses de invierno. Un importante entrenador de Nueva York me había ofrecido empleo como asistenta de entrenador y preparadora. Era el trabajo que yo tanto había querido. Me había caído de cabeza suficientes veces para darme cuenta de que mi carrera como jinete se estaba tornando más peligrosa que lucrativa.

Si mis dos mejores amigos no me hubieran convencido de lo contrario, me habría ido directamente a las divinas playas soleadas de la Florida por unas semanas, mientras esperaba por el trabajo que me habían ofrecido. Russ y Jackie eran una pareja joven muy trabajadora y yo había ganado unas cuantas carreras con algunos de sus caballos más baratos en las pistas de Filadelfia. Ellos también iban a la Florida. Pero primero iban a mandar parte de su establo a Pocono Downs, en Pensilvania, para ganar algunas carreras y vender algunos de sus caballos más baratos. De alguna manera, me convencieron de que los acompañara. Nos íbamos a quedar ahí sólo unas cuantas semanas y ganaríamos muchas carreras: eso me dijeron. No muy convencida, acepté.

La semana antes de Acción de Gracias, partimos. Los caminos estaban resbalosos por el hielo. Nuestra pequeña caravana pasó frente al establo y luego bajó una colina al pie de la cual estaba la granja que nos habían asignado. Mi pequeño auto no tenía neumáticos de nieve. De lo contrario, probablemente habría dado una vuelta en U y habría bajado hacia el sur, pero no había forma de que mi auto fuera a remontar la colina de nuevo. Bajamos los caballos del *trailer* tirado por la furgoneta de mis amigos y nos dirigimos al pequeño apartamento que compartiríamos durante tres semanas. Tomamos chocolate caliente con whiskey y soñamos con todo el dinero que íbamos a ganar.

Yo me había prometido montar sólo para Russ en Pocono Downs. Me estaba esperando el trabajo en la Florida y no quería ariesgarme con caballos o entrenadores que no conocía. Pero las promesas se rompen.

Junto al establo T, de Russ y Jackie, había una extraña compañía. El equipo hípico Boyd había llegado a Pocono Downs desde un lejano pueblo del oeste, unos cuantos días después que nosotros. Vinieron en una vieja y destartalada camioneta Ford, que tiraba de un pequeño *trailer* oxidado. Todo su establo consistía en dos viejos caballos castrados. Recibían mucha atención porque su entrenadora, Sally, andaba con su marido, su anciano padre y su hijo. El niño, Scott, tenía once años y era educado y cortés. Le pregunté por qué estaba faltando a clases y viviendo en los hipódromos con sus padres. Scott me aseguró que en cuanto la familia obtuviera dinero se irían a casa a celebrar la Navidad y él volvería entonces a clases. Vivían en Arkansas, me dijo.

Adivinando que los Boyd no podían pagarle a un entrenador para que ejercitara a los caballos, me ofrecí de voluntaria para cabalgar sus dos caballos. Bart, uno de los caballos, galopaba fácilmente una milla todas las mañanas pero el otro, un caballo negro llamado Coaly, tenía un pequeño problema en el tobillo derecho y generalmente lo llevaban a ejercitar frente al establo de Russ.

Casi acabando de llegar, el pequeño Scott le preguntó a Russ y Jackie si podía trabajar para ellos. Estoy segura de que Russ no sabía qué trabajo podía hacer Scott, pero no dudó en incluirlo en la plantilla de pagos. Desde entonces, Scott trabajó todas las mañanas en la granja, limpiando alegremente los establos, sujetando a los caballos durante sus baños y realizando todo tipo de tareas. Russ le pagaba todos los días. El niño daba las gracias educadamente y se iba donde sus padres. Luego toda la familia salía a tomar el desayuno en la cocina de la granja. Creo que jamás salieron de la granja y sus alrededores.

Pasaron tres semanas y, de acuerdo con mi calendario, ya me tocaba irme a la Florida. Al llegar el 15 de diciembre, todos los caballos de los que Russ quería deshacerse habían corrido, y perdido. El estaba ultimando sus negocios de venta y yo estaba planeando sacar mis cosas de la cuadra de jinetes y hacer mis maletas. Nuestros vecinos todavía no habían hecho correr a Coaly ni a Bart.

Al día siguiente, después de las prácticas matinales, fui a retirar mis cosas de la cuadra de jinetes. Paul me miró preocupado: "No puedes irte", me dijo. "Tienes que montar esta noche en la novena carrera". Sacó la lista de carreras de su bolsillo trasero y me la extendió. Tenía razón.

Mi nombre aparecía junto al de Coal Bay en la novena. Le pregunté a Paul si había visto la forma en que estaba Coaly. "Ujúm. Si ese caballo gana hoy, habrá nieve en el infierno", me dijo. "¿Prefieres retirarte e irte?"

La palabra "sí" estuvo a punto de escaparse de mis labios resecos, cuando vi algo por el rabillo del ojo. Era el pequeño Scott. El querubín de las pistas se acercaba con la lista de carreras en las manos. Venía saltando de la emoción, como un joven antílope. "No", fue mi respuesta. "Parece que voy a montar esta noche".

Esa noche, antes de la cena, le pedí prestado a Russ el *Daily Racing Form*, una publicación hípica, para enterarme del historial de Coal Bay. No había ganado una carrera desde que tenía siete años y estaba a punto de cumplir nueve. Su rendimiento en las últimas tres carreras era descrito como "aburrido", "ampliamente superado" y "cansado desde la partida" y estábamos hablando de carreras menores. Esta noche, Coaly iba a participar en una carrera importante.

A las 6:30 de la tarde fui a la cuadra de los jinetes a esperar mi última carrera en Pocono Downs. ¡Por Dios, qué frío hacía! Mientras me ponía mi atuendo, pensé que montar un caballo cuyas probabilidades de ganar eran 1 contra 60, en una noche helada, no era la mejor forma de terminar una carrera de jinete. Pero ese era mi destino. Cuando resonó en la cuadra de los jinetes el llamado para la novena carrera, mi ayudante me informó que la temperatura afuera era de apenas diez grados. Después del pesaje, me puse un suéter adicional y calenté mis guantes y mis botas en el vapor del sauna antes de aventurarme a salir.

En el establo, mientras los dientes me castañeteaban, Sally me dijo que a Coaly le gustaba el frío. Ciertamente, el viejo caballo se veía muy bien. Su grueso pelaje relucía y sus ojos castaños brillaban con anticipación. Miré a nuestros competidores. Un caballo destacaba: Fast Exit, el favorito de las apuestas, que acababa de llegar de New Jersey. Yo lo conocía bien. Lo había montado unos años antes, cuando él ganó su primera carrera. En esa carrera, perdí el peso de ventaja que se les da a los jinetes novatos hasta que obtienen un cierto número de victorias y el entrenador de inmediato me despidió. Fue otro día memorable en mi carrera. Fast Exit tenía el mismo entrenador que cuando yo lo montaba. Lo saludé fríamente cuando nos cruzamos. De pronto, Coaly y yo teníamos una misión: teníamos que ganarle a Fast Exit por los viejos tiempos.

Cuando se abrieron las puertas del aparato, Coaly salió disparado como un trueno negro. Rápidamente tomamos la delantera, seguidos de cerca por Fast Exit. Mi viejo Coaly estaba corriendo como un auto deportivo. Fast Exit parecía tener problemas para mantener el paso con nosotros. Exigí a Coaly y fácilmente dejamos atrás al favorito. Mantuvimos la delantera desde el cuarto poste hasta el final. En el octavo poste, me relajé. Cruzamos la meta cuatro cuerpos adelante del favorito.

Coaly galopó al círculo de ganadores como un caballero. El era mi héroe, y le di unas palmaditas en el cuello sudado mientras posábamos para la foto. Sally, su esposo, su padre y el pequeño Scott estaban sorprendentemente tranquilos durante la ceremonia de triunfo. "Sabíamos que él podía hacerlo", aseguró Scott. Les di las gracias a todos por una carrera inolvidable.

A la mañana siguiente, me dirigí al establo a las ocho. Estaba lista para irme a la Florida pero antes quería ver a mis nuevos amigos una vez más. Fui al establo donde habían estado Coal Bay y su compañero, pero estaban vacíos. Estaba decepcionada de comprobar que los Boyd se hubieran ido sin avisarme. Russ se me acercó mientras yo miraba el establo vacío de Coal Bay. "Se deben haber ido durante la noche. Ya no estaban cuando yo llegué en la mañana", dijo. "Creo que dejaron algo para ti en la puerta de la cuadra de jinetes",

Caminé lentamente hasta el final de la cuadra y saqué un trozo de papel de la puerta: era un dibujo de un enorme caballo negro en el círculo de ganadores. Su jinete tenía una enorme nariz roja, como la de Rudolph, el reno del carruaje de Santa Claus. Alrededor del caballo, había cuatro miembros de una familia.

Sonreí al leer el texto cuidadosamente escrito bajo el dibujo: "COAL BAY-GANADOR-NOS VAMOS A CASA PARA NAVIDAD". Luego, en letra más pequeña, decía: "Gracias, Jan. Te queremos, Scott".

Sólo entonces supe qué me había hecho venir a Pocono Downs.

Jan Jaison Cross

Pobre de carreras

"¿Por qué se está comiendo el excremento de su madre?", le pregunté a mi papá mientras mirábamos a nuestro nuevo potro. "Eso quiere decir que es uno bueno", me respondió en tono seguro. Eso era todo lo que yo necesitaba escuchar, porque mi papá sabía todo sobre los caballos. Esa mañana, en el establo, mi papá hizo el cheque por lo que iba a ser nuestro primer caballo de carreras. "Voy a tener un caballo ganador así tenga que vender todo lo que tenemos", recuerdo que dijo. Para una niña de siete años, eso no parecía un sacrificio terrible. Después de todo, los caballos eran lo único que mi papá y yo considerábamos sagrado.

Nos sentamos alrededor de la mesa esa noche, tratando de pensar en un nombre que sonara bien cuando lo anunciaran en las carreras. Era un ritual de familia. Cada vez que comprábamos un caballo, mamá creaba una obra maestra para el paladar y, mientras comíamos, todos escribían en un pedacito de papel el nombre que creían que debía tener el nuevo potro. El abuelo de éste era Misty Flite, así que probamos distintas combinaciones usando el nombre Flite y finalmente llegamos a algo que nos gustaba a todos y que iba a sonar emocionante en las carreras. Lo llamamos Starflite.

Durante la primavera y parte del verano, Starflite creció paseándose tranquilamente bajo el sol. Luego lo llevamos a la granja de mi abuelo, donde habíamos improvisado un albergue de caballos. Starflite vivía al lado de las Holstein y compartía una cerca con mi pony campeón, Patty. Lo único que parecía crecerle ahora a Starflite era la cabeza y el estómago. "No es un espectáculo muy bonito", comentaba mi papá al sacarlo para sus lecciones en la pista. Fue durante una de estas lecciones que mi papá descubrió el lado terco de Starflite. Montado en el parachoque de nuestra camioneta, ofrecí mi apoyo moral a papá que maldecía y escupía mientras trataba, en vano, de hacer que Starflite entrara al *trailer*. Pero no había manera de que aquel caballo diera un paso hacia el *trailer*. Papá intentó todo tipo de astucias y luego trató de hacer entrar a Starflite con un látigo. Finalmente, exasperado, mi papá perdió todo sentido racional y pateó al caballo en el trasero. Mientras papá lloraba del dolor, abuelo apareció de la nada, vio lo que estaba pasando, y empezó a reírse a carcajadas. "¡Está rota!", gritó mi papá. "Ayúdame a sacarme la bota mientras puedo".

El verano dio paso al otoño y, muy pronto, el otoño se transformó en el frío invierno de Ohio. Los caballos estaban protegidos del hielo y la nieve en un espacioso garaje que había sido convertido en establo. Con todo el grano de alto contenido de proteína y toda la alfalfa que podía comer a su disposición, nuestro potro había empezado a transformarse en un semental hermoso. Continuó sus lecciones y el dedo gordo del pie de mi padre cicatrizó. Sólo le quedó una uña negra como recuerdo. Cuando Starflite fue trasladado a una pista de entrenamiento, entró dócilmente en el *trailer* como todo un caballero.

Cuando la nieve se derritió y aparecieron los tulipanes en el jardín de mi madre, era hora de empezar a montar al semental. Mi papá había contratado a un señor mayor como entrenador, que según él era uno de los mejores equitadores del condado. Bill realmente parecía entender la mente de los caballos. Tenía algunos de los mejores caballos que habíamos visto y nosotros sabíamos que él podía sacarle lo mejor a Starflite.

La primera tarea era ensillar al caballo. Y era toda una tarea. "¡Uua!", gritaba Bill. "Tranquilo, tranquilo". Starflite hacía movimientos que jamás había visto en un caballo. Convirtió en un arte el esquivar la silla que Bill trataba de montarle en el lomo y sus patadas pasaban peligrosamente cerca de la cabeza de mi papá. Nunca había visto algo como aquel espectáculo de circo. Los hombres y el caballo estaban empapados en sudor y baba. La batalla duró horas hasta que finalmente el brioso caballo se rindió. Bill colocó la silla en el lomo de Starflite y el caballo soltó el último resoplido de protesta que le quedaba. "Si tiene la mitad de ese espíritu en la pista de carreras, entonces tenemos un ganador", comentó Bill.

Durante los meses siguientes, las lecciones se hicieron más fáciles para Starflite. Una vez que estaba ensillado, le pedían que hiciera lo que más le gustaba en el mundo: correr. Varias mañanas a la semana, lo ejercitaba nuestro nuevo jinete, Jerry. Y cada vez que regresaban de la pista, Jerry felicitaba a Starflite por la sesión de entrenamiento. "Hiciste un excelente trabajo, *muchacha*". Yo odiaba escuchar eso. Yo quería ser una jinete y montar con orgullo a Starflite en las carreras. Yo quería sentir el viento en mi cara, tan fuerte que me salieran lágrimas en los ojos. Sobre todo, yo quería montar a Starflite cuando llegara por primera vez al círculo de ganadores. Había, sin embargo, un pequeño problema: yo sólo tenía nueve años. Pero mi papá me dejaba caminar al caballo después de sus entrenamietos y quitarle las vendas protectoras de las patas. También podía alimentarlo y darle de beber. Así que, de momento, me conformé con eso.

¡PARTIDA!

Para ser un semental joven, Starflite era dócil y jamás le causó problemas a nadie que lo tratara bien. A Jerry, en especial, le agradaba mucho. "*Ella* va a ser un gran caballo", decía él. Y Starflite lo demostró en sus carreras de prueba. Jerry lo enseñaba a ser un ganador mientras se preparaban para su primera carrera verdadera juntos. "*Ella* está lista", dijo Jerry un día al terminar un leve entrenamiento. "¿Por qué siempre le dice *ella*?", le pregunté a papá. "Tal vez les dice *ella* a todos los caballos, como cuando la gente se refiere a los barcos", fue su respuesta. Pero a mí no me gustaba aquello e insistía en que hablara con Jerry al respecto. Mis contínuas quejas llegaron finalmente a papá y un día le preguntó en tono casual a Jerry por qué le decía *ella* a Starflite. "Mis disculpas, Slim", le dijo el jinete a papá. "¿Usted quiere decir que ese caballo es un semental? Siempre pensé que era una yegua, porque es tan manso", dijo. Mi papá respondió que no le interesaba cómo lo llamara, siempre que el caballo ganara.

Cuando llegó el gran día –la primera carrera oficial de nuestro primer verdadero pura sangre–, mi madre, toda nerviosa, preparó pollo frito en una hornilla portátil en el propio establo de Starflite. Ella siempre ha creído que todo debe comenzar con una buena comida, ¡y vaya si sus comidas eran buenas! Mientras yo lo cepillaba en su cubículo, Starflite se mantuvo de pie pacientemente. Era tan grande ahora que mi cabeza apenas le llegaba a la mitad del pecho. Aunque todos a su alrededor estábamos nerviosos, él era la imagen de la calma y la serenidad.

Mientras devorábamos la comida de mi mamá, Bill preparó a mis padres para lo que podía pasar: "No se desilusionen si no gana hoy. Es joven y ésta es su primera vez. La gente en las tribunas puede asustarlo".

No demoró en escucharse el anuncio de la octava carrera y comenzó el desfile de caballos que iban saliendo del túnel al conocido son de las trompetas. Mi corazón latía tan rápidamente que apenas podía respirar. El anunciador empezó a mencionar los nombres y cuando llegó a "Starflite, propiedad de, entrenado por y montado por", quedé convencida de que era un gran nombre para un caballo de carreras. Una vez en la pista, todos los caballos salieron trotando hacia el aparato de partida. Todos excepto Starflite, que salió caminando casualmente y luego apuró el paso un poquito a una especie de ligero trote del Oeste.

Le había tocado la posición número 3, así que él y otros dos caballos entraron por la puerta tranquilamente y esperaron a que entraran los otros caballos. El caballo de la casilla número 9 estaba causando mucho lío, dando golpes y patadas, e hicieron falta tres hombres para meterlo a la fuerza. "Esto no es bueno", comentó mamá. "Starflite se va a asustar. Jamás ha visto algo así". Cuando miramos hacia la puerta 3, apenas podíamos ver la punta de las orejas de Starflite, porque tenía su cabeza muy baja . . . ¡y las patas cruzadas!

Yo no podía creer lo que veían mis ojos. Starflite estaba parado ahí tranquilamente, como si estuviera pensando: *Quédate quietecito para que podamos terminar con esto de una vez y volver a la granja.* "¡Partida!", gritó de pronto el anunciador, y todos los caballos salieron disparados del aparato en pos de la victoria. Todos, excepto Starflite, claro. Aparentemente, tanta conmoción lo había paralizado.

De repente, salió con tanta velocidad que no demoró en alcanzar a los otros caballos. Los siguientes 18 segundos transcurrieron como un borrón. La sangre circulaba por mi cabeza con tanta fuerza que no podía ver ni oir lo que estaba ocurriendo en la pista. Luego, como si despertara de una pesadilla, mi madre gritó: "Ganó". Yo estaba congelada en el tiempo, como si me hubieran sacado toda la sangre del cuerpo. No podía moverme.

Mi madre, entretanto, estaba corriendo su propia carrera. Se había lanzado escaleras abajo a toda velocidad, atropellando a mujeres y niños a su paso. Cuando llegó al torniquete, se encontró con una fila de varias personas que trataban de salir de las tribunas, así que saltó sobre el torniquete como lo hubiera hecho una yegua pura sangre. No me imaginaba que mamá tuviera aquella energía. Corría como si la posibilidad de llegar al círculo de ganadores fuera a desaparecer si no llegaba en un instante.

Cuando ganó su carrera, estaba parada sola en el círculo de ganadores. Starflite todavía estaba en la pista lateral y mi papá estaba con Bill, esperando en la pista a que trajeran al ganador.

No hay un sentimiento parecido al que uno siente al acercarse al círculo de ganadores. Es la culminación de años de trabajo duro y planeación, que comienzan con la decisión de qué yegua y qué semental aparear. Durante el embarazo, el nacimiento del potrillo y su lento crecimiento, uno planea, sueña, tiene esperanzas. Toda la alegría y la angustia que acompañan la cría de un pura sangre no se puede expresar en palabras, pero se concentra finalmente en ese pequeño círculo.

No hay nada igual en la vida. En nuestra sala todavía está la foto del primer triunfo de Starflite, junto a las de todas sus otras victorias y logros. Esos recuerdos están rodeados por fotos similares de sus hijos y hermanos. Cada uno de ellos tiene una historia individual, algunas alegres y otras tristes, pero ninguno ocupará jamás el lugar de Starflite. El tiene un lugar especial en el corazón de todos los que lo conocen. El tiene una dulzura que sólo poseen algunas criaturas de Dios. En palabras de papá, éramos "pobres de carreras", pero multimillonarios en lo que importa más: el amor.

Carol Wade Kelly

Caballos felices

Ciertamente, no creo que la superstición traiga buena suerte, pero me dicen que funciona incluso si uno no cree en ella.

Niels Bohr

Llevé a mi amigo George a las carreras en Santa Anita Park una tarde soleada de sábado. Era la primera vez que él visitaba un hipódromo y también la primera vez que había visto a un pura sangre. Ese día fue educativo tanto para él como para mí—profesor y alumno-pues una vez más los caballos de carrera demostraron su capacidad de borrar las diferencias entre las personas.

Pasarme una tarde en el hipódromo no es nada nuevo para mí. Como editor de una revista mensual de hípica, una de mis principales responsabilidades es escribir sobre las carreras. Hay pocas cosas que disfruto tanto en el mundo como ver a los pura sangre correr. Durante un buen día en las carreras, todos tratamos de atrapar un destello de brillantez, una promesa de que los grandes sueños de mañana se harán realidad, de que los caballos que estamos viendo hoy serán campeones a fin de año.

"La esperanza nunca muere", dicen en este negocio. Es verdad. Mi pasión por los caballos de carrera nació cuando era niño. No recuerdo un día que no haya llevado a la escuela la revista hípica *Daily Racing Form*, junto con mis libros y cuadernos. Al pasar los años, y al expandirse mi conocimiento y comprensión de la industria, me dediqué a estudiar los *pedigrees* y su influencia en el rendimiento de un pura sangre en las pistas. Hoy, más de dos décadas después, y después de más de diez años en el negocio, sigo aprendiendo sobre este fascinante deporte.

Cada vez que se me presenta la oportunidad de introducir a alguien en el mundo de las carreras, la aprovecho sin vacilar. George, que tiene más de 70 años, siempre había admirado la majestuosidad de los caballos, pero sólo desde lejos: a través de libros y películas. Sus manos jamás había tocado el fuerte cuello y los gruesos hombros de un pura sangre. Sus ojos nunca se habían encontrado con los de un caballo de carreras o presenciado un reñido final cabeza a cabeza entre dos rivales que lo dan todo por llegar primero. Yo quería que nuestra tarde en las carreras fuera algo personal para George. Quería que lograra una conexión. Quería que fuera testigo de lo magníficos que son estos caballos de cerca, que apreciara el trabajo en equipo, la estrategia, la preparación y dedicación requeridos para ganar, o incluso perder, las carreras.

Mientras los jinetes se preparaban para la segunda carrera, un sprint de 800 metros sobre césped, caminé con George hacia el *paddock* de monta para ver mejor desde allí a los jinetes montando antes de salir a la pista. Los caballos se amontonaban allí, listos para enfrentar a sus rivales en la carrera. Los entrenadores daban instrucciones de úlitmo minuto a los jinetes, mientras los ansiosos dueños y amigos se reunían alrededor para escuchar. Cientos de fanáticos se agolpaban junto a la cerca blanca que rodeaba al *paddock*, con la esperanza de captar algo que les indicara quién podía ser el ganador: el gesto de triunfo de un entrenador, el grupo inusualmente grande que acompañaba a un dueño, la mirada confiada de un caballo, cualquier cosa que pudiera indicarles que estaban en presencia de un ganador.

Pasé mucho tiempo con George en el *paddock*, hablándole del *pedigree* de los caballos que competirían en esa carrera, sobre sus entrenadores, sus jinetes, su rendimiento anterior y sus estilos de carrera. Incluso llegué a señalarle lo que sé acerca del lenguaje corporal de un caballo y cómo diferentes acciones se traducen en términos fácilmente aplicables a cualquier atleta que se prepara para una competencia. George me escuchaba atentamente, absorbiendo todo como un niño en su primer partido de béisbol. Estaba haciendo una conexión.

A pesar de mi largo discurso, a George le gustaba un caballo que no estaba entre los favoritos. Le hablé del peligro de apostarle su dinero a un caballo con posibilidades de ganar de 20 a 1. Pero mis advertencias cayeron en oídos sordos. George insistió en su apuesta. Yo, en cambio, aposté al mejor caballo (al menos en el papel) de la carrera. Regresamos a nuestra mesa en el *clubhouse* y seguimos conversando sobre la carrera mientras esperábamos que los caballos llegaran al aparato de largada.

Los caballos comenzaron a entrar en sus casillas y George dijo que estaba nervioso. Yo le dije que no se preocupara: había otras seis carreras durante el día y seguro podía ganar en alguna de ellas.

Observé atentamente la primera parte de la carrera con mis binoculares mientras se la iba describiendo a George. Le expliqué que su caballo iba en el medio del lote. Cuando los caballos doblaron por la última curva y enfilaron hacia la meta, George dejó de escucharme y fijó la atención en una pantalla de televisión cercana que le daba una mejor idea de lo que estaba pasando en la pista.

Al entrar en la recta final, mi favorito de 2 a 1 aprovechó una apertura junto a la baranda. Parecía lleno de energía y encaminado, sin duda alguna, a una clara victoria. Yo estaba confiado en que había escogido el caballo correcto, tan confiado que me había tomado la libertad de apostar una pequeña cantidad al favorito en nombre de George, sólo para que él pudiera cobrar un boleto por primera vez cuando mi caballo cruzara primero la meta.

Pero antes de que pudiera decir una palabra, el caballo de George (el de probabilidades de 20 a 1) aceleró por el medio de la pista y con un jinete novato, se puso cabeza a cabeza con el mío antes del último poste y se llevó el triunfo. George no lo podía creer. Yo estaba asombrado. Mientras George seguía sacudiendo la cabeza ante su buena fortuna, vimos cómo el caballo se acercaba para la foto en el círculo de ganadores. La sonrisa en la cara del joven jinete era tan grande como la de mi amigo. Yo sonreí también, con la esperanza de que George le hubiera apostado algo a su caballo en mi nombre.

Para un nuevo aficionado a las carreras, no hay mejor sentimiento que cobrar un boleto por primera vez. Yo acompañé a George, aferrado a su boleto ganador como un náufrago a una tabla de salvación, hasta las ventanillas de apuestas, en el piso de abajo. Tuve que convencerlo para que soltara el boleto. A cambio, recibió $43 dólares con 80 centavos. Se embolsilló sus ganancias y regresamos a nuestra mesa en el tercer piso.

Mientras estudiaba los caballos de la próxima carrera en la revista *Form*, le pregunté a George qué lo había hecho apostar por ese caballo. Sin dudarlo un instante, me respondió: "Se veía feliz. Simplemente, se veía feliz".

Todos mis conocimientos —*pedigrees*, clasificaciones por

tiempos, carreras anteriores, variables de pista, combinaciones de entrenador y jinete, posición de arrancada, etc.— no valieron de nada ese día. Tantos años trabajando con los caballos en las pistas y lo que funcionó fue el instinto y un par de ojos felices.

Cuando nos fuimos del hipódromo, unas horas después, George había perdido unos $20 dólares en apuestas, pero al final del día todavía había ganado dinero. Con todos mis conocimientos, yo sólo le había acertado a un caballo, igual que George, con el que gané $7 dólares 20 centavos.

Me detuve a comprar el nuevo número de la revista *Form* y George me preguntó por qué. Su pregunta era razonable, considerando mis resultados terribles de ese día y le dije: "Estoy buscando caballos felices, George, caballos felices".

Michael Compton

En la recta final

Hay algo en el exterior de un caballo que es bueno para el interior de un hombre.

Sir Winston Churchill

Como muchas de las malas decisiones que tomamos en la vida, me pareció una buena idea en ese momento. Todos hemos hecho cosas que, en retrospectiva, parecen una locura. La juventud suele ser la responsable.

Algunos pensarán en alguien con quien tuvieron una cita, o peor aún, se casaron. Cada mes de agosto, cuando los ponies corren en Saratoga Springs, yo me acuerdo de una cita que tuve una vez con una yegua sin nombre.

Era el día de valoración de los *fans*, un evento anual en que la Asociación Hípica de Nueva York abre las puertas de la histórica pista de Saratoga y les da la bienvenida a cientos de amantes de las carreras para una tarde de entretenimiento... y tal vez una muerte o dos. Pero me estoy adelantando.

Me habían pedido, y no sé por qué acepté, que ese día hiciera de jinete junto a otros siete miembros de la prensa. La carrera de los medios de comunicación era la más importante de esa tarde. Ahora tengo claro que era sólo una venganza, no muy sutil, de alguien que odiaba a los periodistas locales.

Cuando llegué al área de los corrales, había ocho caballos amarrados a una cerca blanca, los más flacos y desvalidos que había visto jamás: una visión nada tranquilizadora para alguien que sólo había montado un par de veces en su vida.

Recuerdo que de inmediato me sentí atraido por una yegua gris, con jorobas en el lomo y cascos tan grandes que era casi imposible levantarlos. Parecía más vieja que los otros, resignada tal vez a pasearse por la pista de carreras a su propio paso calmado. Justamente mi tipo de chica.

Jamás supe su nombre. Sólo me miró con esa expresión que parecía decir "eres tonto", que los caballos usan con la gente en ocasiones como aquélla.

Firmé voluntariamente un documento que decía que si me mataba o quedaba inválido, era sólo mi culpa. No podía demandar a nadie por los daños sufridos. Luego me dieron uno de esos cascos que usan los jinetes y me lo puse, ajustándolo bien bajo mi barbilla.

Mientras mis amigos se alineaban junto a la baranda, saludando y riéndose como suelen hacer los amigos cuando saben que alguien está a punto de hacer el ridículo, cabalgué lentamente hasta el final de la pista, con las rodillas bien pegadas al mentón. Es una posición que no podría lograr hoy. Apenas pude lograrla entonces.

Mi caballo entró al aparato de largada sin protestar, a diferencia de otros competidores que estaban alterados. Me quedé sentado esperando tranquilo a que entraran todos, feliz con mi elección.

Luego, cuando menos lo esperaba, sonó el timbre de partida, las puertas se abrieron y mi vieja yegua gris se transformó de pronto en el caballo de carreras que alguna vez había sido. Yo no sé si fue el timbre, el sonido de la

¡PARTIDA!

puerta al abrirse o si alguien le había clavado una flecha en el trasero, pero sí que salió disparada como una bala.

No tuve suficiente tiempo para hacer un balance de mi vida, mucho menos gritar. Me aferré a la crin de la yegua y mientras más avanzábamos por la pista más sentí que mi cuerpo se deslizaba hacia la derecha. Otros doscientos metros e iba a terminar abrazado a su estómago. Mi único consuelo es que entonces íbamos a haber superado la primera curva, lejos de las veinte mil personas que habían venido a ver esta masacre de periodistas.

Pero justo en el momento en que pensé que me iba a caer, la vieja yegua se refrenó, se pegó a la baranda y se detuvo abruptamente. Ella había terminado su faena. También había terminado mi carrera como *jockey*.

No gané esa tarde de agosto, veinte años atrás, pero no me arrepiento de nada.

Como a mi amiga Nancy le gusta decir, tuve "un gran momento", lo que es mucho mejor.

Craig Wilson

Allez Mandarin

Mi madre inglesa fue una novia de la guerra. Mi padre, un norteamericano, trabajaba para Mobil Oil. Yo viví en varios países hasta que cumplí cuatro años y luego volvimos a Inglaterra. Cuando yo tenía nueve años, visitamos a mis abuelos en Kent y gracias a mi tío materno Fred, nació mi pasión por los caballos.

Mi abuelo era entonces el entrenador privado de un granjero de Kent. Mi otro tío, John, era asistente del abuelo y coleccionaba álbumes con recuerdos de la carrera hípica de su hermano. Después de almuerzo, me sentaba con John, mientras él añadía recortes sobre las hazañas de Fred al cuarto álbum, a punto de reventar. Yo empecé a leer los otros álbumes y quedé impresionado de que un pariente mío pudiera recibir tanta cobertura de prensa y ganar tantas carreras.

En el camino a casa, interrogué a mi madre sobre la carrera de su hermano. Ella me dijo que había ido a ver una película con mi padre en Marruecos, en 1957. Para su sorpresa, en el noticiero mostraron a Fred ganando el torneo Grand National sobre un caballo llamado Sundew. Era la primera vez que ella oía de una victoria de Fred. Yo estaba impresionado de que mi tío saliera en las noticias en

Marruecos y me pregunté cómo sería ser *jockey*. Muchas veces, mientras iba en bicicleta a la escuela, hacía carreras con gente que iba caminando por la acera o en un auto por la calle. Me imaginaba que yo era Fred, en la recta final, camino a una nueva victoria. Generalmente me imponía.

Un día, miré hacia atrás y vi un autobús que me seguía. Empecé a pedalear como un loco, imaginándome que era Fred montando un caballo llamado Mandarin en el French Grand National. Me concentré tanto que podía escuchar el ruido de la cadena, el chirriar de los guardafangos, el roce musical de los neumáticos contra el pavimento caliente, el latir de mi pulso en mis sienes y mi respiración agitada. La meta que me había fijado aún estaba lejos. Me empecé a cansar. El rugido del motor del autobús se hizo cada vez más fuerte. El olor a petróleo se volvió más intenso. Mientras más pedaleaba, más ruido hacía el autobús. Pero yo era Fred montando a Mandarin, y el bus era el caballo francés Lumino. El calor del día empezó a hacer su efecto y mis piernas empezaron a temblar. Pero no me iba a dejar ganar. Seguí pedaleando, negándome a rendirme. Tan pronto crucé la meta, el autobús pasó como un bólido a mi lado. Demasiado cansado para seguir pedaleando, me imaginé cómo Fred se debió haber sentido después de la épica carrera en la que montó a Mandarin, en 1962.

El tío John le había dedicado varias páginas del álbum a Fred y Mandarin. En la primera página, había una foto de Fred y Mandarin en Auteuil. Mandarin tenía la cabeza gacha y Fred se veía exhausto. "¿Qué pasó aquí?", le pregunté a mi tío. "Mira bien la foto", me contestó John.

Noté que el bocado del freno de Mandarin estaba colgando a un lado de la boca. "Esa fue la carrera del Grand Steeplechase en París", me explicó mi tío.

"Bueno, pero él no puede haber corrido con un bocado roto, ¿o sí?", pregunté.

Mientras dábamos vuelta lentamente a las páginas del álbum, mi tío me contó la historia.

"Tu tío Fred y Mandarin tuvieron mucho éxito antes de ir a competir a la carrera más importante de Francia. Habían ganado la Copa de Oro Cheltenham, en Inglaterra, y varias otras carreras de alto nivel. El día antes de la carrera en Francia, Fred cayó enfermo con un virus estomacal. Se sentía terrible cuando llegó al hipódromo para la carrera. No estaba en condiciones de montar, pero no estaba dispueto a rendirse. En el momento de la carrera, Fred todavía se sentía bastante mal. Una vez que se montó sobre Mandarin, se sintió aliviado de que su compañero se veía tan bien. Por lo menos uno de los dos estaba en buenas condiciones para la carrera. Fred estaba consciente de la que reputación de los jinetes ingleses dependía de su rendimiento ese día.

"En cuanto comenzó la carrera, Mandarin se ubicó entre los líderes. Pero, tras el tercer salto, ocurrió el desastre".

"¿Qué pasó?", grité yo lleno de ansiedad.

"Su bocado se quebró", prosiguió él. "Pasó justo cuando se acercaban al salto de seis pies, uno de los más difíciles de Auteuil. Mandarin y Fred aterrizaron bien, pero lo que tenían por delante era aterrador: tres millas y medias llenas de giros y veinticuatro saltos, sin ninguna manera de que Fred dirigiera a su caballo, salvo usando sus piernas y las riendas como fusta".

"¿Y Mandarin no trató de salirse o de detenerse? Sin duda hubiera podido hacerlo de haberlo querido", pregunté.

"No. Normalmente era un caballo muy libre, pero jamás cambió el paso. Faltaban cuatro obstáculos antes de la siguiente curva. Mandarin siempre fue un saltador decidido y los superó bien. Un *jockey* lanzó su caballo contra Mandarin. Eso, además de las fuertes piernas de Fred, hizo que pasaran la primera curva. Mandarin empezó a encontrar ahora su ritmo. Era como si estuviera decidido a hacer lo mejor posible, a pesar de las dificultades.

"Los otros jinetes no estaban ayudando a Mandarin, pero tampoco lo estaban presionando", continuó tío John. La siguiente parte de la carrera no tenía baranda y se dividía en tres direcciones distintas. Mandarin se dirigió hacia la izquierda, cuando en realidad tenía que ir a la derecha. Fred lanzó todo su peso a un lado y logró desviarlo hacia el rumbo correcto.

"Entonces Mandarin cometió un error al saltar, y casi se caen en el foso de agua. Fred logró aferrarse a su cuello. Al final el resultado fue bueno, porque les dio la delantera en una de las curvas.

"Cuando faltaba más o menos media milla, Mandarin iba bien a pesar de no tener dirección. Fred empezó a pensar que quizá iba a poder ganar. Entonces el destino les asestó otro golpe cruel. Mandarin se resintió un tendón. Fred sintió cómo el caballo disminuyó el paso y cedió cuatro o cinco cuerpos a los líderes de la carrera. Pero Mandarin no se iba a rendir y Fred no tenía manera de detenerlo.

"Cuando se acercaban al último obstáculo, Mandarin iba al frente. Fred, debilitado por el virus estomacal, y Mandarin, lastimado pero determinado a seguir, estaban cerca de la victoria. Fue entonces que el caballo francés Lumino vino de atrás en una poderosa arremetida. Fred alentó a Mandarin a que continuara. El bocado colgaba inútilmente junto al hombro de Mandarin. Con el balanceo de su cuerpo y con sus talones, Fred alentó a su valiente compañero a que siguiera. Habían hecho demasiados esfuerzos para rendirse ahora ante Lumino".

"Mientras más se acercaba Lumino, más ruido hacía la multitud. '*Allez, Mandarin. Allez, Fred*', gritaba la gente. 'Vamos Mandarin, vamos Fred'. Pero Mandarin iba cada vez más lento. Tanto el caballo como el jinete estaban completamente exhaustos y ambos estaban usando reservas de fortaleza que sólo tienen los campeones. Ninguno de los dos, sin embargo, estaba dispuesto a aceptar la derrota. Lumino se iba acercando con cada paso. Fred podía sentir ahora el sonido de los cascos de su rival sobre la pista, el rítmico chirriar de la silla de su jinete, la agitada respiración de Lumino en su pierna, y el fuerte latido de su corazón en sus sienes, bajo el casco, al acercarse a la meta. En cuanto cruzaron el ansiado poste, cabeza a cabeza, Mandarin frenó y se puso a caminar. El sabía bien dónde estaba la meta.

"Al salir de la pista, Fred estaba agotado y descorazonado. El caballo tenía la cabeza gacha. Ninguno de los dos sabía aún quien había ganado. Un murmullo creció en la multitud. ¿Había aguantado Mandarin la carga de Lumino? Sólo el *photo finish* lo diría. Los altoparlantes se encendieron y la multitud guardó un silencio total. El rugido colectivo de alegría fue el mejor anuncio: Mandarin y Fred habían ganado".

La foto final del álbum lo decía todo. Ahí estaban Fred, sonriendo débilmente, y Mandarin, alzando su cabeza a duras penas como diciendo: "Lo logramos, Fred, lo logramos". Mi pasión por las carreras nació ese día gracias a la extraordinaria hazaña de Mandarin y de mi tío Fred en Francia. Por separado, tanto Mandarin como Fred eran campeones. Unidos, demostraron ser inmortales.

Thomas Peevey

Da Hoss

Yo siempre consideré que la Breeders' Cup era un evento legendario. Igual que la Serie Mundial y el Super Bowl, es la culminación de la temporada de carreras, donde compiten los mejores campeones del mundo en un reto último de velocidad y energía, en varias distancias y superficies. Recuerdo haberlo visto en televisión cuando era más joven. Yo era el único en mi familia interesado en los caballos, por lo que conseguir que me dejaran ver cuatro horas seguidas de carreras, un sábado por la tarde, en el único televisor de la familia, no era nada fácil. Y cuando lograba esa hazaña, nadie miraba conmigo, así que yo me veía obligado a hacer de anunciador de cada carrera, convencido de que todos los otros querían verla, pero ellos siempre tenían que hacer otras tareas justo en ese momento. Por eso, consideraba mi obligación transmitir verbalmente cada carrera mientras se desarrollaba para todos en la casa, y con el mayor entusiasmo posible.

Yo era un fanático de las carreras. Crecí leyendo *El Semental negro* y sus inolvidables triunfos sobre Sun Raider y Cyclone. De niño, llevaba la banca del piano a mi cuarto, le ponía una silla de montar y me imaginaba compitiendo en las carreras más importantes contra los mejores caballos de esa época.

Ahora yo estaba en la Breeders' Cup y no sólo como espectador, sino trabajando activamente como empleado. Cómo logré esa pasantía es algo que todavía no entiendo. No importa; estaba ahí. Mis tareas consistían en ayudar a los dueños de caballos, los entrenadores y los cuidadores, todas las personas que trabajaban con los pura sangre.

Por esos caprichos de la fortuna, mi puesto me dio un acceso enorme a varios de los mejores caballos de nuestra era. Era 1998, en el hipódromo de Churchill Downs, y caballos como Silver Charm, Skip Away y Gentleman se habían reunido en Louisville, Kentucky, para medirse en el más importante escenario hípico del país.

Ocurrió que ese día, en un establo tranquilo, estaba un caballo a quien nadie de la prensa le había prestado mucha atención pero que estaba a punto de convertirse en una leyenda. Yo recordaba claramente haber visto una carrera años antes, en la sala de mi casa, en la que había competido un caballo con ese nombre, que ocuparía un lugar destacado en mi historia personal de la hípica porque pertenecía a uno de los mejores corredores de la milla de todos los tiempos: Da Hoss.

Decir que ese caballo era un guerrero no sería suficiente. Había sufrido gran cantidad de lesiones durante su carrera, y tenía las rodillas heridas y los tobillos hinchados, pero Da Hoss había hecho historia al ganar de manera dominante la Breeders' Cup en Woodbine, Canadá, en el otoño de 1996.

Pero ahora era 1998 y Da Hoss estaba envejeciendo. Tenía siete, casi ocho años, y muchos consideraban que su mejor época ya había quedado atrás. Aunque en los últimos dos años apenas había escuchado su nombre, ahora estaba aquí, listo para competir. "Es una broma", dijo alguien. "Me recuerda el caso de Rick's Natural Star", agregó otro, refiriéndose a un caballo envejecido que había hecho el ridículo en una Breeders' Cup anterior, para regocijo de los periódicos. Yo no podía creer lo que estaba oyendo. Da Hoss era un campeón, un campeón mil veces probado, pero era claro que su número de admiradores había declinado tremendamente desde su última aparición triunfadora. Y tal vez tenían razón. Estábamos hablando de la Breeders' Cup, una carrera casi mítica que había catapultado las carreras de Cigar, Sunday Silence, Ferdinand y muchas otras glorias de la hípica. Algunas de las carreras más emocionantes de la historia habían tenido lugar en ese torneo. Yo empecé a temer por mi amigo en el establo 39.

Pero, con o sin miedo, lo observaba cada día dirigirse a la pista. En sus entrenamientos, corría como un verdadero campeón y yo estaba convencido por lo que veía de que haría un regreso legendario. Estaba tan confiado que compartí mi opinión con mis compañeros de establo. "Está de vuelta", aseguraba yo. "Da Hoss será el campeón de la milla".

El día que todos habíamos esperado tan ansiosamente llegó, soleado, alegre y listo para recibir la gloria que le aguardaba. Churchill Downs era exactamente lo que yo me había imaginado. Todo refulgía. Los aficionados apenas cabían en las tribunas. En este día nacerían campeones. Mientras se sucedían las carreras, yo trabajé sin parar en el círculo de ganadores y en los establos, ayudando en distintas maneras, incluyendo tener listas las flores y el manto para el ganador. Pero mi mente estaba en Da Hoss. Los diarios habían informado, como yo había advertido ya, que su entrenador, Michael Dickinson, había estudiado la pista de césped personalmente para encontrar la ruta perfecta para Da Hoss. Dickinson, apodado "el genio loco", incluso le había pedido a su novia que caminara por la pista en tacones altos, para que él pudiera apreciar qué tan duro o blando estaba el terreno.

No recuerdo el orden exacto de las carreras ese día. Todo ocurrió muy rápidamente. Sólo recuerdo hoy que la carrera de una milla estaba por empezar y que los caballos empezaron a salir por el túnel para llegar a la pista. Cuando pasaron junto a mí, yo murmuré: "Una vez más, amigo, sólo una vez más".

La entrada de los caballos al aparato de largada fue un espectáculo emotivo y hermoso. Luego las puertas se abrieron y los corredores emergieron, en un borroso haz de colores. A toda velocidad, superaron la primera curva antes de que yo pudiera saber la posición que ocupaba Da Hoss en la carrera. Miré los monitores de televisión, al tiempo que me esforzaba por escuchar al anunciador, tratando de enterarme del progreso de Da Hoss.

A un ritmo desbocado, se acercaban a la mitad de la carrera. Al acercarse a la última curva, los catorces caballos, todos de raza insuperable y con los mejores entrenadores y jinetes, tenían posibilidades de alzarse con el mayor premio de todos. En ese momento, ninguno estaba fuera de carrera. Corrían tan parejos que era imposible predecir el ganador cuando entraron en la recta final.

Me acerqué a la baranda y vi a mi héroe. Había logrado colocarse entre los punteros, tal como yo había predicho, con un magnífico derroche de talento y furia. Un esfuerzo más y se colocó de segundo. Un talentoso pura sangre color castaño, llamado Hawsksley Hill, se había adueñado de la delantera y comandaba la carrera. Quedaban cerca de 75 yardas y el destino de mi héroe parecía estar decidido. Pero éste no era un caballo común, ni una carrera común. Como el gran Ali contra las cuerdas, o John Elway presionado en su propia yarda tres, Da Hoss arremetió como un demonio.

Si uno mira hoy los archivos de fotografías de la Breeders' Cup, verá las tomas de la última parte de esta carrera. Dos caballos superan al resto, prácticamente empatados y a sólo unos cuantos pasos de la meta. Un caballo en la parte exterior claramente está corriendo con todo lo que tiene, pero el caballo en el lado interior es distinto. El fuego de su esfuerzo es evidente. Con su cabeza y su cuello estirados al máximo, Da Hoss está apretando los dientes, tanto contra su competidor como contra los años de abuso y olvido. La mirada de determinación en sus ojos es inconfundible e inspiradora, tanto que puede hacer que uno llore.

Coraje, amor, simple diversión: es imposible saber qué fuerza lo motivó. Pero lo hizo. Ganó. Alcanzó la victoria por el margen más estrecho posible y los jueces se demoraron varios minutos en evaluar la carrera antes de anunciar su decisión.

En cuanto escuché los resultados, me puse a llorar. Lloré de alegría, por el dolor que mi héroe debió haber experimentado y por el boleto ganador que estaba en mi bolsillo.

Luego corrí hacia el establo y abracé al primer compañero que vi. "Da Hoss ganó la milla", le grité. Había sido un espectáculo realmente memorable.

Mi héroe ya no corre y, como pura sangre castrado, no puede reproducirse, así que jamás habrá hijos suyos en las pistas de carreras. Pero sigue estando ahí. Usted lo puede ver, si alguna vez asiste al Bluegrass State. Está en exhibición en el Parade of Breeds, en el Kentucky Horse Park. A unos pasos de distancia lo verá en el Salón de los Campeones. Da Hoss, dos veces triunfador de la Breeders' Cup en la milla. Qué clase de caballo.

Ky Mortensen

El regalo de Girly

Tom y Bonnie Gerdes estaban tan emocionados como dos niños el día de Navidad. Nada en el establo en el que estaban, en las afueras de Chicago, reflejaba su espíritu festivo. Era 15 de diciembre del 2001 y no había ninguna decoración de Navidad visible. Pero había una potra, entre las siete que estaban esperando ser ensilladas para la sexta carrera, llamada Girly, que era la responsable del brillo en los ojos de los Gerdes. Ella era la primera pura sangre nacida y criada en la modestas instalaciones de cría de la pareja.

El nombre oficial de la yegua baya era White O Morn, y la habían bautizado así por el rancho que tenía John Wayne en la película *The Quiet Man*. Tenía dos años y se estaba preparando para una difícil primera carrera en la Illinois Breeders Debutante Stakes.

Esta carrera, restringida a potras nacidas en Illinois, tenía un premio de $91,350 dólares, la suma más importante por la que habían competido los Gerdes. Bonny sabía que ésta iba a ser una carrera difícil para su inexperimentada potra. Pero Girly estaba en excelente condición, tanto física como mental. Quizá su esfuerzo le alcanzaría para ubicarse entre las cinco primeras, con lo que sus dueños ganarían algún dinero. Incluso un quinto lugar (que recibía el 3 por ciento del premio) sería más que suficiente para recuperar los $250 dólares que la pareja había arriesgado al inscribir a la potra para la carrera que tendría lugar en julio. Pueden surgir tantos problemas con un pura sangre, que Bonnie consideraba que el haber llegado a la carrera ya era una victoria moral.

Esta carrera iba a ser la tercera en la que la hija del semental Seattle Morn participaba en apenas 20 días. En sus primeras dos apariciones, White O Morn había competido contra potros que jamás habían ganado una competencia, en carreras cortas de seiscientos metros. En su debut, la yegua terminó octava, en una carrera de diez caballos, con una posibilidad a ganador de 18 a 1. La segunda carrera la ganó por medio cuerpo, con apuestas de 10 a 1, en un pobre tiempo de 1:16:43. Hoy iba a competir con un descanso de apenas una semana y participaría en su primera carrera de más de una milla. Parecía que las posibilidades a su favor no eran muy buenas.

Los apostadores demostraron tener poca fe en White O Morn. Las apuestas se colocaron 30 a 1 en su contra. En la carrera, había varias yeguas que parecían mucho más fuertes. La favorita era Summer Mis, hija de Summer Squall, que había ganado el Preakness Stakes. A comienzos de ese año, Summer Mis había derrotado por catorce cuerpos a sus competidoras en Arlington Park, la principal pista de carreras de Chicago. Otra de las competidoras en la carrera Debutante, Penny Pit, estaba invicta después de dos apariciones.

Como muchas de las potras competidoras provenían de establos conocidos, los humildes orígenes de White O Morn entusiasmaron poco al público apostador. Después de todo, los Gerdes eran poco conocidos en el mundo de las carreras en Illinois. El entrenador, Mike Mokry, había tenido una carrera irregular y Uriel Lopez era un jinete conocido, pero había obtenido muy pocas victorias.

Pero nada de eso molestaba a Bonnie o a Tom, que se enamoraron uno del otro, y de las carreras de caballos, en 1980.

Después de que se casaron en 1982, compraron un caballo llamado UC Awareworld. Ganó su primera carrera corriendo con sus colores y quedaron contagiados para siempre por la fiebre del hipismo.

A pesar de su éxito inicial, ellos sabían que sus aventuras ecuestres iban a costarles caro. Así que se metieron en el negocio sabiendo los riesgos que corrían y, con su buen humor habitual, bautizaron su establo como Tres Buenas Patas.

Los Gerdes creían que White O Morn iba a ser competitiva a pesar de las apuestas en su contra. Cuando ensillaron los caballos, Bonnie sintió la emoción y nerviosismo que es común en los dueños de caballos. Jamás pensó en la granja, cuya situación financiera era tan difícil que tuvo que pagar la última cuota del impuesto a la propiedad con una tarjeta de crédito. Tampoco se acordó de aquel día, cinco años antes, en que ella casi pierde la vida.

En 1996, los Gerdes eran dueños de seis caballos. Todos los días, después del trabajo, Bonnie, que era empleada de correos y Tom, que compraba y vendía equipo mayorista, se iban alegremente a cuidar los caballos en un establo público donde los tenían guardados.

Una noche en el establo, Bonnie se dio cuenta de que UC, que ya no competía en carreras, no quería poner su peso en la pata trasera derecha. Preocupada, Bonnie quebró una regla básica y se acercó al pura sangre por detrás, sin hacerle saber que ella estaba ahí.

UC Awarewold se asustó y pateó con ambas patas traseras. La pata derecha le pegó en el lado izquierdo de la cara a Bonnie. Después de meter al caballo en su establo y de pedirle a alguien que llamara al 911, Tom se sentó con Bonnie. Ella tenía problemas para respirar y él le limpió la sangre de la nariz. Sus heridas eran bastante graves. El ojo izquierdo de Bonnie estaba salido de su cavidad y su cara estaba hinchada más de cuatro veces su tamaño normal.

Antes de que la ambulancia partiera, los paramédicos tuvieron que reestablecer el ritmo del corazón de Bonnie. Bonnie quedó en coma y sus probabilidades de sobrevivir durante la noche eran de un 50 por ciento. Incluso si sobrevivía, su diagnóstico no era el mejor. Las lesiones sufridas por su cerebro podían dañar su visión, oído, y provocar cambios en su memoria a largo plazo, su personalidad y su comportamiento. Había una alta posibilidad de que quedara con daño cerebral permanente. Durante las primeras tres noches, Tom jamás se alejó del lado de Bonnie en el hospital.

Después de nueve días, Bonnie despertó en lo que Tom describió como un estado infantil. Ella mejoró enormemente durante sus tres semanas en el hospital, que incluyeron cirugía y dos semanas de terapia física. Luego fue a un centro de rehabilitación durante diez días más para mejorar su habilidad motriz.

Los resultados de su recuperación fueron milagrosos. Ella no sufrió daño cerebral. Después de tres cirugías plásticas, la única muestra visible del accidente era una pequeña depresión bajo su ojo izquierdo. Sin embargo, Bonnie tuvo que aprender a convivir con la pérdida de la mayor parte de la visión en su ojo izquierdo.

Durante toda esta etapa, la pareja jamás perdió su amor por los caballos. Con la ayuda de Tom, Bonnie volvió a montar sólo dos meses después del accidente. En 1998, compraron una granja de vacas fuera de Chicago y empezaron el largo proceso de transformarla en una granja ecuestre. Habían cumplido su sueño de crear una vida con caballos. Habían partido.

Sí, *partieron*, pensó Bonnie cuando se abrieron las puertas del aparato de largada. Bonnie se había preocupado de colocarse en su lugar de buena suerte dentro de la tribuna principal, exactamente el mismo desde donde había visto a White O Morn ganar su primera carrera.

Summer Mis tomó la delantera, seguida muy de cerca por Penny Pit. White O Morn estaba en el cuarto lugar, a siete cuerpos de distancia. Durante la primera media milla, los caballos mantuvieron sus posiciones.

Al llegar a la curva final, White O Morn empezó a moverse, pero aún estaba cuatro cuerpos atrás de Summer Mis, y sólo quedaba un cuarto de milla de carrera. Bonnie estaba muy nerviosa en la tribuna, y sus anteojos se habían empañado con el vapor de su respiración. Tuvo que valerse de la voz del anunciador, Peter Galassi, para dibujarse una imagen mental de la carrera.

En la recta final, el jinete López condujo a White O Morn hacia afuera, pero Summer Mis seguía viéndose fuerte. Los Gerdes y sus muchos amigos estaban totalmente emocionados. Girly pasó al segundo lugar, pero todavía estaba a dos cuerpos del líder. Repentinamente, Summer Mis dio muestras de debilidad. Bajo la continua insistencia de López, White O Morn alcanzó la victoria.

La escena en el círculo de ganadores era de pura alegría. La victoria improbable es la más dulce de todas.

El impacto del logro de Girly ese día hizo que los ojos de los Gerdes brillaran durante mucho tiempo al recordar ese triunfo. El premio de $54,810 dólares resolvió los problemas financieros de la granja. Y recibieron ayuda financiera extra. Por cada apuesta de $2 dólares que hicieron, ellos ganaron 63.40.

White O Morn fue elegida la mejor yegua de dos años de Illinois en 2001 y ganó más reconocimiento para sus dueños cuando recibió un premio de la Illinois Thorougbred Breeders and Owners Foundation.

Desde el accidente, Bonnie jamás dejó de recordar un simple poema: "El ayer es historia. Mañana es un misterio.

Hoy es un regalo. Por eso lo llaman presente". Cada día, los Gerdes aprovechan la portunidad de vivir su maravillosa vida con sus caballos. Y cada día, se dan un momento para disfrutar el máximo tesoro de todos: el regalo de Girly.

Dave Surico

El destino de Edgar Brown

El coro de la canción "Amazing Grace" se elevó al cielo mientras la gente se ponía alrededor de la tumba para rendir sus últimos respetos. Edgar había vivido una larga vida, 88 años, antes de que el Señor lo llamara a su lado. En los días y horas antes de su funeral, en marzo de 2002, se contaron muchas historias sobre la vida de Edgar, y todas ellas tenían que ver con caballos.

La vida de Edgar, que había transcurrido casi toda en las montañas de Nevada, giraba en torno a los caballos. Después de que él y Jo se casaron, empezaron a criar ganado en el valle Helena y, tras comprar a Shammy y Shalili, Edgar empezó a ganarse una reputación como un hombre de caballos.

Shammy y Shalili eran gemelos casi idénticos, ambos American Quarter Horses. Eran alazanes grandes y robustos, con rayas blancas desde la frente hasta la nariz. Bajo el liderazgo de Edgar, se convirtieron en caballos de rancho confiables, capaces de realizar todas las tareas con el ganado.

Con los años, tanto el número de caballos como la reputación de Edgar crecieron. Sus primeros caballos se convirtieron en montas para los cuatro hijos de Edgar y Jo, que participaron en torneos de rodeo para jóvenes y aficionados y clasificaron para la Final Nacional de Rodeo de Escuelas Secundarias, en caballos que su padre había criado o entrenado.

Poco después, Edgar se dedicó tiempo completo a entrenar caballos y se mudó con su familia al sur de Helena, donde construyó una pista de entrenamiento bajo techo y compró un semental joven que él creía tendría muy buenos hijos. Destino había sufrido una herida, por lo que no podía ser montado. Pero su *pedigree*, temperamento y conformación eran excepcionales y Edgar sabía que este caballo produciría campeones. Edgar ordenó que pintaran un gran letrero y lo pusieran en la carretera cerca de su lugar de entrenamietno. El letrero decía: "Producimos caballos con el Destino de competir, correr y ganar".

Y, efectivamente, ganaban. Los caballos de Edgar tuvieron una influencia marcada en la industria del Quarter Horse por todo el oeste de Estados Unidos. Edgar pasó los años 50 y 60 entrenando caballos de exhibición, mientras criaba a los hijos de Destino. Una vez, por una apuesta, entró al ruedo en un caballo sin montura y dio una impecable demostración de control, antes de salir ovacionado por la gente.

Fue por esa época que otro alazán con una raya en la cara llegó a la vida de Edgar y Jo. Desde el momento en que la vieron, supieron que era una yegua especial. Destino y la yegua Herfano habían producido a esta excepcional potrilla. Desde que cumplió el año, Edgar llevó a esta potra, que llamaron Destino Jagetta, a varias exhibiciones de caballos Quarter Horse, donde triunfó siempre y en ocasiones fue seleccionada como el Gran Campeón del torneo. Cuando Jagetta maduró y se desarrolló, Edgar añadió más eventos a su repertorio, y en todos ellos Jagetta dio excelentes resultados.

En esa época ya todos en los círculos ecuestres de Montana conocían a Destino Jagetta, pero pocos se habían dado cuenta de que estaba a punto de convertirse en una leyenda. Jagetta había ganado suficientes puntos en los torneos para cumplir con las exigencias de la American Quarter Horse Association para otorgar su premio más importante, el Campeón Supremo. Pero faltaba un solo criterio: las carreras.

Edgar jamás evadía un reto, así que siguió adelante con su yegua campeona. Dos o tres de sus hermanos estaban teniendo buenos rendimientos en las carreras, bajo la tutela de algunos de los mejores entrenadores del noroeste, y Edgar sabía que Jagetta era especial. Pero él no sabía nada de entrenar caballos de carreras. Afortunadamente, su yerno sí.

Igual que los otros hijos de Edgar y Jo, su hija menor se había casado con un hombre que compartía su interés y pasión por los caballos. Como reconocido entrenador de caballos de carreras, podía perfectamente entrenar solo a Destino Jagetta. Pero Edgar decidió trabajar con su yerno y con otros, observando de cerca el trabajo con su querida yegua y haciendo de hecho la mayor parte del entrenamiento él mismo.

El sol brillaba ese caluroso día de julio en que la carrera de Edgard y Jo llegó al punto de conjunción entre los caballos de exhibición y los de carrera. Justo el día antes, Edgar había exhibido a Jagetta en ese mismo terreno. Ella había ganado otro premio y había obtenido el título de Gran Campeón del Torneo. Ahora, la familia esperaba nerviosa mientras ella desfilaba hacia el aparato de partida para su primera carrera, una vieja yegua de cinco años entre potras de dos.

En menos de lo que canta un gallo, todo había terminado. Las puertas del aparato se habían abierto y los caballos habían salido galopando hacia la meta mientras

¡PARTIDA!

la multitud rugía. Jo estaba tan nerviosa que no quiso mirar, pero cuando las puertas se abrieron y el anunciador exclamó: "¡Partida!", ella se paró de un brinco y se puso a gritar: "¡Vamos, niña, vamos niña!", alentando a su yegua alazana a que lo diera todo.

Cuando todo acabó y se revelaron las fotos del final de la carrera, se supo que en una muestra increíble de versatilidad, este gran caballo de exhibición había ganado su primera carrera. Destino Jagetta, Edgar y Jo iban camino al Campeonato Supremo. Ya eran conocidos y respetados en el circuito de exhibición y ahora estaban camino de convertirse también en un equipo conocido en los círculos de carreras.

En menos de un año, a Jagetta le faltaba una sola clasificación AAA para recibir el premio al Campeón Supremo. Edgar la inscribió en una carrera en Helena.

Ella no ganó esa carrera, pero lo intentó al máximo. Siempre lo intentaba al máximo. Pero esta vez no importó que no ganara. Había corrido lo suficientemente rápido para lograr la clasificación por tiempo que necesitaba para obtener su segundo AAA. Edgar y Jo habían criado y entrenado a un Campeón Supremo.

Fueron estas historias las que contaron quienes asistieron al funeral de Edgar: historias de dos alazanes Quarter Horse con rayas blancas en la cara que, a su vez, contaban la historia de ese gran hombre de caballos que habían venido a honrar.

Cuando el sacerdote comenzó el servicio, los otros se callaron y se pusieron a escuchar. La gente rezó y luego alguien alzó la vista, incrédulo, y vio una figura en el cerro, justo por encima del pequeño cementerio rural. Con una interrupción respetuosa de la misa, la gente se dio vuelta a mirar hacia allá, donde un solo caballo, con una raya en la cara, se había parado a observar.

La familia había optado por cubrir el ataúd al final del

servicio fúnebre, de modo que cuando el sacerdote dio la bendición final, los asistentes entonaron la última estrofa de *Amazing Grace* mientras el ataúd era bajado lentamente a la fosa. Amigos y vecinos luego lo cubrieron de tierra, honrando una vida bien vivida. Y cuando cubrieron completamente el ataúd con tierra, paletada tras paletada, el alazán se dio vuelta en la colina y desapareció silenciosamente en el horizone.

Jeff C. Nauman

Un golpecito en el hombro

A mediados de 1992, mi tío fue al hospital por última vez. Su salud se estaba deteriorando rápidamente y había muy poco que los médicos pudieran hacer. JD, el hermano mayor de mi padre, ya tenía más de 80 años, aunque su cabello todavía estaba negro. Le encantaban los caballos y seguía las carreras a diario.

Cuando yo lo visitaba en el hospital, nos quedábamos uno junto al otro, en silencio. JD jamás había sido muy hablador. De modo que yo aprovechaba cada oportunidad que surgía de divertirme con él. Un día, vi que entre los caballos que iban a correr al día siguiente estaba uno llamado Pass de Vazul. Aunque aquél era un nombre horrible para un pura sangre, siguiendo un presentimiento, le dije a mi octagenario tío: "JD, apuesto que este caballo es para nosotros".

"Bueno, está bien", me respondió sin ningún entusiasmo.

Aposté diez dólares y mi presentimiento resultó acertado. El caballo pagó $11 dólares con 80 centavos a ganador por cada boleto de dos dólares y nosotros cobramos $59 dólares. No era mucho dinero, pero nos daba un motivo para conversar y alegrarnos en mi próxima visita al hospital.

Yo no me apuré a cobrar el boleto. No había razón para apurarse, así que lo dejé en mi billetera y terminé olvidándome de él. Sólo me acordé unas semanas después, cuando JD murió. Entonces decidí que jamás iba a cobrar el boleto. Unos días después lo puse en el bolsillo de la chaqueta favorita de mi tío en su funeral. Me pareció adecuado que un apostador de caballos se fuera con un boleto ganador en el bolsillo, aunque sólo fuera por $59 dólares.

Los otros conocían el gusto irrazonable por los caballos que compartíamos mi tío y yo. Poco después del funeral, mi tía se me acercó y me dio un boleto de apuestas que había encontrado en una gaveta de su casa. JD había hecho la apuesta antes de ir por última vez al hospital. Ella me pidió que viera si había ganado algo. Decía: $6 dólares a ganador, letra B, cuarta carrera, Belmont, 28 de junio de 1992. Averigüé. No había ganado. Pero no boté el boleto. Era la última apuesta que había hecho JD, así que lo puse en mi billetera y me olvidé.

Allí se quedó entre otros papeles hasta que un día, el verano siguiente, cuando estaba en el banco buscando mi licencia de conducir, el boleto se cayó de mi billetera. Lo miré y me sorprendió la ironía. La fecha de ese día era 28 de junio de 1993, exactamente un año después.

No dudé un segundo lo que tenía que hacer. Fui derecho a la casa de apuestas.

Aposté $6 dólares a ganador al #2 (una nueva designación que reemplazaba a la letra B) en la cuarta carrera en Belmont. Y luego repetí la apuesta para mi padre.

Cuando el caballo ganó, cobré los boletos. Pagó $19.80 dólares o un total de 59.40 por cada boleto ganador.

Fui a la casa de mi papá y puse el dinero en la mesa.

"Y esto, ¿para qué es?", me preguntó.

Por primera vez, le conté la historia: la primera apuesta, el boleto en el bolsillo de JD en el funeral, el boleto en mi billetera, la fecha, los $59 dólares y todo lo demás. Su única respuesta fue: "JD te dio un golpecito en el hombro". Estuve de acuerdo.

Basil V. De Vito Jr.

El lado divertido de la vida

Un caballo castrado criado en Nueva York y seis amigos de toda la vida entusiasmaron a Estados Unidos durante una histórica campaña por la Triple Corona en el 2003. Este grupo de personas corrientes y sin ninguna pretensión, y su caballo, demostraron que es verdad el adagio de que "las buenas cosas le ocurren a las personas buenas".

Funny Cide y los seis Sackets, como fueron apodados los amigos, hicieron que todo el país los siguiera de pie, enamorados de unos ganadores improbables, y atrajeron a más gente a las carreras de caballos de las que se habían visto en años.

Funny Cide llevó a sus dueños (los seis Sackets y otros cuatro socios) al círculo de ganadores después de ganar el Kentucky Derby en forma clara por un cuerpo y tres cuartos. Su victoria en Preakness asombró a todos, ya que ganó por una distancia asombrosa, de nueve cuerpos y tres cuartos, y casi rompió el récord que estableció Survivor en 1873, al ganar el Preakness por diez cuerpos.

Mientras hablaba con uno de los seis sobre nuestros años en la escuela secundaria, estaba latente el entusiasmo sobre las recientes victorias y el desafío que estaba por venir, el 7 de junio.

Estos seis amigos eran de Sackets Harbor, un pequeño pueblo al norte de Nueva York. Tenían hijos en la universidad, negocios que mantener, hipotecas que pagar y ahorros que hacer para su jubilación. Eran un grupo inusual para invertir en las carreras de caballos, pero esto les dio otra nueva forma de compartir su estrecha camaradería.

Los hermanos Mark y Pete eran buenos estudiantes y participaban activamente en el programa local de deportes. JP (Jon) era el alma de todas las fiestas y Harold, que provenía de una familia numerosa, prefería que no lo notaran y jamás causaba ningún problema. Esperábamos que Larry iba a tener mucho éxito algún día: era un chico popular y sabía cómo armar una fiesta. A Jackie le encantaban los deportes y le iba bien en todo lo que intentaba. Siempre tenía una sonrisa en los labios, ganara o perdiera.

Sus personalidades no han cambiado, y si no fuera por los reporteros y los cazadores de recuerdos de Funny Cide que inundan el pueblo a toda hora, uno jamás se imaginaría que este grupo de hombres de edad media están en el centro de la historia de las carreras de pura sangre. A veces parece que ni ellos mismo se lo creen.

Eran niños normales y crecieron en el Lago Ontario, cerca de la frontera con Canadá. Pasaron los veranos en el pueblo, jugando béisbol o fútbol, nadando o retándose uno al otro a hacer clavados riesgosos en el lago. Al llegar el otoño, salían los atletas y las *cheerleaders* a participar en los torneos deportivos en otros pueblos y a divertirse alrededor de fogatas junto al lago. Los seis normalmente participaban como líderes de los eventos. Los colores de la escuela eran el gris y el café, los mismos que actualmente usa Funny Cide.

Cuando se graduaron, ellos se separaron para seguir sus destinos. Algunos fueron a la universidad, otros abrieron negocios. Todos se casaron y formaron familias. Todos se mantuvieron en contacto.

Antes de hablar con estos hombres sobre sus experiencias con Funny Cide, yo sabía lo que me iban a decir: sabía que iban a mostrarse humildes, que me dirían que el héroe era el caballo y no ellos. Tenía razón.

Cuando hablé con Mark, me sentí como si hubiera estado charlando en un café con un amigo. Siempre cálido y amistoso, compartió alegremente sus sentimientos conmigo. Podía "escuchar" la enorme sonrisa en su rostro y el orgullo de su voz.

Comenzó la conversación hablándome de Funny Cide y me dijo: "Tres años atrás nacieron más o menos 34,000 caballos de carrera y todavía me asombra lo afortunado que fui al encontrar a Funny Cide. ¿Cómo fue que nosotros terminamos con el caballo que podía hacerlo? Parte de ello es que siempre compramos caballos criados en Nueva York: un caballo que haya nacido aquí, en casa".

Mark continuó: "En la primera carrera que corrió Funny Cide, el jinete nos dijo que tenía potencial y que podía llegar a ser un ganador. En la segunda carrera, el jinete nos dijo que había tenido una iluminación: 'Este caballo puede ganar el Kentucky Derby'. Yo dije que claro, que estaba bien, pero realmente no le creí. Cuando compramos a Funny Cide pensamos que tenía potencial para correr en carreras menores y nos conformábamos con que lo hiciera aceptablemente bien en ellas".

Al explicarme sobre la compra de Funny Cide, Mark me dijo: "Cuando compramos a Funny Cide, estábamos en mala situación y no teníamos mucho dinero para nada. Pero algo nos hizo seguir adelante y asumir el riesgo. Todo lo que esperábamos era quizá recuperar nuestro dinero y, definitivamente, pasarlo bien en las carreras y tal vez ganar un poco de dinero. Jamás imaginamos que Funny Cide nos iba a llevar al Kentucky Derby".

¡PARTIDA! 311

Mark recuerda un momento que jamás olvidará: "Estaba caminando del establo a la pista al lado de Funny Cide el día del Derby y miré hacia las tribunas donde había miles de personas. Y todo lo que pensé fue: *Todavía no puedo creer que esto esté ocurriendo. ¿Por qué tuvimos tanta suerte? ¿Qué hicimos para merecer esto?"*

Luego, pensativamente, agregó: "Somos dueños de una parte del caballo de Estados Unidos. El es el caballo del pueblo, de la gente común".

Al finalizar nuestra conversación, Mark lo resumió diciendo: "Lo importante no somos nosotros, sino Funny Cide. No hemos hecho nada especial. Simplemente, invertimos en un sueño. El ha ayudado a promover a nuestro pueblo y le ha demostrado al mundo que existe vida al norte de Albany".

"Hemos podido mostrarle al mundo nuestro maravilloso pueblo y la gente fantástica que vive aquí. Nosotros no corrimos un riesgo al comprar a Funny Cide. El corrió el riesgo con nosotros. Este pequeño caballo nos ha ayudado a mostrarle al mundo que a veces los sueños de la gente común sí se hacen realidad y que uno cosecha lo que siembra. Si uno trata de ser buena buena persona y de darle algo a la comunidad, algún día va a recibir algo de vuelta. Funny Cide nos ha dado más recompensas de las que merecemos".

Como dije, éste es un grupo de hombres modestos. Ellos comparten su humildad, su lealtad a la comunidad y el amor por su familia. Una familia que ha crecido en miles desde ese inolvidable sábado de mayo. Ellos no quieren el crédito del triunfo: le dan todo el crédito a este pequeño caballo de Nueva York que tiene un corazón más grande que todos los habitantes de Sackets Harbor juntos.

Cuando Funny Cide ya no pueda correr, ellos van a seguir acompañándolo. No importa lo que ocurra el 7 de junio en Belmont Park, donde Funny Cide jamás ha sido derrotado, ellos van a estar agradecidos por la oportunidad de ser parte de su éxito y de ser dueños de parte del caballo de Estados Unidos.

Chris Russell-Grabb

[NOTA DE LOS EDITORES: *El 28 de junio, Funny Cide realizó su primer entrenamiento desde el Kentucky Derby y el Preakness. El entrenador Barclay Tagg dijo que el caballo estaba "sano, en buena condición y feliz". Cuando este libro fue a imprenta, la emoción antes de la Triple Corona había alcanzado su máximo fervor. El último caballo en ganar las tres carreras fue Affirmed, en 1978. Si ganan el Belmont el 7 de junio, los dueños de Funny Cide ganarán cinco millones de dólares. Pero al margen del resultado, es seguro que el 8 de junio los seis Sackets estarán tomando una taza de café o una cerveza, conversando sobre la historia de su vida, y de haber cumplido el sueño americano.*]

7

CABALLOS... ETCÉTERA

*H*e tirado los arados para alimentar a sus familias.
He llevado su bandera en los desfiles para Celebrar su independencia.
He corrido con todo el corazón.
Les he mostrado el mundo desde mi lomo,
Y ahora mostraremos el mundo juntos,
Tú eres Estados Unidos y yo soy tu caballo,
El caballo de Estados Unidos.

Reproducido con permiso de la American Quarter Horse Association©

Ellos relinchan, yo pago

Aunque soy veterinario, no pretendo ser un experto en caballos.

Yo sólo soy un hombre que mantiene un hogar, que consiste de mi esposa Teresa, que está obsesionada con los caballos, y nuestra hija Mikkel. Pero yo sé algo que ellas parecen no entender, o no les importa. Después de años de andar detrás de ellos, he llegado a una sorprendente conclusión sobre la esencia de tener caballos: ellos relinchan, yo pago.

Muchas veces he oído el adagio de que la mejor manera de ganar mucho dinero con un caballo es empezar con mucho más dinero. Créanme: ésa es la verdad.

La compra de tu primer caballo es sólo el inicio de lo que te espera. Uno compra caballos de gente que hace que los vendedores de autos usados parezcan niños de coro y termina pagando el doble de lo que debería. Cada caballo que a uno le ofrecen es único, una ganga sólo para uno, un caballo que jamás ha estado y jamás estará cojo, que es tan dulce como un bebé, que entra dócilmente al *trailer*, que los dueños venderán sólo si les encuentran un buen hogar. El tuyo, ingenuo.

Uno compra el caballo. Hasta el momento, no tan mal.

Aunque tu cuenta bancaria ha recibido una profunda herida y está desangrándose, uno no siente el dolor al comienzo.

Luego viene el viaje a la tienda local donde uno prueba monturas especiales, hechas a mano, con una silla única. A uno siempre le dicen que la silla es especial, tanto por su estilo como por su comodidad, lo que hace difícil rechazarla. Si uno le agrega a eso las frazadas, cepillos, peinetas, cascos, guantes, riendas, vestimenta y adornos, uno ya ha invertido una pequeña fortuna.

Luego viene el heno, los costosos suplementos nutricionales, los baldes, los dispensadores de grano y hasta juguetes especiales para los caballos.

Pero espera, hasta ahora tu anémica cuenta bancaria sólo ha estado sangrando un poco. Cuando se necesita trasladar al caballo desde el punto A al punto B, entonces se rompe una arteria económica. Después de convertirte en orgulloso propietario de una camioneta Ford F 250, V-10, capaz de halar un sofisticado *trailer* peso pluma para cuatro caballos, es hora de llamar al banco para una transfusión masiva.

Tu salario anual estará en seria necesidad de cuidados intensivos cuando tu esposa y tu hija decidan participar en competencias. Todo empieza modestamente, con torneos locales 4-H; pero pronto vienen los grandes torneos regionales y nacionales. A cada paso, mientras avanzamos en nuestro camino a la gloria ecuestre y a la bancarrota, resuenan en mi mente las palabras que solía decir mi padre: "El precio de jugar póker acaba de subir".

Ahora tu familia navega en la internet y se suscribe a decenas de revistas de caballos, en busca del "caballo ganador" que añadir a su colección. En un estilo que hace que todos los anuncios personales parezcan al mismo tiempo modestos y ciertos, los anuncios sobre caballos aseguran que cada uno de ellos es un campeón nacional de algún tipo, un ganador seguro, que será entregado solamente a un buen hogar. Adivinaste. El tuyo.

Todo el mundo quiere ver videos del caballo que piensa comprar y pronto tu casilla de correo está llena de videos provenientes de todos los rincones de Estados Unidos y Canadá. Tu videograbadora echa humo de tanto mostrarlos y tus ojos te duelen de mirar tantos videos de mala calidad y filmados con poca luz. Todos dicen: "Las imágenes mienten, el caballo en realidad es mucho mejor de lo que se ve en el video". ¡Sí, claro! Haces algunos compromisos, que no cumples, y sigue tu búsqueda frenética.

Entonces, ¡eureka!, uno lo encuentra. El caballo que tiene todas las habilidades potenciales para ganar: la cabeza tan gacha que parece barrer el suelo con la frente, un trote tan armonioso que uno juraría estar viendo una repetición en cámara lenta, capaz de seguir todas las instrucciones del entrenador, sentado cómodamente en la tribuna.

Cuando reúnes a un panel de expertos en caballos para ver el video, siempre alguien se fija en algo que uno no había visto y que deja al caballo fuera de competencia. En ese punto, como en un coro, todo el mundo está de acuerdo: "Sí, es cierto, tiene ese problema. No lo había visto hasta que tú lo mencionaste. No, no compres ese caballo".

¿Y yo? No veo nada, pero asiento con la cabeza para que ellos piensen que soy uno de ellos, y no un simple veterinario que no puede ver algo aparentemente tan obvio sobre la salud o fortaleza de un caballo.

Ahora llega la Navidad y aunque uno no tiene todavía un caballo para los torneos del próximo año, uno igual va y le compra una silla especial a su hija, con más adornos de plata que una tienda de *souvernirs* de los Navajos, una hebilla trabajada a mano con sus iniciales, ropa de competencia, botas nuevas y mucho, mucho más. Vestida para las fotos de Navidad, ella se ve ridícula, una mezcla entre Hollywood y el norte de Idaho. Más hemorragia financiera.

Finalmente, después de meses de buscar la versión equina de un candidato presidencial, estás tan agotado y mareado que podrías comprar el primer caballo que encuentras. De esa manera, le puedes asegurar a todo el mundo (especialmente a ti mismo) que después de mucha consideración, has encontrado el caballo perfecto. Pero ese caballo necesita un entrenador especial para ayudarlo a alcanzar todo su potencial y, por supuesto, es mejor que el caballo viva con el entrenador, que tiene un establo más apropiado que el tuyo. Sigue el desangre financiero.

¡Ahora sí que tu cuenta de jubilación está hundida en el heno y necesitas pedir un préstamo!

Pero, aunque odio admitirlo, el balance final de invertir en un caballo es bastante bueno. Tienes una esposa y una hija adolescente que se obsesionan juntas, entrenan juntas y viajan a torneos juntas. Están tan cerca al compartir la victoria como al aceptar la derrota.

Te sientas entre el público, junto a los otros papás, grabando ansiosamente el vigésimo video de la temporada cuando tu hija y su caballo entran a la arena. Te maravillas con la armoniosa sinfonía entre esta niña de 125 libras montando a un caballo que pesa más de 1,300 libras. Tu corazón salta y las palmas de tus manos sudan cuando los jueces se preparan para anunciar los premios.

Y cuando tu hija recibe una cinta azul, ella y tu esposa se abrazan en la arena, y tú te emocionas y te atragantas de lágrimas y orgullo. Es uno de los mejores sentimientos del mundo. Pero dura poco.

Mañana, tienes que ir al establo, horquilla en mano, a retirar el excremento y poner lo que queda de tu fondo de jubilación en la carretilla. ¡Ah, qué delicioso el aroma del excremento de caballos en la mañana!

Marty Becker

De hombres y caballos magníficos

Pasar tantas horas en la silla de montar le da a uno mucho tiempo para pensar. Por eso es que tantos vaqueros se creen filósofos.

C. M. Russell

Ese es el caballo más feo que he visto en mi vida. Bueno, déjame pensarlo bien. Sí, es realmente el caballo más feo que jamás haya visto.

Yo tenía sólo ocho años la primera vez que vi a ese caballo. Hasta ese momento, jamás se me había ocurrido que podía existir un caballo feo. Ni siquiera las mulas del rancho donde trabajaba mi papá, raras por naturaleza, eran tan feas. Pero al parecer la naturaleza también tenía que ver con la apariencia de este caballo. Y que el dueño del animal, y su objetivo oculto, también tenían mucho que ver con su apariencia.

Imagínese esta imagen: un hermoso semental negro corre por la cima de una colina, su cola y su crin alborotadas y brillando bajo el sol, mientras juega a pelear contra el viento. Luego él baja a todo galope la colina a reunirse con su hermosa manada de yeguas y potrillos, para protegerlos de cualquier peligro. ¿Cuántas veces hemos visto esa imagen en la televisión o el cine? ¿No es acaso la manera en que nos imaginamos el semental perfecto?

Ahora imagínese esto: un semental negro con nariz romana y un manchón blanco entre los ojos que parece más una cicatriz que un manchón. Su crin ha sido recortada tanto a ambos lados que su cuello parece anormalmente ancho. La cola se la cortaron como la de una mula y luego la dejaron crecer, y ahora parece un ventilador. Es obvio que lo tienen en un pequeño corral con una charca, porque está cubierto de polvo y barro.

Uno podría pensar que su dueño no sabía lo que era un cepillo para caballos y nunca hubiera adivinado que había sido galardonado con la clasificación AAA de los Quarter Horse de carrera. Y que, a pesar de las apariencias, este caballo estaba muy bien cuidado en el rancho. Tenía su propio establo, su propio corral y un cuidador personal. Sin embargo, a su dueño le convenía que el caballo se viera descuidado. Sólo participaba en carreras pareadas entre los dueños, porque no había pistas reconocidas en Oklahoma en ese entonces. El polvo y la suciedad aumentaban la posibilidad de conseguir carreras favorables y de que subieran las apuestas contra el que parecía un caballo descuidado.

Yo había llegado a Pawhusca, Oklahoma, el día antes a pasar el verano de 1943 con mis tíos favoritos, que administraban un rancho en las afueras del pueblo. Mi tío había sido un buen jinete cuando joven y había ganado varias carreras importantes, pero sus problemas de salud le impidieron que corriera en los últimos años. Se llamaba Albert Reynolds y era bien conocido en el circuito de carreras pareadas. Sin embargo, había algo de tío Albert que me siento obligado a revelar; algo que la mayoría de las personas descubrían demasiado tarde. Parear una carrera contra el caballo de él era una mala idea. En todos los años que lo conocí, jamás perdió.

Ese día, él estaba a punto de empezar una carrera de 350 yardas pactada entre un hermoso alazán propiedad de una familia de indios Osage y Viejo feo. Yo estoy seguro de que este último caballo tenía un nombre más respetable, pero todo el mundo lo llamaba "el viejo caballo feo". Su dueño era Ben Johnson, un ranchero local.

Parece que Ben también tenía una reputación de ganar carreras pareadas. Pero su reputación iba más allá de las carreras de caballos. También había sido campeón mundial de laceo y años después Pawhusca le dedicaría un evento anual de esa especialidad a su hijo favorito. Este vaquero de hablar pausado tuvo un hijo, Ben Johnson Jr, que también ganó un torneo de laceo por equipo antes de irse a Hollywood y ganar un Oscar por su actuación en *The Last Picture Show*.

En fin, Viejo Feo iba caminando por la pista hacia el aparato de partida, arriado por una yegua montada por un hombre llamado Dee Garrett. Dee también era dueño de un rancho al oeste de Pawhuska y competía en carreras de caballos. Luego fue propietario de una yegua Quarter Horse de carrera, Miss Pawhuska, y de un semental llamado Vandy. Los potros de estos dos caballos produjeron muchos cambios en los libros de récords.

Ya era la hora de la partida. Ambos caballos estaban junto al aparato, listos para correr. "¿Quién va a montar tu caballo?", le preguntó Ben al indio.

"Mi hijo menor", dijo apuntando a un niño de seis años. "¿Y el tuyo?", le preguntó a Ben.

"Este niño", dijo, poniendo su mano sobre mi hombro. "¿Es hijo tuyo, Albert?"

"No, mi sobrino", replicó mi tío.

"A mí me parece bien", exclamó Ben. "¡Que monten y a correr!".

Antes de que yo tuviera tiempo de reaccionar o darme cuenta de lo que estaba pasando, Ben me levantó y me puso sobre el semental. Yo jamás había montado un semental antes, ¡y ahora lo iba a hacer en una carrera! Solamente su cuello era más grueso que todos los caballos y mulas que yo había montado en casa. Decir que yo estaba asustado es un eufemismo.

¿Por qué nadie me pregunta mi opinión? ¿Y qué se supone que haga? ¿Me puedo morir si cometo algún error? ¿Por qué a mí?, pensaba yo. La única razón por la que no estaba vomitando era porque tenía algo atascado en la garganta. Probablemnete era mi corazón, que estaba tratando de salirse por entre mis ojos.

"Levanta tus piernas", me dijo el tío Albert, mientras pasaba una cinta elástica hacia el otro lado. "Esto va a evitar que te caigas del caballo", explicó, mientras la amarraba firmemente debajo del caballo. En ese momento, el caballo y yo éramos uno. Yo podía sentir cada músculo en su lomo. Lo único que no podía sentir eran mis piernas.

"Escúchame", me dijo mi tío. "Si te metes en problemas, como que el caballo se caiga o algo así, sólo estira las piernas y la cinta se va a soltar de inmediato". Mi tío no parecía pensar que estar sobre el lomo de este caballo era un problema.

Ben llevó al caballo al aparato de partida y luego se quedó junto a él para tranquilizarlo mientras metían al otro caballo.

"Toma, toma las riendas en una mano", me dijo.

Luego se sacó el cinturón, lo puso alrededor del cuello del caballo y lo amarró. Recuerdo que el sol se reflejaba en la enorme hebilla de oro y plata.

"Con tu otra mano, agarra fuertemente el cinturón y no lo sueltes. Ahora escúchame bien", continuó mientras yo lo miraba asustado. "Cuando la puerta se abra, trata de sacar el bocado de la boca del caballo y grita".

Traté de decirle que gritar no iba a ser problema, pero no me salió la voz. Cuando levanté la vista para mirar hacia la larga pista que tenía por delante, y toda la gente que había en la tribuna, para mi sorpresa desaparecieron tanto la puerta de salida como la cabeza del caballo. Sentí que algo tiraba mis brazos y mi cabeza se iba para atrás. El enorme caballo había salido disparado del aparato a toda carrera. Sólo mi firme agarre de las riendas y del cinturón, y la cinta elástica que me sujetaba las piernas, me impidieron quedarme solo en el aparato.

Jamás había sentido tanta fuerza. La sorpresa de la partida debe haberme despejado la garganta, porque me puse a gritar, primero de impresión, luego de miedo y finalmente de emoción. Mis ojos se llenaron de lágrimas con la fuerza del viento y con el pelo sucio de la crin, donde ahora tenía enterrada la cara. Respiré hondo y volví a gritar cuando pasamos por el octavo poste.

De pronto, me di cuenta de mi situación. Estaba vivo, estaba sobre un caballo de carrera y estaba ganando. Miré hacia atrás y vi la franja blanca en la frente del otro caballo en la distancia. Cuando volví a mirar hacia adelante, estábamos cruzando la meta, frente a la tribuna principal.

Las orejas del caballo estaban alzadas y se movían para adelante y para atrás. ¡Acababa de ganar mi primera carrera! ¿Y ahora qué? Tiré de las riendas pero él se acomodó tranquilamente el bocado en su boca, echó las orejas para atrás y aumentó la velocidad. Para cuando me di cuenta de que estaba en un dilema, había surgido otra dificultad. Se nos estaba acabando la pista. La recta se terminó y llegamos a una curva. Luego el caballo cambió de ritmo y tomó la curva con tanta fuerza que tuve que aferrarme con toda mi fuerza a las riendas y el cinturón para mantenerme sobre él.

Justo cuando me di cuenta de que mi situación no estaba mejorando, y de que aún podía morir, vi a Dee

Garrett acercarse por el otro lado de la baranda. Estiró el brazo, tomó las riendas y frenó a mi caballo. Tuve mucha suerte de que el señor Garrett estuviera cerca para salvarme. Años después, se me ocurrió que él probablemente estaba más preocupado de la seguridad de Viejo Feo que de salvarme la vida.

Cuando íbamos de vuelta a la tribuna principal, él me dijo: "Bueno, niño, ganaste en buena forma". Luego se sacó el tabaco de la boca y agregó: "Ahora puedes dejar de gritar".

Boots Reynolds

¿Es usted una verdadera mamá ecuestre?

Ciega de amor, mi hija llora cada noche por los caballos, por esos briosos caminantes de cuello largo que ella ha atraído y conquistado como una domadora de circo.

Anne Sexton, "Pain for a Daughter"

Uno sabe que es una verdadera mamá ecuestre cuando:
Pasa tres días y noches en un trailer en un establo sucio (o enlodado) durante sus vacaciones.
Sus colegas del trabajo le preguntan cómo estuvo su fin de semana y uno exclama "magnífico" antes de preguntarse cómo va a explicar qué fue lo magnífico de haberlo pasado en un establo frío donde entra el viento por todas partes, o caluroso y húmedo, con polvo en los ojos y heno en los dientes, mientras su hija alterna entre la euforia y una repentina depresión (dependiendo del juez, el comportamiento del caballo y muchos otros factores que son imperceptibles a una simple mamá).

Uno se da cuenta de que dejó de pasar noches con un bebé enfermo o llorón en su habitación para pasar noches con un caballo enfermo o llorón en el establo.

Uno encuentra comida para caballos en el fondo de la cesta de la ropa sucia de su hija y se alegra de que al menos no dejó restos de comida de caballo en la lavadora (esta vez).

Uno se alegra de ver que su hija ahora come vegetales cuando comparte una zanahoria con su caballo.

Uno de sus mayores orgullos es haber aprendido a retroceder un trailer en una esquina, para estacionarlo, sin hacerle daño a los *trailers* más elegantes que tiene a cada lado.

Pasarse un cepillo por el pelo y ponerse un sombrero califica como ponerse maquillaje.

Su hija le pide prestado su cepillo de dientes y usted lo ve después lleno de pelos largos y gruesos (que no son de usted ni de su hija).

Cuando el amable veterinario le dice "venga y sujete esto", y usted obedientemente, y sin guantes, sujeta la lengua del caballo mientras él le arregla los dientes.

Usted puede "coser" un par de pantalones de competencia con alfileres de gancho y cinta adhesiva en 30 segundos.

Los alimentos del caballo cuestan más que los alimentos del resto de la familia.

Lo mismo las cuentas médicas.

Y los zapatos.

Uno desea que su hija pasara más tiempo en el centro comercial. Sería más barato que todo lo que se necesita para el tiempo que ella pasa con ese caballo.

Uno llora cuando su hija termina última en su competencia. Y también cuando llega primera.

Barbara Greenstreet

Los aficionados a los caballos están realmente enfermos

¿Se ha preguntado alguna vez qué tienen los caballos que hacen que tanta gente se enamore obsesivamente de ellos?

Uno de los factores son todas las historias de caballos que leemos de niños, como *Belleza negra*, *El semental negro*, *Mi amiga Flicka*, *Rey del viento* y tantas otras. Y, por supuesto, todas las niñas (y niños) amantes de los caballos que yo he conocido tienen una colección de caballitos de juguete Breyer. Pero nadie sabe qué es exactamente lo que hace que un niño normal pregunte una y otra vez: "Mamá, papá, ¿cuándo puedo tener un pony?"

Siempre he creído que es muy fácil enamorarse de los caballos. ¿Y por que no habría de serlo? Después de todo, son animales hermosos y poderosos, y materia prima de fantasías y leyendas. Son parte integral de la historia de nuestro país y del resto del mundo. El simple hecho de que una persona pueda formar un lazo tan estrecho con una criatura tan grande e inteligente ha inspirado mitos, arte y literatura durante toda la historia. Pero, ¿por qué? ¿Qué hace que eso ocurra?

Tengo una teoría al respecto. Creo que el amor por las cosas ecuestres, el verdadero amor, es un virus. La mayoría de la gente son simples portadores de la infección. Muchos sufren los síntomas en algún momento de su vida, frecuentemente al final de su infancia. Y luego están los enfermos más graves, destinados a vivir a merced de los caprichos del virus durante toda su vida.

¿Qué otra explicación racional podría haber para los tremendos sacrificios emocionales, físicos y financieros que hacemos por nuestros caballos? ¿Por qué otra razón una persona normal y en su sano juicio dedicaría todo su tiempo a limpiar un enorme caballo que se va a meter en el barro en cuanto salga? Sin duda no puede considerarse un comportamiento normal el dedicar la mayor parte del día sacando excremento de un establo con una horquilla o pasar todas las horas libres en un corral. ¿Y por qué alguien querría estar en un establo, para empezar, cuando todo está congelado o cuando hace suficiente calor para derretir el alma? El concepto de ser dueño de un caballo parece desafiar toda lógica.

Todo comienza de forma inocente. Una niña monta un carrusel por primera vez en su vida. Luego, la llevan a montar ponies. Una mañana de Navidad, recibe un caballo de juguete o el primer ejemplar de *Belleza Negra*. Sus padres notan que la niña de sus ojos ha comenzado a recortar fotografías de caballos de las revistas y a pegarlas en un álbum. Acuerdan depositar su mesada en un tarro de café, decorado con imágenes de equinos, para la compra futura de un caballo. Las muñecas Barbie van a parar al clóset y son reemplazadas por el caballo de Barbie, caballitos de juguete Breyer o Grand Champion, o de cualquier otra marca que se pueda comprar en la juguetería local. Cuando llega la próxima Navidad, ella vuelve a rogar en su carta: "Santa Claus, por favor tráeme un pony".

Los padres piensan que se le va a pasar y en ciertos casos tienen razón. Algunos niños se escapan del virus cuando llega la pubertad y su carga hormonal ocasionalmente extingue la infección. Pero no siempre.

Si el virus persiste, además de pedir lecciones de conducir ahora la niña pide lecciones de equitación. El dinero del tarro de café ya está en el banco y la adolescente está buscando un trabajo de tiempo parcial para juntar más dinero. En vez de actores o estrellas de rock, ella tiene posters de caballos en su habitación. Sus estantes están llenos de libros sobre el cuidado de caballos y establos. Las cubiertas de sus cuadernos escolares están decoradas con dibujos de caballos. Sus composiciones siempre tienen que ver con equinos. Las expediciones de compra siempre incluyen una rápida visita a la tienda de sillas de montar. Cierto, ella no tiene un caballo todavía, pero ya tiene botas de montar, una silla y cepillos, y los exhibe en un lugar de honor en su habitación.

Si sus padres están dispuestos a tratar los síntomas, la víctima puede recibir clases de equitación. Si tiene muchísima suerte (y sus padres tienen el dinero para ello) puede recibir un caballo de regalo. Luego están esas almas pobres y tristes, los jinetes frustrados sin caballo. Quizá la universidad o el matrimonio o tener hijos fueron un obstáculo. El virus sigue ahí, haciendo que de noche sueñen con que galopan por los verdes pastizales. Muchas veces, ellos tienen que esperar hasta que la hipoteca esté pagada y los hijos se hayan ido del hogar antes de satisfacer las demandas de la enfermedad.

Al decirle esto, no estoy tratando de asustarlo. Sólo lo quiero prevenir, para que sepa qué esperar de los miembros más jóvenes de su familia con el virus. Yo hablo por experiencia. Yo mismo soy una paciente terminal del virus del amor por los caballos. Me agarró cuando yo tenía unos tres años y me regalaron mi primer caballito de juguete

Breyer. Padecí la enfermedad toda mi infancia, e incluso después de entrar en la universidad y hacerme adulta. Mis padres fueron muy comprensivos y me dieron terapia cuando yo era adolescente, en la forma de lecciones de equitación y un caballo negro llamado Shadow. Ahora tengo casi 40 años y mi familia me sigue queriendo y apoyando. Jamás se quejan cuando falto a reuniones familiares porque necesito terapia equina. No me reprochan cuando no tengo dinero para ellos porque lo gasté todo en mi caballo. Si mi sótano está lleno de arreos, sillas de montar y otros equipos equinos, simplemente sonríen y los esquivan. Y en Navidad, hay tantos regalos para mi caballo debajo del arbolito como para mí. Ellos saben que el virus no puede ser combatido, sólo aliviado.

Una de mis mejores amigas hace poco tuvo un bebé. Fui a visitarla y le llevé un pony de peluche para la niña. En una cuna llena de juguetes, el pony fue el único que ella tomó. El virus había cobrado otra víctima.

Cristina Scalise

Minnie Pearl y yo

El hombre norteamericano, en la cima de su poder y apetito físicos, montado sobre 160 caballos de fuerza en una sociedad cada vez más indefensa, con dinero para el fin de semana en su bolsillo y poca experiencia con los problemas y la tragedia, personifica lo que nosotros llamamos "un accidente a punto de ocurrir".

John Sloan Dickey

Me arrodillé en el asiento trasero del Ford negro de cuatro puertas del 42 y apoyé mis codos en los asientos delanteros, donde estaban sentados mi papá y mi mamá. Yo iba a montar en mi primera competencia de caballos.

Llena de una confianza inédita alimentada por mi entusiasmo, no tenía ninguna duda de que iba ganar mi categoría. Sólo tenía una pregunta: "¿Papá, qué tengo que hacer cuando el hombre me dice que haga un medio galope?"

Mi papá, un hombre enorme que medía seis pies y pesaba 230 libras, con un tabaco tampeño en la comisura de los labios, contestó: "Cuando te diga eso, haces que tu caballo trote".

Mi madre, una mujer baja y más bien gruesa, pero bonita y de pelo negro, se volteó hacia el asiento trasero, me miró a los ojos y agregó: "No te preocupes, Tommy. Tienes sólo cuatro años. Nadie espera que sepas cómo hacer que el caballo trote". Aunque sus palabras eran alentadoras, pude sentir su nerviosismo. Yo sabía que ella no quería que yo compitiera en esta exhibición pero, como siempre, mi padre había tenido el voto decisivo.

Yo había crecido rodeado de caballos. Mi padre tenía una tienda de alimentos y, además, un establo de caballos. Desde que me pude sentar, me habían montado en un caballo. Nuestro entrenador me ponía en un caballo, amarraba una cuerda al animal y yo lo seguía a donde él iba. Hace poco, había empezado a montar solo, sin que nadie llevara la cuerda.

Mi caballo se llamaba Minnie Pearl y era una yegua grande, fea, y oscura con una cabeza parecida a la de una mula. Mi papá confiaba en Minnie Pearl y yo había aprendido a montar en ella y no en un pony, que habría sido más cercano a mi tamaño. Minnie era tranquila y considerada, como lo demostró el día que me caí y mi pie se quedó atascado en el estribo. Yo era tan pequeño que ni siquiera tocaba el suelo con mis manos mientras colgaba a un lado del caballo. Minnie simplemente se detuvo y comenzó a pastar, esperando a que el entrenador viniera a soltarme. A los cuatro años, ya no tenía miedo. La volví a montar y seguí adelante.

Cuando llegamos al torneo en Burlington City Park, caminé por el lugar, sintiéndome mayor con mi camisa blanca de mangas cortas, el vistoso atuendo y las botas café de montar que me llegaban a las rodillas. Me paseé orgullosamente, consciente de que la gente me miraba con cara de "qué tierno se ve el niño".

Salí a la arena, donde ya habían comenzado las exhibiciones. Las graderías, a un solo lado del ruedo, estaban llenas a la mitad. La mayoría de las personas preferían mirar recostadas a la baranda. Yo era demasiado bajo de estatura para ver por encima del riel superior de la baranda, pero pude ver lo que ocurría metiendo la cabeza entre el segundo y el último riel. Varias veces, me cayó tierra de las caballos que corrían por la arena. Para no ensuciar mi ropa de montar, me alejé del ruedo. Me subí a una roca y desde ahí vi el accionar de la gente y los caballos.

Cuando le tocaba a mi categoría, me reuní con mi papá y nuestro entrenador, que estaban en el *trailer* con Minnie Pearl. En nuestro rancho, teníamos una caja para que yo me montara a Minnie, pero no la habíamos traído, así que mi papá me subió mientras el entrenador sostenía las riendas. El entrenador llevó a Minnie, conmigo a bordo, a la arena a esperar nuestra competencia.

No recuerdo qué tipo de categoría era, tal vez de disfrute, pero no era para niños. Todos los otros eran adultos. Me quedé sentado en Minnie en la puerta de la arena, rodeado por jinetes adultos, esperando que la categoría anterior terminara.

Cuando se abrió la puerta, un hombre que yo no conocía me pasó un palo y me dijo: "Toma, niño, úsalo con tu caballo".

Tomé el palo y entré a la arena.

Recordando las instrucciones de papá, giré a Minnie hacia la derecha y la hice que empezara a trotar, manteniéndonos cerca de la baranda, para evitar el pelotón de caballos. Después de un minuto, el anunciador dijo: "Caminen a sus caballos, por favor, caminen a sus caballos".

Hice que Minnie caminara. Después de unos segundos, el anunciador dijo: "Medio galope. Hagan que sus caballos den un medio galope".

Había por lo menos quince caballos. Los caballos me empezaron a pasar uno tras otro. Yo jamás había hecho que un caballo se moviera a medio galope, pero algo hizo que le diera un golpe con mi palo a Minnie. Ella salió corriendo a una velocidad mucho mayor a la indicada. Recorrimos la arena, pasando a todos los demás caballos. Repentinamente, yo era Roy Rogers, Minnie era Trigger y estábamos controlando una estampida de ganado. Estaba disfrutando del mejor momento de mi corta, pero activa vida. El viento me golpeaba la cara mientras Minnie y yo le dábamos la vuelta al ruedo.

La multitud empezó a reír y aplaudir, emocionada. Entre todo el ruido, pude distinguir la voz de mi madre que gritaba: "Herman, Herman, sácalo de ahí. Está haciendo un medio galope. Y no sabe cómo hacerlo".

El anunciador dijo: "Caminen a sus caballos, por favor caminen a sus caballos". Refrené a Minnie e hice que caminara. La gente y mi madre dejaron de gritar, pero se escuchaban risas en la multitud.

La siguiente instrucción del anunciador fue: "En reversa, den la vuelta y hagan trotar a sus caballos". Hice que Minnie se diera vuelta en la dirección opuesta y la espoleé ligeramente para que empezara a trotar.

Después de que habíamos trotado un par de vueltas, el anunciador de nuevo hizo que camináramos y luego hiciéramos un medio galope. Una vez más, le pegué a Minnie con la fusta y salimos a gran velocidad por la arena. La gente empezó de nuevo a gritar, pero no más fuerte que mi madre, que de nuevo le pidió a gritos a mi padre que hiciera algo.

Después del último medio galope, el anunciador hizo que nos pusiéramos en fila y siguiéramos las instrucciones del maestro de ceremonias. Nos sentamos quietos en nuestros caballos mientras un juez pasaba de uno a otro, y miraba a los jinetes y a los caballos. El anotó sus selecciones en un pedazo de papel y luego se los dio al anunciador, quien dio el nombre de los ganadores.

Con cada nombre, mi entusiasmo disminuía. Yo no estaba entre los ganadores y me sentía avergonzando cuando saqué a Minnie Pearl junto con los otros perdedores. Cerca de la puerta de salida, vi a mi padre esperándome, con su eterno tabaco en la boca y una sonrisa de oreja a oreja. Me sentí mejor. Mi papá estaba orgulloo de mí y muchos adultos a mi alrededor me estaban felicitando y diciéndome lo bien que lo había hecho.

Eso me confundió. No podía entender por qué no me habían dado una cinta si lo había hecho tan bien. Lo que sí tenía claro era que aquello era lo más divertido que había hecho sobre un caballo y que quería hacerlo de nuevo, y que la próxima vez me iba a ganar una cinta.

Pasé el resto del día explorando los lugares más remotos del parque de la ciudad. Minnie Pearl estaba contenta, comiendo pasto mientas esperaba que la lleváramos a casa en el *trailer*. Finalmente, cuando nos subimos al auto de vuelta a casa, mi padre me dijo: "Tengo una sorpresa para ti. Después de la competencia, los jueces se reunieron y decidieron que merecías un premio especial por tu actuación de hoy. Me pidieron que te diera esto".

Me dio una cinta púrpura. Yo no sabía qué lugar representaba el púrpura, pero no me importaba. Con orgullo, la colgué en el bolsillo de mi camisa y me quedé dormido, soñando sobre mi próxima aventura sobre el lomo de un caballo.

Tom Truitt

Una fría mañana en Georgia

Una fría mañana en Georgia, mi papá y yo salimos en nuestra vieja camioneta Ford por la carretera de tierra a ver a nuestros caballos. Formábamos una pareja extraña y silenciosa. Yo tenía doce años y estaba en la etapa del patito feo, antes de convertirme en mujer. Mi papá se había alejado un tanto de mí ultimamente y yo estaba dudando de que todavía me quería, ahora que ya no era su niñita linda. Pero una cosa era segura: ambos compartíamos una pasión por los caballos.

La temperatura repentinamente había bajado en el valle durante la noche. Peanut, mi favorita entre nuestros siete caballos, acababa de dar a luz a su primer potrillo el día antes y aunque habíamos visto a su hijo después de que nació, yo estaba ansiosa por volver a la granja y acariciar su cabellera de color café oscuro, que era más suave que cualquier animal de peluche.

Estábamos emocionados con este potrillo, hijo de Sunny, nuestro orgulloso semental árabe un tanto salvaje, y Peanut, que era blanca con marcas cafés y un tanto regordeta. Aunque mi tío decía que Peanut en realidad era una pony grande, era mi yegua favorita. Y nuestro nuevo potrillo, de un marrón oscuro con la crin y la cola negras, prometía tener las mejores características de sus padres: gentileza y fuerza. Mi papá me dejó que lo bautizara y yo lo llamé Orgullo.

Papá estacionó la camioneta frente a la puerta de entrada del pastizal y salimos al aire helado. Cuando me estaba poniendo mis guantes, vi que mi papá miraba en dirección de la laguna congelada. Peanut estaba sola, al borde del hielo. Sus orejas se alzaron cuando nos vio y se acercó trotando a nosotros. Mi padre le habló.

"Hola, niña. ¿Dónde está tu bebé?", le preguntó. Peanut respondió acercándose más a él, en busca de una golosina. Ella misma se comportaba como una enorme bebé.

"Dale un poco de avena mientras yo voy a ir a buscar al potrillo", me dijo mi papá. Fui a buscar la comida al cuarto donde se guardaba el alimento, agarré un poco de la olorosa avena y cuando salí del pasillo principal del granero vi que Peanut estaba mirando hacia uno de los establos abiertos. Ahí estaba mi papá, arrodillado, acariciando a Orgullo, que estaba acostado de lado.

"Vamos niño, párate", le pidió, sin ningún resultado. Papá puso sus manos cerca de la nariz del potro. Se volteó hacia mí con una expresión grave. "Creo que está congelado", me dijo. Yo no podía creerlo.

"¿Estás seguro? Quizá está dormido", dije. Me acerqué a él, le acaricié delicadamente el cuello y pasé mis dedos por su suave cabellera. "Vamos, Orgullo, despierta". Ni siquiera se movió.

"Peanut lo debe haber dejado solo anoche, y cuando bajó la temperatura él se quedó dormido y se congeló", dijo papá. Miré a Peanut, que estaba comiendo tranquilamente, sin hacerle caso a su nuevo potro. En ese momento, odié a mi yegua favorita.

"¿Por qué lo abandonó?", le pregunté, tratando de no llorar mientras seguía acariciando el tierno pelaje de Orgullo. Papá lo acariciaba al mismo tiempo que yo.

"No es su culpa. Ella es una mamá primeriza y no sabía qué hacer". Traté de no llorar, pero una lágrima me rodó por la mejilla y cayó sobre el cuello inmóvil de Orgullo. Mi papá la debe haber visto porque entonces puso sus fuertes brazos alrededor del frágil potro y lo levantó. "Abre la cama de la camioneta", me ordenó. Me adelanté corriendo e hice lo que me había pedido. Mi papá avanzó dando tumbos por el peso del potro. Yo me subí torpemente a la cama de la camioneta justo antes de que lo colocara a mi lado. "Sujétalo bien", me pidió. Yo puse mis brazos firmemente alrededor de su cuello y salimos hacia la vieja casa de la granja, que ahora estaba desocupada por el invierno. Al llegar, sujeté la puerta del porche trasero mientras mi papá cargaba al potro escaleras arriba. ¿Qué se proponía?

"Abre la puerta", me dijo. Yo enccontré la llave escondida y abrí la puerta. Después de muchas maniobras torpes, logró pasar con el potro a la cocina. "Abre el horno", me ordenó. Yo dudé un instante, porque me asustaba lo que me había ordenado, pero lo obedecí. El puso delicadamente al potro sobre la puerta abierta del horno, lo prendió a temperatura mínima y empezó a masajear el cuerpo del animalito. Con calor y amor, mi papá estaba tratando de resucitarlo. Yo me uní a él.

"Vamos, niño, vamos. Despierta", le dije, mientras acariciaba su cuello y su cara. Mi papá y yo seguimos haciendo nuestro esfuerzo salvador durante un buen rato, sin decir mucho. Me sentía muy mal por no haber estado ahí cuando Peanut lo abandonó, pero mientras tratábamos de salvar a Orgullo, mi tristeza dio lugar a un sentimiento de motivación.

La habitación se puso muy calurosa. Nos sacamos las chaquetas y continuamos nuestra labor durante veinte minutos más. El potro seguía sin moverse. Mi papá acarició a Orgullo por última vez y rompió el silencio.

"¿Crees que va a revivir?", me preguntó. Pasé mi mano sobre el cuello de Orgullo por última vez y sólo sentí el helado pelaje del potro en la punta de mis dedos. Le repondí a papá con un sombrío movimiento de cabeza. A pesar de nuestros esfuerzos, habíamos perdido la batalla.

Paramos en la casa de mi tío, a ver si él podía ayudar a mi papá a enterrar a Orgullo en el pastizal. Mi papá le contó lo que había pasado y de nuestros intentos por salvar al potrillo en la cocina.

"¿Por qué hiciste algo tan estúpido?", preguntó mi tió. El había vivido rodeado de animales toda su vida. "¿Acaso no sabes que uno no puede resucitar a alguien que se ha congelado? ¿No aprendiste eso en la universidad?". Mi papá me miró de reojo.

"Teníamos que intentarlo", respondió. Mi tío sacudió la cabeza con incredulidad.

"Es la cosa más loca que he oído jamás", dijo. Pero yo sabía que mi papá no estaba loco. El había tratado de hacer lo imposible por mí. Entonces supe cuánto me quería.

Unas semanas después, nuestra apreciada pony Flicka estaba lista para dar a luz. A pesar de las protestas de mi madre, mi papá la montó en el *trailer* y la trajo a nuestra casa en la ciudad. Juntos, pusimos heno en todo el piso de concreto de nuestro garaje, que estaba junto a la casa. Metimos a Flicka ahí, bien protegida del frío. Unos días después, ella dio a luz a un potrillo sano, que yo bauticé Banner. Durante las próximas semanas, hasta que el el frío pasó, toda nuestra casa olía horrible. Pero mi papá y yo estábamos felices. Mi mamá, en cambio, contaba los días que faltaban para la primavera.

Janie Dempsey Watts

La batalla de los titanes

Durante años he trabajado muy duro para ganarme una reputación como un buen entrenador de caballos. Mis caballos son fáciles de atrapar, se quedan parados cuando los amarran, reciben sus inyecciones tranquilamente y levantan las patas cuando se los pide el herrero. Incluso Gem.

Gem es una pequeña yegua terca de sólo doce manos de alto. Yo le digo que es indisciplinada, malcriada y que los ponies tienen mala reputación a causa de los caballos como ella. Ella se defiende diciéndome que equivocó su vocación. Que aunque tiene cuatro patas y una cola, en realidad es una actriz de corazón. Cree que su lugar está en Hollywood. A veces, pienso que es verdad.

Aprendió el arte de la imitación mirando la televisión por la ventana del *living* de mi casa. Tuve que cambiar las cerraduras de las puertas, para que ya no pudiera entrar. Cuando imita a Shirley Temple, encanta a todos, tan dulce y amorosa. Cuando quiere actuar como Dennis the Menace, hasta las gallinas se esconden. Pero su mejor imitación es la de Alexis Colby. Hasta puede imitar su mirada dura y engañosa, ¡y eso que sólo vio *Dinastía* dos veces!

Hace poco, necesitaba que alguien le cortara las uñas a Gem y le pusiera herraduras a un par de potrillos, así que llamé a mi herrero. Aunque nuestros horarios no coincidían, me dijo que no me preocupara, que podía dejar los caballos en el corral y que él se encargaría de ellos sin problemas, como lo había hecho antes. Estuve de acuerdo y fui a ocuparme tranquilamente de mis asuntos. El era un hombre amable que había tenido y entrenado caballos toda su vida. Todo estaría bien.

Llegó el herrero. Gem estaba esperándolo junto a la puerta, en su papel de Shirley Temple. El la agarró y la llevó hasta donde estaba estacionada su camioneta, en el pastizal. Sacó su caja de herramientas y se puso a trabajar. Ella le frotó la espalda mientras él le cortaba los cascos. Fue muy cooperativa y cariñosa.

El le acarició las orejas y la dejó suelta. Ella lo siguió al corral, donde atrapó a uno de los potros. Tuvo que apartarla del medio para poder sacar al potro. De vuelta a la camioneta, él empezó a colocarle la herradura izquierda delantera al potro y Gem asomó la cabeza sobre su hombro, para ver lo que estaba haciendo. El hizo que se fuera, pero Gem se dio vuelta hacia el otro lado y metió la cabeza por debajo del estómago del potro, para ver trabajar al herrero. Eso puso nervioso al potro, así que el herrero la echó. Molesta, ella se transformó en Dennis the Menace y se puso a registrar las herramientas del herrero. Volteó una caja con clavos sobre la tierra.

"¡Andate de aquí!", le gritó el herrero, al tiempo que le daba un manotazo en la grupa.

Satisfecha de que ahora tenía su atención, Gem acudió en ayuda del herrero, que estaba recogiendo los clavos del suelo. El le pegó fuerte esta vez y la espantó. De inmediato, entró en escena Alexis Colby.

Con las orejas hacia atrás, ella lo miró fijamente. El la ignoró y se volvió hacia el potrillo. El levantó una pata y la puso entre sus rodillas. Unos segundos después, el potro se echó para adelante. El herrero lo sujetó y le gruñó que se estuviera quieto. Pero, un momento después, el potro de nuevo se lanzó hacia adelante. El herrero se paró y sólo entonces vio a Gem que estaba mirando con cara de inocente desde atrás del potro. Cuando el hombre se dio vuelta hacia el potro, Gem bajó las orejas y trató de morder al potro, que de nuevo se echó para adelante. Esta vez, el herrero la espantó más allá del pozo de irrigación.

"¡Y quédate aquí!", le ordenó molesto.

Intercambiaron miradas intensas mientras él volvía hacia la camioneta. Estaba dándole forma a una herradura en el yunque cuando algo lo tomó por el cinturón y lo tiró para atrás. El se tambaleó, pero logró mantener el equilibrio agitando los brazos como un molino. Gem salió trotando con la cola y la cabeza erguidas. El pony se había anotado un segundo punto.

El herrero tomó un cabestro. Ella no podría molestarlo más si estaba amarrada. Pero ella se lo hizo difícil. Lo dejaba acariciarle la grupa y el lomo mas no el cuello. Finalmente, él la golpeó fuerte con la cuerda y ella salió corriendo hacia el pozo de irrigación.

Pero Alexis sólo estaba empezando a ensayar su papel. A escondidas, tomó la cuerda del potro y trató de llevárselo. Le robó el martillo al herrero y lo tiró al suelo. Encontró su sombrero en la camioneta, y lo pisó. Aplastó su jarro con agua. Y cada vez que él trataba de responder, ella salía corriendo más allá de su alcance.

Estaban en medio de esta batalla de titanes cuando yo llegué. Sin que me hubieran visto, abrí la puerta y caminé al pastizal a tiempo para ver a Gem tomar la caja de herramientas entre sus dientes y llevarla hacia el pozo de irrigación. El herrero, que se había quedado sólo con un martillo y unos cuantos clavos, se enfureció. Maldiciendo a través del bigote y los clavos que tenía en la boca, levantó el martillo hacia su torturadora. Con los ojos brillantes, Gem movió la caja de un lado a otro. Todo tipo de herramientas salieron volando. Cuando la caja estaba vacía, también la tiró al aire y lo miró, desafiante.

El explotó en insultos.

"Gem", le grité molesta a mi yegua.

Ella me miró con los ojos abiertos como diciendo "ay, ay, ay", y salió corriendo hacia el pastizal.

El herrero bajó su martillo al escucharme. Volvió donde estaba el potro y le clavó la herradura.

Recogí las herramientas que Gem había botado, limpié el sombrero del herrero, llené su jarro de agua y le pedí muchas disculpas por el comportamiento de mi niña. El sólo me respondió con monosílabos. Gem nos miraba desde el otro lado del pastizal.

Ayudé al herrero con el otro potro y, cuando terminó su trabajo, le pagué. El recogió sus herramientas, se montó en la camioneta y arrancó el motor.

"Gracias", le dije vacilante.

"Mmmm", fue toda su respuesta.

El dio la vuelta mientras yo abría la puerta. Escuché un sonido de herraduras detrás de mí mientas el herrero hacía partir su vehículo. Gem se acercó corriendo, con la cabeza en alto y las orejas hacia atrás, los ojos fijos en la camioneta que se alejaba. Le cerré la puerta en la cara. Ella retrocedió agitando la cola triunfalmente. Alexis había ganado nuevamente.

Mi reputación, en cambio, había perdido. ¿Alguien conoce un buen herrero?

Lynn Allen

Mi bisabuela Hazel y la silla de Amazona

Recuerdo que encontré la silla de amazona de mi bisabuela en la granja a finales de la primavera de 1971. Estaba cubierta de polvo de granero, ese sedoso polvillo verde que uno no se atreve a soplar porque parece terminar siempre en la nariz de uno. Usé un jabón especial para sillas y una esponja y, cuando terminé de limpiarla, atrapé uno de los caballos del rancho en el pastizal para ver si la silla realmente le servía a un caballo. El caballo era Acey Duce, el más fácil de atrapar. Lo ensillé de la mejor manera que pude porque había un montón de amarras en esa silla y no sabía qué hacer con ellas. Tenía dos cuernos y yo sabía que tenía que poner mi pierna derecha sobre el de arriba y luego mi pierna izquierda tenía que ir bajo el que estaba en la parte inferior.

La silla despertaba mi curiosidad. Yo sabía que era la única forma en que una dama podía montar años atrás. Tenía un solo estribo y estaba cubierto con una pequeña pieza de cuero, supongo que para evitar que el pie se resbalara. Y tenía una cartera cosida al lado de la silla. Yo estaba fascinada por el diseño de la silla pero no estaba segura de cómo montar en ella y ni siquiera sabía si la había puesto bien sobre el caballo.

Mi abuela estaba en la cocina con mi mamá, mi tía abuela y una señora que trabajaba para mi abuela. Estaban muy ocupadas preparando el almuerzo para los trabajadores que iban a llegar en cualquier momento. Amarré a Acey Duce a la cerca y le pedí a mi abuela que me mostrara cómo montar en la silla. Ella me dijo rotundamente que no. No tenía tiempo en ese momento. Debo haber puesto una cara muy triste, porque enseguida agregó: "Espera a que le demos comida a los trabajadores y limpiemos la cocina y después te muestro".

Mi abuela era astuta. Ella pensó que yo me iba a aburrir de esperarla, desensillar al caballo y olvidarme del asunto. Desafortunadamente para ella, yo estaba determinada a aprender a montar con esa silla. Dos horas después, cuando ella finalmente salió, yo la estaba esperando. "Veo que ese viejo caballo todavía está aquí", dijo ella. Yo me paré de un brinco y asentí.

Mi abuela medía cuatro pies y diez pulgadas y quizá pesaba 98 libras con la ropa empapada. Ella caminó hasta la cerca donde Ace estaba amarrado, esperando pacientemente a ver qué íbamos a hacer. Mi abuela examinó la silla, las correas y la cincha. "Pero mi niña...", fue todo lo que dijo mientras arreglaba unas correas y amarras mal puestas. Luego llevó a Ace a un lugar adecuado y lo montó.

El pobre Ace no tenía idea de qué iba a ocurrir. Cuando mi abuela se instaló cómodamente en la silla lateral, ella tomó las riendas y salió galopando hacia al pastizal. Saltó el pozo de irrigación y siguió corriendo. Luego paró, hizo una exquisita voltereta hacia la derecha y condujo al gordo Quarter Horse de vuelta. De nuevo saltó el pozo, se paró frente a mí y, con la gracia de una dama, balanceó las piernas y se bajó de la silla. Entonces se acercó a mí, me pasó las riendas y me dijo: "Así, querida, es como montas con una silla de amazona".

Me quedé con la boca abierta de ver a mi abuela de 80 años montar de esa forma. Le pregunté si me podía enseñar ese verano y de nuevo dijo que no. Por segunda vez ese día, la expresión en mi cara la hizo cambiar de opinión. "¿Por qué demonios quieres montar con ambas piernas del mismo lado cuando mi generación luchó para que pudiéramos montar con una pierna a cada lado?" No supe qué responder. Sólo le pedí de nuevo que me enseñara a montar en esa silla.

Lo hizo, alma bendita, y tuvimos un verano maravilloso en 1971. Aprendí a montar y me gustó tanto que participé en una competencia el siguiente otoño. Lamentablemente, mi abuela tuvo un derrame cerebral ese verano y murió antes de verme competir. Desde entonces, siempre monto en su honor y sé que ella me está observando desde el cielo y que sonríe cada vez que yo monto como una reina.

Dottie McDonald Linville

Etiqueta al montar

Hay una etiqueta que todos los jinetes entienden. Por ejemplo, uno no se acerca a la parte de atrás de otro caballo o galopa sin fijarse en el resto del grupo. Además, es costumbre gritar para advertirle a los otros jinetes cuando uno pasa un obstáculo. Al gritar "botella", "alambre" o incluso "tortuga" uno les advierte del obstáculo, para que puedan evitarlo. El sistema en general funciona bastante bien, pero no siempre.

Yo había estado en la granja sólo un verano, pero había pasado la mayoría de esas semanas explorando los numerosos caminos que la surcaban con mis amigos. Montar durante horas en espacios abiertos fue una sorpresa muy agradable después de haber estado restringida durante años a la arena. Yo había estado todo ese tiempo entrenando y participando en competencias pero ahora sentí que realmente estaba montando. Mi yegua Geri también se acostumbró a la nueva rutina y comenzó a familiarizarse con los caminos.

Una mañana de otoño, cinco de nosotros nos fuimos por un camino que yo no conocía bien, pero el resto del grupo sí. En un punto, el camino era plano y más ancho, lo que lo hacía un lugar perfecto para galopar. El grupo empezó a galopar a un buen ritmo, y Geri y yo estábamos en la retaguardia. Entonces, delante de mí, alguien gritó "Hoyo". Mentalmente agradecí al jinete por su advertencia y miré hacia abajo en busca del hoyo. Pisar en un hoyo a todo galope puede ser desastroso tanto para el jinete como para el caballo. Unos cuantos segundos después, oí otra advertencia de "hoyo" de un jinete distinto. Luego, el jinete que iba justo adelante mío, gritó algo que me pareció lo mismo. Pero por más que miré el suelo, no vi nada. Me empecé a preguntar si realmente estaban gritando "hoyo" o si acaso estaban diciendo algo distinto. Miré hacia delante justo a tiempo para ver que un tubo de metal muy largo venía hacia mí. El tubo pertenecía a la compañía de gas y era visible claramente para cualquiera que no hubiera estado mirando al suelo, buscando un hoyo. Si yo no hubiera sobrereaccionado, habría dejado que Geri lo esquivara tranquilamente. Después de todo, ella sí había estado pendiente del camino y estaba lista para pasar a la izquierda de él. Pero yo me asusté y traté de que un caballo al galope cambiara de dirección en cuatro pasos. Lo que logré fue hacer que perdiera el equilibrio y se acercara más todavía al tubo. En un esfuerzo de último minuto, doblé mi rodilla para subir la pierna, una maniobra que puede evitar que te golpees la rodilla con la cerca de la arena a un paso lento, pero que no es tan fácil galopando. Cuando pasamos a toda velocidad junto al tubo, me dio en todo el centro de la espinilla.

Mi grito de dolor hizo que todo el grupo se detuviera. Empecé a maldecir mientras sangraba y mis compañeros me preguntaron si acaso no los había escuchado gritar "tubo".

"Sí, pero pensé que habían dicho 'hoyo'. Yo estaba buscando un hoyo, no un tubo", les expliqué. Les doy crédito por no haberse reído hasta que comprobaron que no me había roto un hueso.

Tres años después, cuando la cicatriz en mi pierna ya casi ha desaparecido, tiendo a olvidarme de ese choque. Al menos hasta que monto con alguien de aquel grupo que aún no lo ha olvidado. Entonces escucho gritos de "botella", "alambre" o "¡largo tubo de metal que sobresale del suelo, Christine!".

Christine Barakat

El regalo de un sueño

Probablemente no ha habido nadie que ame los caballos tanto como yo. Estaba suscrita a tres revistas de caballos y mi cuarto estaba lleno de fotos, calendarios, recortes y dibujos de caballos. Cuando era adolescente, en lo único que pensaba era en caballos. Ahorré durante semanas para comprar un poster enorme de caballos salvajes galopando por un río, sus crines flotando en el viento, que era realmente hermoso. Lo había visto anunciado en la contraportada de una revista *Enquirer* de mi padre y había guardado el anuncio una eternidad hasta que reuní el dinero para ordenarlo.

Mi obsesión con los caballos era tan grande que guardaba terrones de azúcar en mi chaqueta por si, por un milagro, me encontraba con un caballo. Más que nada en el mundo, yo quería montar. A pesar de mi pasión por los caballos, jamás había montado uno.

Mis padres eran amigos de varios dueños de caballos. No me dejaban que yo montara ninguno de ellos, pero los visitábamos con frecuencia y yo les llevaba terrones de azúcar y estaba orgullosa de saber la forma en que hay que alimentarlos: poner el terrón en la palma de la mano, estirada, y tratar de no moverse cuando sus labios pegajosos y suaves lo sacan de la mano. La mejor parte de mi semana era cuando los visitábamos. Yo soñaba con montarme sobre uno de ellos al estilo John Wayne, sujetarlo fuertemente de la crin y salir cabalgando hacia el horizonte. No tenía idea de cómo hacerlo, pero eso no impedía que yo soñara.

Stacey, mi mejor amiga, también adoraba los caballos. Desde el sexto grado, habíamos pasados días y horas buscando fotos de caballos, pensando en que cuando fuéramos grandes íbamos a ser dueñas de ranchos de caballos contiguos en donde nos dedicaríamos sólo a montar hasta caer rendidas. Stacey era la única que entendía cuánto yo anhelaba montar un caballo (uno negro, a propósito). Stacey había montado varias veces y me causaba una profunda envidia oirla contar sus aventuras ecuestres con su familia. Yo habría dado cualquier cosa por ir a montar con ella y su familia aunque sólo fuera una vez. Pero éramos pobres y no teníamos dinero para alquilar caballos, así que sólo podía soñar.

El verano en que cumplimos trece años, Stacey y yo hicimos planes para ir al lago Comanche, en el norte de California, a una hora de donde vivíamos. Iba a ser nuestro primer día de paseo sin nuestros padres y estábamos emocionadas. Empacamos trajes de baño, comida y zapatos y hablamos durante toda la noche sobre lo que íbamos a hacer todo el día solas. Finalmente, llegó el día en que la madre de Stacey nos llevó al lago. Durante el camino, Stacey y su madre estuvieron muy calladas y las sorprendí varias veces intercambiando miradas y risitas cómplices, como si hubiera un secreto divertido entre ellas.

Cuando finalmente llegamos al lago, la mamá de Stacey me dio un gran abrazo. Luego nos dijo que lo pasáramos bien, con un extraño brillo en los ojos, y se alejó en el auto, dejándonos solas junto a un camino de tierra, que yo sabía no podía conducir al lago.

"¿Dónde estamos?", le pregunté a Stacey.

Ella sólo sonrió y dijo "vamos", y desapareció por el camino polvoriento detrás de una colina, dejándome intrigada.

Corrí para alcanzarla y la vi parada junto a un corral de caballos, los brazos extendidos sobre la cerca, acariciando feliz a una yegua café.

"¡Qué maravilla!", dije, mientras corría colina abajo hasta ella. Me subí a la cerca para mirar mejor a la manada de caballos que pastaba a la sombra de un enorme árbol. Era una escena increíble para mí. Jamás había visto tantos caballos de verdad juntos y sentí que estaba soñando.

Stacey me miró sonriendo. "Escoge uno", me dijo.

"¿Qué?"

"Escoge uno. Vamos a montar. Ahorré para que pudiéramos arrendar dos caballos durante todo el día". Al anunciarme la noticia casi explota de emoción.

Me quedé boquiabierta. No podía creer lo que ella estaba haciendo por mí. Era un regalo increíble. ¿Qué clase de niña de trece años hace esto por una amiga? No podía creer que iba a montar un caballo. Un caballo de verdad. Yo. Sobre un caballo. Todo el día. ¡Dios mío!

Finalmente entendí el significado de aquel gesto y la abracé. Nos reímos y saltamos y bailamos. Fue un momento precioso que todavía me hace llorar al recordarlo, veinticinco años después.

Miré cuidadosamente entre los caballos y entonces lo vi. Era el caballo de mis sueños: negro, con ojos amables y una cabellera larga. No hubiera podido desear un caballo más perfecto. Era hermoso.

Le dijimos al hombre del establo qué caballos queríamos y aunque yo tenía la cabeza en las nubes, logré escuchar sus indicaciones y ver cómo ensillaba al caballo de mis sueños. Cuando me preguntó si yo sabía montar, asentí con la cabeza, con la esperanza de que todo lo que había leído en libros y revistas me sirviera para el mundo real. Estaba temblando.

El hombre me ayudó a montar y nos indicó dónde los caballos podían descansar a la sombra y beber del río. Me sentí como John Wayne en una película. La silla crujía y me fascinaba el olor. Me encantó todo: el olor a caballo, el polvo que tragaba, la sensación de las riendas en mis manos, incluso el dolor que empecé a sentir en mis piernas. Estaba en el paraíso.

Fue un día de ensoñación, soleado y perfecto. Mi caballo mostró mucha paciencia mientras aprendí a manejarlo y nos llevamos bien desde el comienzo. Aprendí a hacer un medio galope e incluso Stacey y yo hicimos una carrera por los cerros, riendo y cumpliendo nuestro sueño. Aquel inolvidable día llegó a su fin con una fantástica puesta de sol. En los muchos años que han transcurrido desde ese mágico día de verano, he montado muchas veces más. Pero jamás he recibido un regalo mejor que el que una niña de trece años le dio a su mejor amiga. Un regalo del corazón, del alma. El regalo de un sueño.

Susan Farr Fahncke

Confesiones del padre de una jinete de exhibición

*L*o *mejor de todo se puede resumir en unas cuantas palabras. El mejor heno, el mejor grano, la mejor agua.*

Sunny Jim Fitzsimmons

"A la venta. Caballo QH registrado. Lo muestra una niña de trece años. Sólo a un buen hogar".

En cuanto entré a la casa, mi hija Andrea, de once años, se acercó con el diario en la mano y el anuncio subrayado en rojo. Con gestos dramáticos, proclamó que simplemente era incapaz de seguir viviendo sin un caballo propio. Yo pensé que había resuelto mis problemas cuando acepté que ella recibiera clases de equitación en un establo cercano. Pero los dos sabíamos que eventualmente yo me iba a rendir a su petición. Siempre lo hacía. No podía resistirme ante esos rizos que rodeaban su cara de ángel o su vocecita diciéndome que yo era absolutamente el mejor papá del mundo.

Así que acepté, ingenuamente, que si podíamos encontrar

"un caballo decente" por cerca de $300 dólares, entonces compraríamos uno.

El sábado siguiente, fuimos a ver el caballo del anuncio. Susan, la profesora de equitación de Andrea, nos acompañó para asegurarnos de que fuera el caballo adecuado para su alumna.

"Responsable, manso y obediente", dijo la profesora después de montarlo. "Sí, es un caballo adecuado para una principiante".

Para Andrea, fue amor a primera vista.

"Ay, papá", me dijo. "Yo adoro a Pancho. Es absolutamente el caballo que quiero".

Saqué mi chequera, feliz de haber encontrado un caballo adecuado y porque todavía me quedaba tiempo para ir a jugar golf. Después de todo, ¿cuánto podía costar un caballo para una principiante?

"Tres mil quinientos dólares", dijo el dueño sin sonreir siquiera.

Me quedé asombrado. ¿Qué había pasado con mi idea de encontrar un caballo decente por cerca de $300 dólares?

"¿Cuál es el mejor precio que puede darme?", le pregunté. "Eso es mucho más de lo que planeaba gastarme en un caballo para una principiante".

"¡Este es un caballo Quarter Horse *registrado!*", me respondió con indignación.

Ajá, así que eso significaba la QH.

"Lo pensaré", dije.

El camino a casa fue terrible. En el asiento trasero, Andrea iba llorando a torrentes tras despedirse lúgubremente de su nuevo amor, Pancho. Pero me mantuve firme. Ibamos a encontrar un caballo. Pero no uno tan caro.

Mis fines de semana de golf desaparecieron, mientras nos dedicamos a ver caballo tras caballo de los anuncios. Viajamos 50 millas para ir a ver un caballo que, según el anuncio, tenía "una excelente disposición". Encontramos un caballo gentil, con una cabeza demasiado grande y patas del tamaño de platos. A otro caballo, "brioso pero gentil", lo descartamos de inmediato cuando tumbó a su jinete cuando lo estaba sacando del establo.

Terminamos regresando donde Pancho, e hice un cheque por los $3,500 dólares. Le dije adiós a la posibilidad de comprar palos de golf nuevos. Pero cuando mi ángel me llenó de besos y me dijo que era "absolutamente el mejor papá del mundo", pensé que después de todo, no necesitaba palos nuevos. Podía jugar otro año con los viejos.

Como todo padre que se ve repentinamente introducido al mundo de los dueños de caballos, descubrí que la compra de Pancho era sólo el comienzo. Todavía no me había recuperado del golpe de los $3,500 dólares cuando Andrea me informó que Pancho necesitaba una silla, cabestros, cepillos. En la tienda, descubrí que el precio de un equipo "adecuado" era similar al de un viaje a Disneyworld. Setecientos cincuenta dólares por una silla minúscula que parecía un panqueque.

"Pero es una Stubben", dijo Andrea suspirando. "Son las mejores".

Bueno, si un caballo lograba mantener a mi hija concentrada en criaturas de cuatro patas, en vez de criaturas de dos cargadas de hormonas y con tatuajes, entonces yo estaba a favor. Salimos de la tienda con la silla, varias otras cosas y una chequera considerablemente más liviana.

Admito que al ver montar a Andrea en su nuevo caballo durante sus lecciones, me sentí tan orgulloso como un pavo real, aunque no tenía idea de qué estaba haciendo. Un día, la profesora mencionó una competencia informal en el establo y preguntó si quería que Pancho y Andrea participaran. Miré a mi hija y, por supuesto, dije que sí.

"Necesito la vestimenta adecuada para participar", ella dijo. Volvimos a la tienda. Adivinaron. Uno no encuentra una vestimenta adecuada sin otro fuerte golpe a la chequera.

En la competencia, me quedé pegado a la cerca viendo pasar caballos durante horas, mientras el polvo se acumulaba en mi cara. Andrea emergió de la competencia sonriendo y con una pequeña cinta amarilla (tercer lugar entre cuatro competidores, pero ¿a quién le importaba?). La mirada radiante en su cara casi me hizo olvidar que había rechazado una ronda gratis de golf en un prestigioso terreno para ir a presenciar su triunfo.

Hubo más competencias y, para mi sorpresa, me empecé a entusiasmar con esto de los caballos. En una competencia, Pancho se puso a galopar a través de la arena.

"Esa es mi hija, sobre el caballo marrón", le dije jactancioso a una mujer que estaba a mi lado. "Le está ganando a todos".

"Vamos Andrea", le grité cuando ella pasó.

"Debería estar trotando", dijo ella, alzando la nariz, antes de irse.

Mi hija no ganó ninguna cinta ese día y me bastó mirarla para saber que estaba metido en problemas. Estaba llorando. ¿Cómo la había avergonzado al gritarle en frente de todo el mundo? Ella quería morirse.

Pero hubo otras competencias, de las que ella volvió con cintas y sonrisas. Abrazos para Pancho. Abrazos para papá también.

Un día, ella me habló de una competencia de Quarter Horses en Hutchinson. Había un pequeño problema. Necesitábamos un *trailer*. Otra vez a mirar los anuncios. Compramos uno usado, por $2,500 dólares.

"¿Con qué lo va a tirar?", me preguntó el dueño. Casualmente, él tenía una camioneta a la venta. Eso significaba enterrar mis planes de comprar la cabaña junto al lago con la que siempre había soñado. Pero ahora tenía un caballo de competencia y una hija que pensaba que yo era maravilloso.

La temporada progresó. Seguí gastando más dinero y acumulando más equipo y cintas. Andrea ahora competía en varias categorías, por lo que necesitaba distintas sillas y vestimentas. Yo era una víctima de la belleza del espectáculo: hijas hermosas, bellos caballos, y todos los fines de semana dedicados a eso. No había tiempo ya para torneos de golf o para ir al lago, y ni siquiera me importaba. Cuando mi hija ganaba una cinta azul, yo ya estaba pensando en la siguiente competencia. Creo que las cintas terminaron costándome algo así como $500 dólares por pulgada, pero me daba lo mismo.

Mi adicción siguió creciendo a un ritmo alocado mientras empezamos a hacer planes para la siguiente temporada... tal vez un nuevo *trailer*... un mejor camión para tirar de él... y quizá un nuevo caballo. Como la profesora había dicho, Pancho era un caballo adecuado para una principiante, pero si queríamos participar en serio en competencias, necesitaríamos un caballo mejor (una regla no escrita en el negocio de los caballos es que el caballo que uno tiene nunca es suficientemente bueno).

Después de dos años de este alocado estilo de vida, llegué a casa una noche y me encontré con una de esas criaturas de dos piernas que yo tanto había temido, sentado cómodamente en mi sillón reclinable, mirando el último episodio de *Star Trek*.

"No voy a ir al establo esta noche", me anunció Andrea con una de sus deslumbrantes sonrisas. "Kevin y yo tenemos otros planes".

"¿Pero y Pancho? ¿Y tu clase?"

"Janie está tomando mi clase esta noche. Ella va a montar a Pancho este fin de semana porque Kevin me invitó al baile de la escuela".

Entonces me di cuenta de que la sonrisa deslumbrante no iba dirigida a mí, sino a Kevin. A pesar de mis esfuerzos y de los golpes a mi cuenta bancaria, mi Andrea había navegado las aguas de la pubertad y había decidido que los chicos eran más divertidos que los caballos y que olían mejor. Ya no iba a volver a ver a mi hermosa hija compitiendo en el ruedo. Ya no iba a poder alardear de que era dueño de un caballo casi campeón.

    Gradualmente, superé mi adicción. Estoy vendiendo el equipo y recuperando algunas de mis pérdidas. Una parte de mí incluso ansía recuperar mi vieja vida: los partidos de golf y volver a soñar con una cabaña en el lago.

    ¿Pero qué hago con Pancho? Todavía estoy encariñado con el pequeño caballo que durante dos años controló totalmente mi vida. Con un nudo en la garganta, puse un aviso en el diario:

    "A la venta. Caballo QH registrado. Lo muestra una niña de trece años. Sólo a un buen hogar".

J.L. Lindstrom

¿Más Sopa de pollo?

Nos encantaría escuchar sus opiniones sobre las historias en este libro. Por favor, díganos cuáles fueron sus favoritas y cómo lo afectaron.

Muchas de las historias y poemas de este libro fueron enviadas por lectores como usted, que habían leído libros anteriores de *Sopa de pollo para el alma*. Todos los años, publicamos cinco o seis de estos libros. Lo invitamos a contribuir una de estas historias para futuros libros.

Las historias pueden ser de hasta 1,200 palabras, en inglés, y deben ser inspiradoras o alentadoras. Uno puede enviar una historia original, algo que ha leído, o su cita favorita.

Para obtener una copia de la guía de entrega de historias y para ver qué libros vamos a publicar en el futuro, por favor escríbamos o mándenos un fax (en inglés) o revise nuestro Web site.

Por favor envíe sus contribuciones a:

Chicken Soup for the Soul
P.O. Box 308880
Santa Barbara, CA 93130
Fax: (805) 563-2945
Web site: *www.chickensoupforthesoul.com*

Tanto usted como el autor de la historia recibirán crédito en el libro. Para información sobre los autores, por favor contáctelos directamente.

Cómo ayudar

Una parte de los ingresos de la venta de cada copia de *Sopa de pollo para el alma del amante de los caballos* se donará a la Liga de Rescate Equino, en Leesburg, Virginia. Esta liga es una organización sin fines de lucro que apoya el uso responsable de caballos, ponies, burros y mulas. Entre sus objetivos está prevenir el abandono o abuso de animales, entregar programas educacionales para la comunidad y dar albergue y rehabilitación para los animales que necesitan esos servicios. Se puede contactar a la liga llamando al (703) 771-1240, visitando su website *www.equinerescueleague.org*, o escribiéndoles a:

PO Box 4366
Leesburg, VA 20177.

Para cualquiera que desee servir de voluntario, hacer una contribución financiera o usar los servicios de adopción de caballos, terapia ecuestre o rescate y rehabilitación, así como quienes necesiten ayuda para cuidar a sus amigos equinos, puede visitar nuestro website: *www.horseloverssoul.com*.

¿Quiere tener una mayor conexión con los caballos?
AQHA puede ayudar

Si las historias de este libro lo han inspirado a dar el siguiente paso y tener una mayor conexión con caballos, la American Quarter Horse Association (AQHA) lo puede ayudar a través de su programa 4aHORSE. La AQHA tiene varios programas y ofrece distintas opciones para los aficionados a los caballos, especialmente para el aficionado casual que está pensando en dar el próximo paso.

Ya sea que usted esté planeando sus vacaciones, y en ella quiera incluir a caballos, o necesite información sobre cómo comprar un caballo, encontrar un veterinario o un entrenador, la AQHA le puede ayudar. Para ello puede llamar al número 1-877-4-A-HORSE o visitar el Web site *www.4ahorse.com.*

¿Quién es Jack Canfield?

Jack Canfield es uno de los expertos del mundo en los temas de desarrollo del potencial y la efectividad humana. Es un orador dinámico y elocuente y un entrenador muy popular. Jack tiene una habilidad maravillosa para inspirar e informar a sus audiencias para que aumenten su rendimiento y autoestima.

El tiene tres caballos que viven en su establo y los monta con su esposa Inga, su hijo Christopher y su hijastra Riley.

Es autor y narrador de varios programas de audio y video, incluyendo *Self-Esteem and Peak Performance, How to Build High Self-Esteem* y *Chicken Soup for the Soul—Live*. Aparece regularmente en programas de televisión como *Good Morning America*, *20/20* y *NBC Nighty News*. Jack es autor de numerosos libros, incluyendo la serie *Sopa de pollo para el alma, Dare to Win* y *The Alladin Factor* (con Mark Victor Hansen), *100 Ways to Build Self-Concept in the Classroom* (con Harold C. Wells), *Heart at Work* (con Jacqueline Miller) y *The Power of Focus* (con Les Hewitt y Mark Victor Hansen).

Jack habla regularmente ante asociaciones profesionales, distritos de escuelas, agencias gubernamentales, iglesias, hospitales, organizaciones comerciales y corporaciones. Además está en la facultad de Income Builders International, una escuela para empresarios.

Jack realiza un seminario de ocho días llamado Training of Trainers, en las áreas de rendimiento y auto estima. Atrae a educadores, consejeros, oradores y otros interesados en desarrollar su oratoria.

Para más información sobre los libros y actividades de Jack, por favor contacte:

Self-Esteem Seminars
PO Box 30880
Santa Barbara, CA 93130
Teléfono: (805) 563-2935
www.chickensoupforthesoul.com

¿Quién es Mark Victor Hansen?

En el área del potencial humano, no hay nadie mejor conocido y más respetado que Mark Victor Hansen. Durante más de 30 años, se ha dedicado a ayudar a gente de todos los ámbitos a cambiar su visión de qué es posible. Sus poderosos mensajes sobre posibilidad, oportunidad y acción han ayudado a crear cambios sorprendentes en miles de organizaciones y millones de individuos en todo el mundo.

Es un orador muy popular, autor de *bestsellers* y líder de mercadeo. Entre sus credenciales están un gran éxito empresarial, además de un extenso currículo académico. Entre sus libros están *The One Minute Millionaire, The Power of Focus, The Aladdin Factor* y *Dare to Win*, además de la serie *Sopa de Pollo para el Alma*.

Además, Mark ha tenido una profunda influencia a través de sus programas de audio y video y de sus artículos en las áreas de logros de ventas, acumulación de riqueza, éxito editorial y desarrollo personal y profesional.

Mark también es fundador de MEGA Book Marketing University y de Building Your MEGA Speaking Empire, dos conferencias anuales en las que Mark entrena y enseña a nuevos autores, oradores y expertos en carreras en el mundo editorial y de la oratoria.

Su energía y exhuberancia también se han difundido a través de la televisión (Oprah, CNN y The Today Show), la prensa escrita (*Time, US News & World Report, USA Today, New York Times* y *Entrepreneur*) y en numerosas entrevistas en radio y periódicos, en las que él asegura que "usted puede construir fácilmente la vida que se merece".

Es un entusiasta filántropo y humanitario y ha recibido numerosos premios que honran su espíritu empresarial, alma filantrópica y habilidad en los negocios, incluyendo el prestigioso premio Horacio Alger por sus extraordinarios logros, que representan un poderoso ejemplo de las oportunidades que el sistema empresarial nos ofrece a todos.

Mark Victor Hansen es un poderoso promotor de lo que es posible y está comprometido con hacer del mundo un lugar mejor.

El Web site de Mark, que contiene gran cantidad de elementos gratis, es: *www.markvictorhansen.com*.

¿Quiénes son los coautores?

Dr. Marty Becker es coautor de *Sopa de Pollo para el alma del aficionado a los gatos y perros* y *Sopa de pollo para el alma del aficionado a las mascotas*, y de *El poder curador de las mascotas*, que recibió un prestigioso premio de plata en 2002.

El doctor Becker escribe una columna semanal en la cadena de diarios Knight Ridder y tiene dos programas radiales nacionales sobre animales.

Es editor de *Dog Fancy* y *Cat Fancy*, las revistas más populares del mundo sobre mascotas y contribuye regulamente a *Reader's Digest*. Ha aparecido en las cadenas de televisión ABC, NBC, CBS, CNN, PBS y en los diarios *USA Today*, *The New York Times*, *The New York Daily News* y *Washington Post*.

Marty vive con su familia en el norte de Idaho y comparte el rancho Casi el Paraíso con dos perros, seis gatos y cinco caballos: Chex, Gabriel, Glo Lopin, Pegasus y Sugar Babe.

Gary Seidler fundó U.S. Journal and Health Communications con Peter Vegso 25 años atrás. Se jubiló en 1999 y se mudó a Los Angeles. Gary es dueño de caballos pura sangre y disfruta la energía y el entusiasmo de las carreras. Además dedica tiempo a expandir su fundación sin fines de lucro, que patrocina un campamento de verano para niños en riesgo y produce documentales que promueven la salud, el bienestar y la recuperación.

Peter Vegso sigue haciendo crecer el negocio que él y Gary comenzaron 25 años atrás. El primer libro de HCI apareció en la lista de *best-sellers* del *New York Times* en 1985. Esta editorial busca "hacer una diferencia en la vida de nuestros lectores y de las personas a las que ellos contactan".

La diversificación del negocio de Peter incluye una división de conferencias y publicaciones profesionales; U.S. Journal Training, que sirve al sector de la salud; y Reading, Etc., una compañía de diseño y arquitectura.

Peter disfruta la cría y entrenamiento de caballos pura sangre en Ocala, Florida, donde Chuck Patton maneja las operaciones diarias. Es la intención de ambos no sólo ganar en el Kentucky Derby sino la Corona Triple antes de que sus espíritus abandonen este mundo.

¿QUIÉNES SON LOS COAUTORES?

Theresa Peluso conoció a Peter Vegso y Gary Seidler en 1981 y poco después se empezó a interesar en los caballos. Hasta entonces, su única conexión ecuestre había sido su abuela irlandesa, que adoraba los ponies y se fue a vivir a Florida a comienzo de los años 60, para estar cerca de Hialeah Park.

Mientras trabajaba en este libro, Theresa se adentró en el mundo de estos intuitivos animales a través de la mirada de los escritores. Gracias a sus historias, ella comprendió el poderoso vínculo que todos compartimos con los caballos y desarrolló una conexión espiritual con la comunidad de personas cálidas y generosas que compartieron su mundo, y el mundo de los caballos, con ella.

Colaboradores

Algunas historias de este libro son originales y otras han sido reproducidas de libros, revistas o diarios.

Lyn Allen dice que su madre es culpable de que ella adore los caballos. Cuando ella tenía uno o dos años, su madre la montaba en un caballo, en vez de andarla trayendo mientras ella hacía sus labores en la granja. Desde entonces, la agricultura, los caballos y las vacas han apasionado a Lyn. Su carrera como escritora *freelance* le permite pagar estos gustos caros.

Judy Pioli Askins creció atrás de la pista de carreras en Belmont, donde desarrolló su pasión por los caballos. Ella ha trabajado en televisión durante 27 años, escribiendo, produciendo, dirigiendo, actuando, enseñando y entrenando. Su devoción a los caballos y su sentido del humor hacen que haya gran demanda por sus charlas.

Christine Bakarat ha montado caballos durante toda su vida y ahora entrena. Ha trabajado en Estados Unidos como entrenadora de equitación y preparadora de caballos. Actualmente es editora de la revista *Equus*.

Teresa Becker vive en Bonners Ferry, Idaho, con su marido veterinario, Mary, y sus dos hijos, Mikker y Lex. Es una profesora de educación física y tiene una maestría en administración atlética. Ahora se dedica exclusivamente a disfrutar la vida con su familia, la que incluye perros, gatos, peces y caballos.

Dennis Bell-Evans y su marido, Dave, crian caballos en su granja. Denise, cuyo activo estilo de vida cambió cuando le diagnosticaron esclerosis múltiple, se concentra en disfrutar la vida y su familia, que incluye cinco hijos y un nieto.

Francis Brummer nació en una granja en Iowa. Después de estar nueve años en la Marina, se convirtió en un caricaturista profesional en 1954. Vendió más de 35.000 caricaturas durante toda su carrera, y ahora está semi retirado y dibuja sólo cerca de seis horas a la semana. Apreciamos su colaboración con Steve Sommer en las caricaturas en este libro.

Sissy Burggraf nació en un pequeño pueblo en el sur de Ohio. Después de trabajar ocho años como asistente de veterinaria, abrió una clínica de rescate y rehabilitación de caballos. Información sobre la clínica se puede encontrar en www.geocities.com/sblahrr.

Renie Szilak Burghardt nació en Hungría y emigró a Estados Unidos a los catorce años. Ella es una escritora freelance y sus obras han aparecido en muchas antologías. Vive en el campo y adora la naturaleza, los animales, leer, trabajar en el jardín y pasar tiempo con su familia y amigos.

Sharon Byford-Ruth es la autora de *The Arabian: A Guide for Owners*. Con su socia de negocios, Sharon opera Legendary Arabians, hogar del campeón Aul Magic, en California. Sharon también es dueña de Book Stall, una tienda en Internet sobre caballos árabes, *www.horsebooks.com*.

Gary Cadwaller vive en Kansas City, Missouri. Sus historias han aparecido en las revistas *Canter, Literary Potpourri* y *The Phone Book*.

Patricia Carter, de 49 años, vive en Toronto y es la madre de una niña de once años que adora los caballos. Compartir su amor por los caballos ha sido una experiencia increíble para su familia, que les da dado innumerables horas de risa y placer.

Jennifer Chong y su caballo Donovan han sido socios desde que él cumplió tres años. Jennifer estudia en la escuela de leyes de Harvard y su primer libro, *To the Nines: A Practical Guide to Turnout and Competition Preparation*, se publicó en 2003.

Diana Christinsen es dueña de la granja Shalimar en Louisiana, donde disfruta la compañía de cuatro caballos y un pony. Su sobrenombre, "Diana Danza Caballos" da una idea de lo que más le gusta sobre los caballos de exhibición: ¡son excelentes bailarines!

Diane M. Ciarloni ha sido editora de *Speedhorse / The Racing Report* durante los últimos dieciocho años. Contribuye regularmente a varias series de antología animal. Su trabajo ha sido citada en la antología de mejores textos sobre deportes.

Michael Compton es editor de la revista *The Florida Horse*, publicada por la asociación de dueños y criadores de pura sangre de la Florida. Michael está casado y tiene dos hijos. Entre sus primeros recuerdos está asistir a las carreras de caballos y ver a Affirmed en 1978 y 1979 con su padre y su abuelo.

Mary Gail Cooper es bibliotecaria en una escuela. Vive en Carolina del Norte con su marido por 27 años. Dos de sus hijos estudian en la universidad y una hija vive en casa. Tienen tres caballos y gran cantidad de perros y gatos.

Jan Jaison Cross ha disfrutado su carrera como jineta y ha montado en cientos de carreras en Nueva Jersey, Pensilvania y Florida. En 1999, empezó a enseñar en una escuela segundaria en el condado de Marion, en Florida. Actualmente, Jan monta su caballo Cookies.

Barbara Davey y su marido viven en Verona, Nueva Jersey. Ella trabaja en relaciones públicas y una de sus historias aparece en el libro *Sopa de pollo para el alma de la mujer*.

Kris DeMond vive en Pensilvania, con siete caballos, un perro, un gato y un pony de 39 años. Además tiene un pequeño negocio de lecciones de montar y ofrece su carruaje para bodas y otras fiestas familiares.

Basil V. De Vito Jr. tiene más de 20 años de experiencia deportiva. Ha trabajado en la NBA, la National Throroughbred Racing Association, la WWE y la

XFL. Es autor del bestseller *WrestleMania: The Official Insider's Story*.

Christina Donahue y su marido, Don, son dueños de una granja en Carolina del Norte. Crían caballos árabes, que son conocidos por su belleza e inteligencia. Chris está escribiendo una serie de libros para niños sobre las aventuras de un potro árabe.

Susan Farr Fahncke es el autor de *Angel's Legacy* y tiene historias en muchos libros. Además dicta talleres de escritura *online*.

Lisa B. Friel es una fotógrafa y escritora *freelance* que vive en Virginia. Su trabajo aparece en revistas populares, como *USA Equestrian, Virginia Horse Journal* y *Horse & Hound*. Lisa también monta y compite en una división de mujeres.

Kimberly Gatto es una escritora profesional y durante toda su vida ha sido dueña de caballos. Ella es autora de varios libros y disfruta competir con sus caballos Chutney y Grace.

Bill Green, un ejecutivo jubilado, vive con su esposa, Bárbara, en el estado de Nueva York. Su amor por los caballos empezó 60 años atrás. El comparte sus experiencias con sus caballos y las lecciones que aprendió en cartas a sus nietos, que recopilará en un nuevo libro titulado *Cartas del abuelo*.

Debra Ginsburg ha escrito para California Thoroughbred desde 1985, y es miembro de la Asociación Nacional de Escritores Ecuestres. Actualmente está escribiendo una novela de misterio, que tiene que ver con carreras de caballos, y un libro sobre los millonarios ecuestres de California.

Bill Gross aparece mensualmente en *Animal Planet* y sus historias han sido publicadas en *Reader's Digest, Maxim, Daily World* y *Chicago Tribune*. Su *website* es *www.BillGross.com*.

Barbara Greenstreet es escritora, educadora y mamá, que vive en el estado de Washington con un montón de niños y mascotas, desde abejas a caballos. Su trabajo se ha publicado en *Northwest Baby & Child, WritersLounge.com, WeeOnesMagazine.com, In the Family, Big Apple Parent, Wildland Firefighter, Massage* y *Horse & Rider*.

Starr Lee Cotton Heady vive en Florida. Es instructora certificada de montar caballos. Además usa caballos en su práctica privada y ofrece psicoterapia usando caballos para una organización sin fines de lucro (*www.traversekids.org*).

Laurie Henry vive en Aqua Dulce con su marido. Tienen cuatro hijos y dos nietos. Ahora que sus hijos están grandes, los caballos siguen formando parte especial de la vida y del corazón de Laurie. Durante los últimos ocho años, su mejor amigo ha sido Sonny Boy.

Kimberly Graetz Herbert es editora de *The Horse: Your Guide to Equine Health Care*, una revista mensual que se centra en la salud, el cuidado y el manejo de caballos. Tiene dos hijos y vive en una pequeña granja en Kentucky.

Debbie Hollandsworth tiene una familia muy unida, que incluye a su marido, dos hijos y tres hermanos. Todos viven cerca de la granja de sus padres, donde crían caballos miniatura y ganado. Debbie es dueña de un restaurante.

Paula Hunsicker cría caballos y es escritora *freelance*. Su trabajo ha aparecido en las revistas *The Stock Horse News* y *Performance Horse*.

Jennie Ivey vive en Tennessee y es dueña de caballos. Es columnista del diario Herald-Citizen y es coautora de *Tennessee Tales the Textbooks Don't Tell*.

Michael Johnson es médico, escritor, columnista nacional y vaquero. Su último libro, *Cowboys and Angels*, fue escogido como el mejor libro de no ficción en 2002 por la Federación de Escritores de Oklahoma.

Carol Wade Kelly, su marido Keff y su hijo Taylor administran un rancho que tiene principalmente caballos de carrera retirados.

Roger Dean Kiser vive en Georgia con su esposa, Judy, que también es escritora. Roger es autor de *Orphan, a True Story of Abandonment, Abuse and Redemption*. Su website es *www.rogerdeankiser.com/index.htm*.

Jeanette Larson nació con una pasión por los caballos. Después de años de entrenar, galopar y competir con caballos, ahora es editora de una revista. Durante los fines de semana, disfruta pasando tiempo con sus cuatro caballos.

Edwina Lewis es escritora y profesora de la Universidad de Houston-Clear Lake. Su inspiración es su familia: su marido, hijos, nietos, perros, conejos y pollos. Actualmente está trabajando en un libro sobre la relación entre padres e hijas.

J.L. Lindstrom cumplió el sueño de toda una vida cuando su familia se mudó a un pequeño rancho, de diez acres, donde han estado criando y exhibiendo caballos durante más de veinte años. Ahora que ya es demasiado mayor para montar, expresa su amor por los caballos a través de la escritura y la pintura.

Dottie McDonald Linville vive con su marido y sus dos hijos en Indiana, donde cría caballos árabes. Su website es *www.juniperdesertarabians.com*.

Vikki Marshall participa con gran éxito en competencias de caballos, cría y entrena sus propios caballos y reentrena aquellos caballos que han sido mal criados. Actualmente está escribiendo una novela sobre su experiencia en la industria de los deportes ecuestres.

Tom Maupin, el padre de Stacy, tiene 43 años. Fue su esposa, Crystal, quien lo introdujo en el maravilloso mundo de los caballos, los que le han dado la oportunidad de hacer nuevos amigos, mejorar su matrimonio, su vida y su salud.

Tiernan McKay es una escritora *freelance* que vive en Scottdale, Arizona. Escribe fundamentalmente sobre salud, viaje, cristiandad, deportes y, por supuesto, caballos. Ella sigue montando caballos y participando en competencias de salto.

Jennilyn McKinnon creció en el pequeño pueblo de Mendon, Utah, donde desarrolló su amor por los caballos, un romance que no ha terminado. Ella es esposa, madre de cinco niños, enfermera y escritora. Ha publicado varias historias cortas y poemas y actualmente está trabajando en su primer libro.

Nancy Minor vive con su marido, David, en el condado de Texas Hill.

John Moore es un periodista y novelista que vive al norte de Miles City, Montana, con su esposa, Debra. Ellos son ministros de fe y padres de dos hijos, Jess y Andrea.

Ky Mortensen creció en una pequeña granja de alfalfa y ahora vive en Lexington, Kentucky, con su esposa e hijo. Después de estar dos años en una misión con los mormones en España, regresó a Estados Unidos a completar estudios en ciencia ecuestre en la Universidad de Colorado State. Actualemente es uno de los directorres de la American Associacion of Equine Practicioners.

Jeff C. Nauman, el bisnieto de Edgar Brown, vive en Idaho y cría caballos con su familia. Compiten localmente en distintos tipo de eventos, mientras promueven AJKyle's Meat Co., su negocio de alimentos.

Marla Oldenburg vive en Seattle con sus hijas, Jackie y Chelsea. Sus caballos, Rosie, Mena y Mesa, viven en la granja de un amigo, donde ellas montan y administran un campamento ecuestre en el verano. Marla compitió durante muchos años en el circuito A en la costa oeste. Su pasatiempo favorito es hacer que niños y caballos pasen tiempo juntos.

Pat Parelli ha tenido una carrera llena de variedad, desde rodeos hasta entrenar a competidores olímpicos. El sistema de Pat, que combina psicología, amor, lenguaje y liderazgo, ha sido aplaudido en todo el mundo. Pat vive en Colorado y Florida con su esposa, Linda.

Thirza Peevey empezó a escribir hace dos años, después de pasar décadas en la industria ecuestre. Actualmente está trabajando en dos novelas y ganó un concurso para escritores en 2003.

Thomas Peevey ha trabajado en la industria de los pura sangre desde que se graduó de la secundaria en Inglaterra, en 1971. Mientras estaba en Inglaterra, trabajó para sus tíos, Fred y John Winter, para aprender el negocio de los caballos de carrera. En 1981 se mudó a Kentucky a continuar su carrera.

Tom Persechino es director de marketing de la American Quarter Horse Association, donde su trabajo consiste en conectar a la gente con caballos. Creció en Oklahoma y participó activamente en espectáculos 4-H de caballos, antes de ir a trabajar en la pista de carreras RemingtonPark en Oklahoma City y de integrarse a la AQHA en 1993.

Rhonda Reese, una ex profesora, es columnista y escritora de un periódico en Jacksonville, Florida. Ha estado casada durante casi tres décadas, y pasa gran parte de su tiempo en su casa, cuidando a sus nueve gatos.

Boots Reynolds ha diseñado tarjetas de saludos durante más de 20 años y sus caricaturas aparecen mensualmente en la revista *Western Horseman*. Boots es uno de los fundadores de Cowboy Cartoonists International y actualmente está trabajando en una serie de pinturas humoristicas, que muestran eventos históricos y rodeos en el Oeste, además de un libro de recetas. Su *website* es *www.sagebrushes.com*

Jane Douglass Rhodes creció montando caballos en Louisville, Kentuccy. Actualmente vive en un rancho en San Diego con el amor de su vida, tres perros y ningún caballo.

Jan Roat es esposa, madre, abuela, escritora y fotógrafa. Ella ha publicado artículos en *Pine Ridge Rambling* y *West Bench Meandering*. Jan es editora de la revista *Country* y editora adjunta de *Taste of Home*.

Monty Roberts viaja por todo el mundo demostrando un método no violento para entrenar a los caballos. Monty es autor de tres libros de gran éxito de ventas: *The Man Who Listens to Horses, Shy Boy* y *Horse Sense for People*. Su último libro, *From My Hands to Yours*, es un manual de entrenamietno que usa los métodos de Monty.

Robin Roberts fue durante años mamá de una competidora y ahora está participando en las competencias ella misma en la división de aficionados de la APHA. Pasa mucho tiempo montando y escribiendo y actualmente está escribiendo historias para niños.

Melody Rogers-Kelly empezó a bailar profesionalmente a los quince años. Ella actuó en Broadway en A Chorus Line, en el programa de televisión *Two on the Town* de CBS, ha viajado a más de 60 países y ha aparecido en películas. Melody es una instructora de equitación certificada por la Asociación de Minusválidos en Equitación en América del Norte (NARHA, por sus siglas en inglés) y tiene una exitosa carrera en bienes raíces en Beverly Hills.

Chris Russell-Grabb es una enfermera y ha trabajado con caballos durante más de 40 años. Ella y su marido, Dennis, son dueños de VS Belgians en Sodus, Nueva York, donde crían y exhiben caballos belgas y burros pequeños.

Mitzi Santana y sus dos hijas viven en Virginia. Mitzi aprendió a montar antes de que pudiera caminar y su deporte favorito es montar con su familia. Es una voluntaria activa del House N Around Fluvanna 4-H.

Jerri Simmons-Fletcher es una autora y escribe canciones. Tiene dos caballos, Lily y Tucker, a quienes adora. Actualmente estudia en la universidad y dirige un grupo de jóvenes.

Steve Sommer ha dibujado caricaturas durante 20 años. Actualmente escribe una caricatura llamada Country Chuckles y vive en Merna, Nebraska. Agradecemos la colaboración de Steve con Francis Brummer en las caricaturas en este libro.

Carole Y. Stanforth es una escritora cuyo romance con los caballos comenzó

25 años atrás, cuando su marido le prestó dinero a un empresario. Él no pudo pagar y saldó su deuda con cuatro caballos, que terminaron convirtiéndose en 30, incluyendo varios caballos en miniatura. Su marido dice que es el negocio más costoso que ha hecho en su vida.

Jayce Stark nació y vive en Escocia. Ha viajado a muchos países y dice que su principal afición es la gente. Su trabajo ha sido publicado en varios diarios en Inglaterra y Estados Unidos, incluyendo el *Chicago Tribune, Saturday Evening Post, Rosebud* y varios otros.

Stephanie Stephens es una periodista de periódicos y televisión que vive en Laguna Niguel, en California, y es una experta en asuntos animales. Tiene un programa de radio, llamado Magnetismo Animal, y espera terminar con la sobrepoblación de mascotas. Tiene una maestría en periodismo de la Universidad de Nueva York y ha publicado artículos en más de 30 revistas. Más información sobre Dan y su caballo se puede encontrar en *www.danandcuddles.com*.

Gayle Stewart ha publicado su trabajo en *Equus, Horse Illustrated, Horse of Course, Oklahoma Today, Dallas Morning News, Kansas City Star* y *The Denver Post*. En 2001, uno de sus artículos recibió el premio al mejor artículo de revista sobre un tema ecuestre.

Dave Surico es un escritor de deportes que vive en los suburbios de Chicago con su esposa y sus dos hijos.

Marguerite Suttmeier fue asistente de vuelo de United Airlines durante 32 años hasta que se jubiló en un rancho en Idaho con su marido. Tom y ella tienen cuatro caballos, un perro llamado Josie Wales y cuatro gatos. A ella le gusta esquiar, caminar, pintar y leer.

Sandra Tatara tiene dos hijos y un nieto. Ella pinta, cría caballos de competencia y disfruta montar. Ha publicado varios cuentos y tiene una novela.

Tom Truitt nació en Carolina del Norte en 1940. Ha trabajado en escuelas como profesor, rector y superintendente de colegios. Está casado, tiene un hijo y dos nietas.

Tracy Van Buskirk monta caballos desde niña. Disfruta montar y escribir, pero ha realizado ambas actividades sólo como aficionada. Según ella, la oportunidad de combinar ambos intereses en este libro ha sido "una experiencia maravillosa".

Theresa (TC) Wadsworth-Peterson cría caballos APHA y AQHA. 40 años después de que su padre la montó en un caballo por primera vez, ella entrena y cría sus propios potros. Disfruta los rodeos y las competencias.

Janie Dempsey Watts vive en Georgia, donde ella y su familia disfrutan sus caballos y ponies. Sus artículos han aparecido en revistas y diarios y ella recientemente terminó *Moon Over Taylor's Ridge*, una novela que tiene elementos de romance, misterio e historia Cherokee.

Janie Willard está casada, tiene dos hijos y vive en una granja en Idaho con caballos, cabras, ovejas, llamas, perros, gatos y un loro. Janice y su marido son veterinarios y Janice estudia comportamiento animal.

Robin Traywick Williams es presidenta de la comisión de carreras de Virginia y autora de *Chivarly, Thy Name is Bubba*, una colección de columnas de periódicos. Ella vive en Virginia con su marido, su hija y varios gatos, perros, caballos, peces y marmotas.

Craig Wilson tiene una columna, The Final Word, en el diario *USA Today*. El año pasado publicó una compilación de sus columnas, titulada *It's the Little Things: An Appreciation of Life's Simple Pleasures*, y ahora está trabajando en su segundo libro. Vive en Washington.

Woody Woodburn es un columnista de deportes para *The Daily Breeze*, en California. Está casado, tiene dos hijos y actualmente está entrenando para correr la maratón en menos de tres horas... incluso si tiene que hacerlo en un caballo.

Laurie Wright está felizmente casada con un soldado de fuerzas especiales y tiene dos hijas hermosas. Es dueña de un centro de crianza de caballos en Colorado y su pasión son los caballos árabes, por su enorme generosidad de espíritu, personalidad y porque son muy fáciles de entrenar.

Gerald W. Young (1908-2001) escribió historias durante toda su vida. Trabajó en relaciones públicas durante 40 años, después de lo cual se jubiló en una granja en Ohio donde él y su esposa, Carrie, criaban ponies. Agradecemos a Carrie por compartir su trabajo con nuestros lectores.

Permisos

Queremos agradecer a las muchas editoriales e individuos que nos dieron permiso para reproducir este material. (Nota: Los relatos escritos por Jack Canfield, Mark Victor Hansen, Marty Becker, Gary Seidler, Peter Vegso y Theresa Peluso no están incluidas en esta lista).

El caballo de paso (The Rocking Horse). Reproducido por permiso de Rhonda Reese. ©1999 Rhonda Reese.

Un rescate difícil (A Rocky Rescue). Reproducido por permiso de Diane M. Ciarloni. ©2002 Diane M. Ciarloni.

Corazón de vaquero (Cowboy Heart). Reproducido por permiso de Roger Dean Kiser. ©2002 Roger Dean Kiser.

Sombra (Shadow). Reproducido por permiso de T.C. Wadsworth. ©1999 T.C. Wadsworth.

El viejo Twist (Old Twist). Reproducido por permiso de Tom Maupin. ©2002 Tom Maupin.

Un lazo silencioso (A Silent Bond). Reproducido por permiso de Tiernan McKay. ©2003 Tiernan McKay.

Papá siempre le dijo "sí" a los caballos (Daddy Always Said "Yes" to Horses). Reproducido por permiso de Teresa Becker. ©2002 Teresa Becker.

Syd y Roanie (Syd and Roanie). Reproducido por permiso de Judy Pioli Askins. ©2002 Judy Pioli Askins.

Un caballo con corazón (A Horse with Heart). Reproducido por permiso de Jerry Simmons-Fletcher. ©2002 Jerry Simmons-Fletcher.

El bebé durmiente (Sleeping Baby). Reproducido por permiso de Jennilyn McKinnon. ©2002 Jennilyn McKinnon.

Un regalo de oro (A Gift of Gold). Reproducido por permiso de Robin Roberts. ©2002 Robin Roberts.

La oportunidad de una vida (Chance of a Lifetime). Reproducido por permiso de Denise Bell-Evans. ©2002 Denise Bell-Evans.

Lanzando el lazo (Throwing My Loop). Reproducido por permiso de Michael Johnson. ©2000 Michael Johnson.

El lenguaje de los caballos (The Language of Horses). Reproducido por permiso de Monty Roberts. ©1997 Monty Roberts.

Montando al límite (Riding the Edge). Reproducido por permiso de Jane Douglass Rhodes. ©2002 Jane Douglass Rhodes.

El Hermano Mayor te observa (Big Brother Is Watching). Reproducido por permiso de Don Keyes. ©2002 Don Keyes.

Que Dios bendiga las pequeñas almas de los amantes de los caballos (God Bless Little Horse Lovin' Souls). Reproducido por permiso de Patricia Carter. ©2002 Patricia Carter.

Encuentro con un espía peligroso (Encounter with a Dangerous Spy). Reproducido por permiso de Woody Woodburn. ©2000 Woody Woodburn.

Defender tu terreno (Standing Ground). Reproducido por permiso de Starr Lee Cotton Heady. ©2002 Starr Lee Cotton Heady.

La vieja Magia Negra (That Ol' Black Magic). Reproducido por permiso de Diane M. Ciarloni. ©2001 Diane M. Ciarloni.

Un buen caballo (One Good Horse). Reproducido por permiso de John Moore. ©1992 John Moore.

Tome asiento profundo (Take a Deep Seat). Reproducido por permiso de Gary Cadwallader. ©2002 Gary Cadwallader.

La guía (The Guiding Sight). Reproducido por permiso de Stephanie Stephens. ©2002 Stephanie Stephens.

El semental y el mirlo (The Stallion and the Redwing). Reproducido por permiso de Gerald W. Young. ©1992 Gerald W. Young.

Cambio de mando (A Change of Command). Reproducido por permiso de Sandra Tatara. ©2002 Sandra Tatara.

De una mamá a otra (From One Mom to Another). Reproducido por permiso de Chris Russell-Grabb. ©2003 Chris Russell-Grabb.

Instintos de una yegua de Guerra (Instincts of a War Mare). Reproducido por permiso de Christina Donahue. ©2001 Christina Donahue.

El susurrador (The Man Whisperer). Reproducido por permiso de Joyce Stark. ©2003 Joyce Stark.

El pilón (The Pilon). Reproducido por permiso de Nancy Minor. ©2002 Nancy Minor.

Shawnee (Shawnee). Reproducido por permiso de Jan Roat. ©2002 Jan Roat.

La boda (The Wedding). Reproducido por permiso de Kris DeMond. ©2002 Kris DeMond.

El deseo de Andy (Andy's Wish). Reproducido por permiso de Vikki Marshall. ©2002 Vikki Marshall.

Extraordinaria elegancia (Great Finesse). Reproducido por permiso de Thirza Peevey. ©2002 Thirza Peevey.

Un trabajo para Missy (A Job for Missy). Reproducido por permiso de Lynn Allen. ©2002 Lynn Allen.

Lo tengo, papá (I Got It, Dad). Reproducido por permiso de Pat Parelli. ©2003 Pat Parelli.

Crisálida (Chrysalis). Reproducido por permiso de Jennie Ivey. ©2003 Jennie Ivey.

¡Oiga, señora! (Hey, Lady!). Reproducido por permiso de Jeanette Larson. ©2002 Jeanette Larson.

Los jueves son especiales (Thursdays Are Special). Reproducido por permiso de Kimberly Graetz Herbert. ©2002 Kimberly Graetz Herbert.

Un día de playa (A Beach Day). Reproducido por permiso de Tracy Van Buskirk. ©2003 Tracy Van Buskirk.

Una damisela con botas de trabajo gastadas (Damsel in Distressed Work Boots). Reproducido por permiso de Paula Hunsicker. ©2002 Paula Hunsicker.

Cabalgando en el camino a la recuperación (Riding the Road to Recovery). Reproducido por permiso de Lisa B. Friel. ©2002 Lisa B. Friel.

¡Vuela, Misty, vuela! (Fly, Misty, Fly!). Reproducido por permiso de Janice Willard. ©2002 Janice Willard.

La risa vuela, igual que Pegaso (Like Pegasus, Laughter Takes Flight). Reproducido por permiso de Barbara A. Davey. ©2003 Barbara A. Davey.

Regalito (Regalito). Reproducido por permiso de Diana Christensen. ©1999 Diana Christensen.

Tocada por un caballo (Touched by an Equine). Reproducido por permiso de Melody Rogers-Kelley. ©2002 Melody Rogers-Kelley.

Yendo donde los caballos jamás han estado (Going Where No Horse Has Gone Before). Reproducido por permiso de Carole Y. Stanforth. ©1993 Carole Y. Stanforth.

Un caballo en la casa (A Horse in the House). Reproducido por permiso de Diana Christensen. ©1999 Diana Christensen.

Lado a lado (Side by Side). Reproducido por permiso de Sissy Burggraf. ©2000 Sissy Burggraf.

Mi amigo Bob (My Friend Bob). Reproducido por permiso de Diane M. Ciarloni. ©2001 Diane M. Ciarloni.

El pony de la alfombra mágica (The Magic Carpet Pony). Reproducido por permiso de Robin Traywick Williams. ©1999 Robin Traywick Williams.

A Chutney, con amor (To Chutney, with Love). Reproducido por permiso de Kimberly Gatto. ©2000 Kimberly Gatto.

Una nueva vida para Rosie (New Life for Rosie). Reproducido por permiso de Marla Oldenburg y Bill Gross. ©2002 Bill Gross.

Lecciones de Lou (Lessons from Lou). Reproducido por permiso de Edwina Lewis. ©2002 Edwina Lewis.

Flechada, gracias a unas pinturas a dedo (Bit by the Bug Thanks to Finger Paint). Reproducido por permiso de Tiernan McKay. ©2002 Tiernan McKay.

Sus regalos especiales (His Special Gifts). Reproducido por permiso de Debbie Hollandsworth. ©2003 Debbie Hollandsworth.

Un caballo en Harvard (A Horse at Harvard). Reproducido por permiso de Jennifer Chong. ©2002 Jennifer Chong.

Con mucha fe (Tall in Faith). Reproducido por permiso de Mitzi Santana. ©2000 Mitzi Santana.

Montando la Navidad (Ride the Yule Tide). Reproducido por permiso de Jan Jaison Cross. ©1996 Jan Jaison Cross Publicado originalmente en diciembre de 1996 en la revista EQUUS.

Pobre de carreras (Racehorse Poor). Reproducido por permiso de Carol Wade Kelly. ©2003 Carol Wade Kelly.

Caballos felices (Happy Horses). Reproducido por permiso de Michael Compton. ©2002 Michael Compton.

En la recta final (Down the Stretch He Comes, Hanging on for Dear Life). ©2002 USA Today. Reproducido con autorización.

Allez Mandarin (Allez Mandarin). Reproducido por permiso de Thomas Peevey. ©2003 Thomas Peevey.

Da Hoss (Da Hoss). Reproducido por permiso de Ky Mortensen. ©2003 Ky Mortensen.

El regalo de Girly (Girly's Gift). Reproducido por permiso de Dave Surico. ©2003 Dave Surico.

El destino de Edgar Brown (The Destiny of Edgar Brown). Reproducido por permiso de Jeff C. Nauman. ©2002 Jeff C. Nauman.

Un golpecito en el hombro (A Tap on the Shoulder). Reproducido por permiso de Basil V. De Vito Jr. ©2002 Basil V. De Vito Jr.

El lado divertido de la vida (The Funny Cide of Life). Reproducido por permiso de Chris Russell-Grabb. ©2003 Chris Russell-Grabb.

De hombres y caballos magníficos (Of Great Horses and Men). Reproducido por permiso de Boots Reynolds. ©2003 Boots Reynolds.

Los aficionados a los caballos están enfermos (Horse Lovers Are Really Sick People). Reproducido por permiso de Cristina Scalise. ©2002 Cristina Scalise.

Minnie Pearl y yo (Me and Minnie Pearl). Reproducido por permiso de Tom Truitt. ©2003 Tom Truitt.

Una fría mañana en Georgia (A Frosty Georgia Morning). Reproducido por permiso de Janie Dempsey Watts. ©2003 Janie Dempsey Watts.

La batalla de los titanes (Battle of the Titans). Reproducido por permiso de Lynn Allen. ©2002 Lynn Allen.

Mi bisabuela Hazel y la silla de amazona (Great-Grandma Hazel and the Sidesaddle). Reproducido por permiso de Dottie McDonald Linville. ©2002 Dottie McDonald Linville.

Etiqueta al montar (Trail Etiquette). Reproducido por permiso de Christine Barakat. ©2002 Christine Barakat.

El regalo de un sueño (The Gift of a Dream). Reproducido por permiso de Susan Farr Fahncke. ©2003 Susan Farr Fahncke.

Confesiones del padre de una jinete de exhibición (Confessions of a Horse-Show Father). Reproducido por permiso de J.L. Lindstrom. ©2002 J.L. Lindstrom.

Code #3537 • $12.95

Code #5025 • $12.95

Code #5203 • $12.95

Code #1703 • $12.95

Code #7303 • $12.95

Code #519X • $12.95

Code #1320 • $12.95